謝仲明著

增修再版

儒學與現代世界

臺灣學生書局印行

Confucianism and The Contemporary World

Chung-ming Tse, Ph.D

Content

Part I Confucianism in General

Part II Confucianism in Particulars

Taiwan Student Book Co., Ltd.

1986

Confucianism and The Contemporary World

Contents

再版序

本書須要再版，有兩個主要原因。其一是學者前輩之青睞，使本書不必積壓於出版商，是所感謝。其二是本書第一版，實有須要改善之處，今一一說明如下。

第一是關於全書的結構問題。承蒙先進指正，謂本書之第一、二、三、四章，與第五、六、七、八、九、十章，儼然分成兩部份，而未見顯明貫通。

就所涉及的儒家義理而言，本書的確是有兩部份。第一部份（卽爲首四章）專注於展示儒學的形上原理及概念，例如心、性、天等之概念，故今於再版時，就確立此部份之地位，而稱之爲「本論」。第二部份（卽其後六章）則在陳列及對顯專科化的儒家義理，這是指儒學在不同的學科領域內所提供或抱持的相應理論和主張，例如儒家的教育、藝術、經濟、法律等實際的、專科化的理論，故於此再版時，亦確立此部份之地位，稱之爲「分論」。

本書之如此結構，顯不能只是緣於作者個人的主觀見解，因若如此，則本書之結構，就未必能反映客觀的實事實理。首先，就客觀實理而言，整個儒學（儒家義理）是以一個形上學爲根本，此卽是由心、性、天三個核心概念所構成之道德形上學（Moral Metaphysics）它所面對的，不是一個外在的信仰對象（神），亦不是一個外在的物理對象（自然界），而是「人之在其自己」；它所要探究及解決的，不是神之存在與否問題，亦不是自然之運作規律問題，而是關乎人之眞實存有（being）、人在宇宙中的存在地位、人之價値和理想、及人與自然之關係等問題；這些就是儒學的核心問題，亦是儒學之爲儒學的根本所在。

但在儒學體系中，其道德形上學固是根本，但卻並非就是全部，因爲儒學亦包含很多個別化的理論或示引，分屬不同的學科領域。如果說儒家形上學是對「人之在其自己」給予安立，則儒家的專科化理論或特定的指點，便是對「人之在活動中」作出規範或反省。所謂「人之活動」，是指人之知覺行爲（conscious behavior）及意志行動（voluntary action）。人之活動，就其目的、廣度（generality）、及對象、情況等方面之不同，而有其層面、領域、及性質等方面之不同，故對人之活動之描寫及分類，實有甚多不同之觀點及標準。今若以「個人」爲基點，則此「個人」可作正心誠意以至治國平天下之活動；可有經商、務農、從政、投軍、行醫、任教等之活動；亦可有自灑掃應對以至經綸國家之活動。若以「活動」爲分類對象而不專繫於個人，則人之活動就有諸如教育、經濟、政治、宗教、法律、藝術、科學等不同領域。

儒家義理，有對個人之具體活動，提出指點，例如孔子說「居處恭，執事敬，與人忠」便是；亦有就一整領域之活動，作出反省或規範，例如說「禮云禮云，玉帛云乎哉？」及「祭神如神在」等，便是對禮祭活動之反省和規範。本書之第二部份，將只涉及就活動領域而言的儒家義理。

其次，若就實事而言，亦可作兩部份之區分。所謂實事，是指儒家經典文獻所涵具的內容。一方面，在孔孟的經典，以至在宋明儒的著述中，事實上包含極多的形上學論斷，它們就是關乎於「人之在其自己」之種種洞見，例如「人者，仁也」、「盡心知性知天」、「乾道變化，各正性命」、以及「心卽理」、「性卽理」等等。另一方面，儒家經典文獻，確又包含對人各種活動之規範和反省，例如關乎藝術活動，孔子說：「人而不仁，如樂何？」；關乎政治活動，孟子認爲應「以不忍人之心，行不忍人之政」；關乎法律活動，孔子的理想是「使無訟」；關乎經濟活動，孟子主張「廛而不征，法而不廛」等。此外，儒家仍有甚多立論，分別相應人之各種活動而發。故爲求符合事實，本書分成兩部份。

說明兩部份之區分，用簡短之文字卽可，如上文。但要說明兩部份之連繫，卻非三言兩語卽可，更非在此序文中卽能詳細交代，因爲二者之內在關聯，實卽形上原理與個別原則之關聯，例如，從「人者，仁也」這一存有論命題，如何可關聯到政治、或藝術、或經濟、或教育等之規範原則？從「宇宙實體爲仁體」的形上斷語，是否或如何能推演出儒家對諸如女權、環境保護、工商管理等現實問題之哲學立場？這是普遍與具體、形上與形下的關聯。對這種關聯之說明，本身就是哲學學理，而所言儒學之現代化，其一方式，亦就是要在儒學最高原理與個別具體事理之間，展現其關聯，或由形上原理推演出個別具體原則。這是一項龐大工作，本書亦是對此項工作，冀求能有點滴分擔。

此外，本書之再版，亦有作其他的增添及修改，其顯著者如下述。在一版中，原有〈儒學與女權〉一章，本列爲第九章；今於再版時，〈儒學與女權〉之文，不再列爲一章，而列之爲「附篇」置於第十章之後。這個移動，絕不暗示或反映作者對女性地位之態度，而完全只基於分類層次之考慮。因女權運動，是現實的一個社會運動，亦是一個社會論題（social issue），而另一方面，「教育」、「藝術」、及「經濟」等，是已經確立的人類（無分男女）活動之一領域，亦是學科的不同門類，故做爲一社會論題之「女權」，與做爲學科門類的「教育」、「藝術」、「經濟」等，是分屬不同之層次，本書一版中把它們齊頭並列，是犯分類不一致之錯誤。〈儒學與女權〉一文之移爲「附篇」，並不表示該文便成多餘之尾巴，而實乃表示另一部份之開始。在未來之歲月，該部份將逐漸擴大，以能涵攝更多之現實論題。在此項移動之後，原第十章「儒學與經濟」將成爲再版之第九章。

在此再版中，最大之增添，乃是〈儒學與科學〉一章，列爲第十章。該文曾於一九九〇年十二月三十日國際新儒學術研討會以〈儒家妨礙了科學嗎？〉爲題目宣讀，後收入該研討會之論文集。該文之目的或成果（如果有的話），是消極性的，即吾人並非提出或引伸出任何儒家式的科學哲學，而僅提出論證以反駁一種流行的見解，此見解認爲儒家思想或體制妨礙了中國古代科學之進步，以致中國的科學落後。若就儒學與科學此一領域而言，實有更多更複雜之問題有待處理，吾人在此之一文，亦僅是一個開端。

最後，在一版所發現的「手民之誤」，例如錯字、別字、衍辭、倒置等，在此再版中亦有更正，並對種種缺憾、錯漏等，向一版之讀者，致最大歉意。

謝仲明

東海大學一九九一年七月

蔡序

儒家之學，以常理常道爲主。常理常道是永恆眞理，旣無古今之異，亦無新舊之分。我曾撰一聯語云：「時風有來去，聖道無古今。」卽是就此而言。但儒家「時中」之義，正要隨時變應；故儒家之學，亦永遠有時代之問題必須面對，是卽所謂「時代性」之考量，或「現代化」之因應。

就儒家思想的綱領而言，內聖一面所開顯的乃是生活原理和生命途徑，這是任何時代、任何社會的人都必須踐行的常道。在這一面，實無所謂現代化的問題。現代化應該從外王一面來講，那是政治的問題、知識技術的問題，亦卽民主與科學的問題。這個意思，我在「儒家思想與中國現代化」一文中曾有講論（見鵝湖月刊九十五期）。現在，我願補充一點，是卽，儒家所講論的理、道，雖然是永恆不變的常理常道，但表現理、表現道的方式，則必須隨宜調整，因時制宜，這亦仍是「因、革、損、益」以求「時中」的意思。在「常」與「變」之間，儒家本來就無所偏執，因此說儒家「保守」是不對應的。儒家當然有保有守，保其所當保，守其所當守；但儒家亦同時有革有變，權衡事理，審度時勢，以革其所當革，變其所當變，這亦正是易經之基本大義（故熊先生常稱大易爲變經）。可知儒家的眞精神，乃是「守常以達變，順時而日新」，而儒家活的原則與智慧，亦正是本此基本精神而來。

民國以來，知識分子的頭腦，常常是最封閉、最死板、最固蔽、最獨斷的。他們不但以先定的成見死看儒家，而且專門從歷史的流弊抹煞儒家的價值。這既不是開放的心靈，亦不是理性的態度，而幾乎是一種自卑自虐的變態心理。知識分子的心態不平正，不健康，就很難從事文化的反省，亦欠缺批判選擇的能力；偶而說中幾句道理，亦都是言不由衷的游辭浮論。當代知識分子的「無體、無理、無力」，在中國現代史上已經是一個令人愧恨交加的事實。

在此民族文化瀕臨存亡絕續之際，眞能動心忍性，痛切反省民族文化之根本缺失以開顯文化生命今後之途徑的，還是當代的儒家學者。擧幾釐清中國哲學演進發展的思想脈絡，分判中國哲學異同分合的義理系統，闡釋儒家學術的基本義旨與價值，以及對中西文化的融攝會通，都已開出了綱領性的義理規路。不過，學術思想的工作沒有人可以做得完，亦沒有人能夠說得盡；所以仍然有待於一代代的人繼踵接續，分工合作。

在我較爲熟稔的青年學者群中，謝仲明博士是我相契甚早的朋友。他在香港中文大學研究院修業之時，我卽有緣讀過他關於朱子學的論文。後來游學美邦攻讀博士學位，對西方哲學探研益深。七年前，東海大學成立哲學系，仲明與我同時應聘任教。朝夕過從，蓋知其學養厚實，思想縝密，而行文之條理性、分析性，尤爲淸晰明達。頃者，仲明之新著「儒學與現代世界」卽將出版，而我亦正好結束了新加坡「東亞哲學研究所」的訪問研究，於客歲小年前夕返台。仲明特將書稿送來，要我寫序。友人有囑，義不容辭。玆謹藉先讀之便，願擧述三端，以見仲明此書之基本旨趣。

一爲儒學的綱領及基本概念之綜述。仲明此書之首章爲通論，主要在講明仁之意義以及儒學之系統綱骨。次章討論「識心」（相對於仁心而言）之種種講說，並對西哲與荀子朱子之心論作一界定。三章介述儒家仁心（道德心）所函的義蘊。四章就人性論與天道論以講明心性天之貫通。仲明自謂：「在這四章中，並無新發現的眞理。」此固然。蓋儒家經二千多年的發展，其內聖心性之學的義理規模與基本義旨，實已大備。問題只在各個時代的人如何去體認闡釋，如何去躬行實踐。仲明雖無新發現，卻有新的詮釋與說明。而他的說明，是通過謹嚴的哲學訓練而提出的明晰性的解說，這亦正是我所欽佩而感慰的。

二爲對中華文化之精神要素所作的哲學性的探討。在這個論題中，仲明暫時擱下一般社會學的意義，即一群體所共有的風俗、習慣、信仰、態度、價值系統、語言文字、行爲模式、科學、藝術、政治等等之總體；而由精神要素來界定「中華文化」的哲學意義，以指出「道德理性——仁」，才是中華文化最內在最中心的精神要素。同時分別從道德理性與中華文化之「直貫連結」與「橫面連結」而展開其概念的分析，全文層次甚分明，義理相連接，而觀念之清晰與詞語之樸實乾淨，在近年來討論中華文化的文章之中，是難得見到的謹嚴的哲學文字。

三爲就儒學的平面關連，以討論儒學關連於法律、教育、藝術、經濟以及女權等之種種問題。仲明對此各個層面的論述，有相對的比較，有問題的剖析，有理論的陳述，有觀念的提揭，而論點亦很持平而客觀。他對儒學與現代世界諸多問題的探討，已爲學界提供了一個平實可行的學術途徑。當然，儒學現代化所涉及的層面很多，其中的問題需要各方面的學者專家來分頭探尋，合力解決。仲明自己亦指出，儒學之平面關連，還有政治、宗教、歷史、社會、科學等方面，而在具體的問題上又與環境道德、醫藥道德、工商道德息息相關。凡此等等，書中並未一一論述。而事實上，亦沒有任何一個人或任何一部書，能夠把全面的問題包攬下來。

中華民族、中國文化、儒家學術，都必須在「現代世界」求生存，求發展。而哲學的思考雖然可以是形上的、玄遠的、深微的，但其中心旨趣仍然在於成就價值——人生的文化的價值。因此，在終極的關懷之外，同時亦有現實的關懷。數十年來，前輩的儒家學者，已在原則方向上，義理綱領上，盡了他們「建本立極、通體達用」的責任；今後的工作，必然是後學繼踵，接續開展。而仲明此書，可以說是儒學落實下貫於現實層面的一部前導性的著作。希望能引發有哲學素養和文化意識的中堅學者，來爲民族文化共獻心力。

蔡仁厚

民國七十五年新春初五

於東海大學哲學研究所

自序

儒學的現代化是積極地研究儒學的學者所共同面對的課題。友人蔡仁厚教授正確地指出，儒學之現代化可有兩方面，其一是以現代語言重新表達儒家學問，另一是批判地反省儒學，以加强其長處，補充其短處（參考《中國哲學的現代化與世界化》中華民國哲學年刊，1984）。他繼續補充說：「在以往，中國哲學看重上達，今後應該同時致力於下開，以使中國文化和哲學，進到更爲充實圓滿的境地。」（見《從前瞻性的觀點看儒家哲學的價值與貢獻》中華民國哲學年刊，1985，P.76）

一個康德派的分析哲學家史陶生（P.F.Strawson）也有一段近似的話：「形上學已有一個長遠和輝煌的歷史，因而，在〔我們的〕描述形上學（descriptive metaphysics）似不太可能有什麼新發現的眞理……如果沒有新道理被發現，但仍有舊道理可被再發現……沒有一個哲學家能了解其前人，除非他以其當代的語言再思考他們的思想；而那些偉大的哲學家，例如康德及亞里士多德，他們有一特點，就是，他們比任何其他哲學家，都能給予〔我們的〕再思考的努力以更多的回報。」（P.F.Strawson, *Individuals*, London: Methuen & Co., Ltd., 1959, PP.10—11）。

本書的設計就是：以我們現代的語言表達恒常的儒家道理；把儒家的道理，落實而下貫於平面的現實問題及學術討論。本書的目的就是：就儒學之現代化及世界化，作一個具體的嘗試，這當然不是唯一可能的、定論式的嘗試。只要本書能具體地顯示，現代化及世界化的儒學研究，可以是什麼樣子的，我們便以此爲好的開始。

本書第一、二、三、四章，是表述儒學的基本概念和道理。在這四章中，並無新發現的眞理，也不外是用熟悉的語言，再思考仁心、仁性、仁天，及心、性、天之貫通等的概念和道理，而此思考，源自但未及牟師宗三及各前輩長者之充實之萬一。本書第五、六、七、八、九、十章，則表達儒學之平面關連，分別爲儒學與中華文化、與法律、與教育、與藝術、與女權、與經濟之關連。儒學之平面關連，固仍有很多，例如與政治、宗教、歷史、社會、科學，以至更具體地與環境道德、醫葯道德、工商業道德等之關連。但學力所限，未能一一論述。

本書之能順利出版，要衷心感謝東海大學哲學系主任馮滬祥兄之大力支持及臺灣學生書局自最高主管至打字排印同人之全力協助。同樣感謝蔡仁厚學兄在百忙中願爲本書作序。

謝仲明　東海大學

一九八六年一月三十日

儒學與現代世界　目錄

第二部　儒學分論

第一部　儒學本論

第一章　儒學通論

一、仁之意義

孔子說：「吾道一以貫之」。此「道」就是仁道。程明道也說：「學者須先識仁」；陸象山也教人「先立乎其大者。」這是指仁性仁心。在儒學言，就歷史理由，或就學理，沒有其他概念比「仁」這概念更基本和更通達。儒學中的樞紐概念「心」、「性」、「天」，在實質上都須要通過「仁」來界定。儒學就其實質內容而言，可簡稱爲仁的哲學，但此名卻含有很多意義。

有一種看法，認爲儒學僅僅就是一套仁的道德哲學，就此而已。這是不正確的。儒學包含一套倫理學，但也包含一套形上學，也具有濃厚的宗教意味。它是一「學」，但也是一「教」；它有一套學理，但此學理，也是爲道德實踐（教）而作。儒學的首出關懷，是道德（morality）；其終極關懷，也是道德。但在其首尾、始終之間，亦有一套學理，以說明及確立爲何是如此之「始」、如此之「終」。這套學理，就是其關於心、性、天的形上學。此形上學說明了道德的根據及目的、說明了現實世界（物理自然）的道德意義，也說明了道德實踐之程序爲何如此。[1]

宋明理學家從各種來源借用或製造了很多繁雜的名相，例如天、天道、天理、乾元、太極、易體、心本體、虛靈明覺等等。其來源包括易經、論語、孟子、大學、中庸，甚至佛典等。這些名相都是形上學的名相，而企圖指涉一形上實體。顯然，儒學不可能容許或容納多個實體；因而，這些名相，其實都是指涉地等價的（referential equivalent）。歸根地說，儒學所肯定的，就是唯一的仁體；我們可通過「仁」的概念，以界定這些名目。

當我們說「仁」之概念時，我們亦了解到「仁」不僅僅是一個哲學概念；它亦是道德實踐、道德生命的眞實內容。因而，所謂「仁」之意義，最少有兩型，此即作爲一哲學概念而相關於知解而言的意義，及作爲道德實踐所依歸、個人道德自我之完成所達乎的內容意義。但此種內容意義，要在個人生命中呈現，要在身體力行中獲取，並非知性的、概念的辯解所可達到。此種意義，乃是更嚴肅的人生意義，也是儒敎之爲儒敎的要點所在。我們在這裏談的「意義」，只是相關於知解而言的意義。

1、「仁」的倫理學意義（ethical meanings）：

孔子在論語中對「仁」一辭有不同的使用。但基本上，它有三個倫理學的意義。當「仁」與其他個別之德行名字並列時，「仁」是指一個別的、特殊的德行。例如在陽貨篇孔子談及六言六蔽時，「仁」就與「知」、「信」、「直」、「勇」、「剛」並列；在憲問篇亦有「仁者不憂，智者不惑，勇者不懼」之並列。但作爲一個特殊德行之名字，「仁」的定義亦不容易確定，我們亦只能就其大概的意思而說。「仁」可以指一種個人的品德（ individual morality ），亦可以指一種社會品德（ social morality ）。就前者而言，它指一種個人的道德修養，完全是關乎「自己」的。例如子路篇有「剛毅木訥，近仁」；顏淵篇有「仁者，其言也訒」；子張篇有「博學而篤志，切問而近思，仁在其中矣」等之說法。這些都是就個人對於自己所應有之品德而了解「仁」。但就後者而言，「仁」乃是就個人之關乎他人所應有之品德而了解。孔子在這方面的言說很多，例如里仁篇有「惟仁者能好人，能惡人」；學而篇有「弟子入則孝，出則弟，謹而信，汎愛衆，而親仁」；雍也篇有「如有博施於民，而能濟衆，何如？可謂仁乎？子曰：……夫仁者，己欲立而立人，己欲達而達人」；顏淵篇有「樊遲問仁。子曰：愛人」；子路篇有「居處恭，執事敬，與人忠，雖之夷狄，不可棄也」等之言說。籠統地說，「仁」之作爲一社會品德就是「愛人」的意思。但儒家意義的愛，不能與墨家意義的愛或基督的愛混同起來；至少在概念上，彼此有很大之差別。

「仁」有時亦作爲一類名（ generic name ）而被使用。此時它指謂德行之全類，可稱爲仁德。在此意義下，任何一個可欲之品德，都是仁德的一個例子。例如陽貨篇有恭、寬、信、敏、惠五德歸仁之說。此外，微子篇有「微子去之，箕子爲之奴，比干諫而死。孔子曰：殷有三仁焉」；憲問篇有「管仲相桓公，霸諸侯，一匡天下，民到于今受其賜。微管仲，吾其被髮左衽矣」等。其他如禮、義、忠、恕、孝、弟等，都是仁德之一份子。恭、寬、信、敏、惠，及微子、箕子、比干、管仲之行爲，皆是仁德之例子。但並非所有品德都屬仁德之類。例如公冶長篇有這段話：「由也，千乘之國，可使治其賦也，不知其仁也……求也，千室之邑，百乘之家，可使爲之宰也，不知其仁也……赤也，束帶立於朝，可使與賓客言也，不知其仁也。」此外，憲問篇又有說：「克伐怨欲不行焉，可以爲矣？子曰：可以爲難矣，仁則吾不知也。」以上公冶長及憲問之引文，可有兩種解釋。其一是：由、求、赤之品質及克伐怨欲之不行，並不等於仁德。這個解釋乃是很自然的。其二是：由、求、赤之品質及克伐怨欲之不行，並不是仁德之例子，即它們不是仁德類之份子。這兩個解釋，並無明顯之矛盾。我們採取第二個解釋，而並不排斥第一個解釋之可能性。我們所要論證之點，乃是：就孔子看來，有些品德不是仁德之例子。換言之，仁德自成一類。然判別之準則，卻是另一有意義而值得討論的問題。

除了以上兩個意義之外，「仁」也可指謂道德修養之理想極限，此卽一般所稱謂之「全德」。全德不是某一特殊之品德，亦不是品德之集合體（ collection ），而是一種狀態或境界，此卽聖人之境界。例如在述而篇，聖與仁並舉；在里仁篇有說：「苟志於仁矣，無惡也」。孔子「七十而從心所欲，不踰矩」，是聖的境界。「仁」之作爲全德，消極而言，乃是「無惡」或「不踰矩」，卽道德上無缺失；積極而言，乃是至善。中庸（三十一章）對「聖」或「全德」之境界作了很精緻之描寫：

唯天下至聖，為能聰明睿智，足以有臨也；寬容溫柔，足以有容也；發強剛毅，足以有執也；齊莊中正，足以有敬也；文理密察，足以有別也。溥博淵泉，而時出之；溥博如天，淵泉如淵。

道德的至善，無法給予具體的、完全的描寫。我們只能說它是一絕對地無條件的善。要了解「絕對地無條件的善」這概念，我們可把它對照於「有條件的善」而表明之。陽貨篇有六言六蔽之說。此六種品德，卽仁（作爲一特殊之品德）、知、信、直、勇、剛，都是有條件的善，它們必須要在「好學」之條件下，才成可欲之善。「好學」本身，亦是有條件的，此卽要「思」；孔子說：「學而不思則殆，思而不學則罔」。換言之，上列之品德，要在一定條件下，方爲可欲之善。泰伯篇又說：「恭而無禮則勞，愼而無禮則葸，勇而無禮則亂，直而無禮則絞。」那末，恭、愼、勇、直等品質，本身並非是內在地善（ intrinsically good ）；它們之成爲可欲之善的品質，是在一定條件之下而言，此卽禮。但禮本身，亦是有條件的善；此條件，就是八佾篇所說的「人而不仁，如禮何？」「禮」之爲可欲善，要以「仁」爲根據。此外，孔子在雍也篇有「質勝文則野，文勝質則史」；在述而篇有「溫而厲，威而不猛，恭而安」等之言說。這都顯示某些品德，要在一定的條件下，方爲可欲之善。再者，顏回未能達於至善，因其只能「三月不違仁」，此卽其仁德不全。依以上之分析，我們對「全德」或「至善」，下一個消極性的定義：不依賴任何情況，亦不預設任何條件而爲善者，稱爲至善。仍然，我們亦可給予其一個積極性的定義：至善就是無條件的絕對善。「仁」之本體，就是至善。❷

上舉三種意義，乃是「仁」的基本的倫理學意義。舉三種，並非表示只有三種。在論語中，有其他章句，隱指「仁」有更多的含義。例如孔子說：「我欲仁，斯仁至矣！」（述而）；又說：「天生德於予，桓魋其如予何？」（述而）；又說：「人之生也直，罔之生也，幸而免。」（雍也），這些言談，暗示着關於「仁」之存在地位、道德之來源及根據等問題。孔子隱約地表示其「人性本善」、「天命之仁」的觀念。但無論如何，在論語中「仁」包含更深更高的意義。

2、「仁」的形上意義

「仁」的形上意義，首由孟子明確地表達出來。所謂形上意義，乃指其關連於存有之問題而具的意義。孟子以「仁」來界定心之本質；又以「仁」來界定性之實在（reality）。心、性乃是指一存在的實體（形上實體）。因而，「仁」除了其基本的倫理學意義外，亦有其形上意義。

在孟子，心是一主動的道德機能（active moral faculty），其活動包括創生、知覺、及主宰；它是道德行爲及道德感情的生發之處；其本身，即構成有別於自然因果的另一因果，於此，它超乎自然（超越的）。「心」與「仁」兩概念，互相充實，而成「仁心」之概念。❸「仁」同時亦被了解爲人之道德本性，此時，「仁」一辭，除了指謂道德品德及道德的主動機能外，亦同時指謂一本體論的存在實體。孟子所了解的「性」，乃是一種神聖的、可敬可貴的、存在於人而爲其要素的道德實質；它是界定人之爲人的要素，而使人有別於自然動物。[4]

性的來源是天。此在中庸明白地說出來：「天命之謂性」。「天」之形式意義是：至高無上的存有；它是創生的、超越的、普遍的、主宰的、恆存的、無限的等等。但這些謂辭，都是從「天」這概念分析出來，一說「天」，這些謂辭都含在裏面。當然，「天」亦有其他的用法，例如「天降甘霖」、「天不造美」等，但這不相干於儒學中所言之「天」。「天」的形式意義及其謂辭，在儒學的詞彙中，常可見到，例如，「唯天唯大，唯堯則之」（指天之偉大）、「乾道變化，各正性命」及「天何言哉？四時行焉，萬物生焉」（指天之創生運行）、「不爲堯存，不爲紂亡」（指天之獨立恆存）、「上天之載，無聲無臭」（指天非形軀性）、「天命有德」及「天討有罪」（指天之主宰性）、「天大無外」（指天之無限性）、及「天體物不遺」（指天之普遍性）等等。但這些描述，仍只是分析性的，它們都包含在「至高無上的存有」這概念中。

「仁」與「天」兩概念之結合，[5]可有兩方面的意義。一方面，這種結合，界定了「天」的實質意義，即「天」之實質，就是「仁」。在此結合之前，縱使我們對天作如何的形式描述，但仍要答覆一個問題，此即「天是什麼？」，或問，「什麼是至高無上的存有？」。這問題依不同的傳統，有不同的答覆，例如「至高無上的存有」是耶穌、是釋迦、是阿拉、是宙斯神（Zeus）等。「仁」與「天」之結合，給予了這問題一個儒家的答覆。此結合，把「天」決定爲一個道德的存有，把「天」從一個僅僅是抽象的形式概念，轉變爲一個既抽象而又具體、具形式而又具實質的概念。另一方面，此結合又同時把「仁」的概念擴大和提昇，使它從一個僅僅是關於人之道德之概念，轉變爲一個同時是關於宇宙的至高存有之概念；此結合，同時又對「仁」這概念所具的主觀性（subjectivity）及個體性（individuality）之意味，賦予了客觀性（objectivity）和普遍性（universality）。只有在「仁天」之概念下，我們才可以說，人之本心本性，不僅僅是人的本心本性，也卽是天心天性。

總括地說，「仁」之概念，有下列各種意義。它指一個別的品德（德目），也指謂道德人格之理想極限（全德至善），也指謂一類的品德（仁之德）。這都是「仁」的基本的倫理學意義。同時，「仁」也指謂一道德的自發動力（仁心），亦指謂一道德能力之自身存在（仁性），亦指謂一宇宙的至高存有（仁天）。這都是「仁」的形上意義。如果我們把以上六個意義，視爲是人生命及生活之所依歸，而投身（commit）於其中，那「仁」便有其實踐意義而非僅此概念上的意義；又如果我們對仁天之能終極地全幅實現於此自然界，堅持一確定無疑的信念，而以此信念爲生活之依歸，則「仁」之全部意義，便具有宗教性。

這裏列出「仁」之六個意義，牽涉兩個範圍（卽倫理學及形上學），並非表示此六個意義能互相獨立、彼此無涉。事實上，我們從任何一個意義開始，都可上下或彼此連貫起來。例如從「仁天」之概念，可以一直通過「仁性」、「仁心」、「仁德」以推演至「仁愛」這一德目；反過來，亦同樣通貫。因爲仁天之下貫於個體，卽稱仁性；仁性之活動，卽稱仁心；仁心之全體呈現而不已，卽至善全德；仁心之相應於具體情況而展現，卽稱仁之德；仁心之相應於某一特殊對象，便成一德目。「仁」所指之實體，只是一上下貫通之實體，我們從那裏開始說起都可以；故宋明儒者，從童子之灑掃應對，亦可關連到天理（仁天）那裏去。例如王陽明說：「我這裏言格物，自童子以至聖人，皆是此等工夫。」❻又說：「性一而已，自其形體也謂之天，主宰也謂之帝，流行也謂之命，賦於人也謂之性，主於身也謂之心。心之發也，遇父便謂之孝……」❼用宋明儒者的慣用語說，這卽是「徹上徹下」、「內外無間」、「上通下達」等之意。從學理上說，此乃在於「仁」之概念，在儒學系統中，是一最基本的元始概念（primitive concept），也是其最高最廣包的概念（most general concept）。作爲元始概念，「仁」可界定其他概念而不被其他概念所界定；作爲最廣包概念，「仁」涵蓋其他概念而不被其他概念所涵蓋。因此，對「仁」作任何一特殊之界定，都爲不妥當。❽

二、儒學大體

1、生命的學問

儒家哲學，就其本質而言，就是心性之學或內聖之學。如果它是一種學問，則它是具有一特殊意義的學問，而不同於一般所言的「學問（knowledge, science）」。它是一種生命的學問，卽關於個體以至宇宙的道德生命之完成之學問。這種學問不是經驗科學，它不能通過科學方法而獲得；這種學問也不是形式科學，它不是一套符號的演繹系統。

這種學問要成爲「我」的生命學問，就一定要通過「我」的道德自覺及實踐，方才可能。「我」一定要自覺到自我不只是一自然軀體（natural body），也不只是一束觀念之集合，亦不只是一思維實體，[9]更不只是自然界中的一個緣現，[10]而是一個具有無限道德生命的個體，是一生機活潑而具有無限創造力的個體，是一個完全自由而在自然界中作爲目的（end）而存在的個體。「我」之能有此種自覺，能成爲如此的一個個體，並不依藉任何外在的或神祕的力量而可能，「我」在此不必祈求任何神聖恩寵（divine grace）；這完全通過「我」的本心本性而可能，因爲此種自覺，亦不外是此本心本性之自我呈現，而亦只有當本心本性全體不已地呈現，「我」才能成爲如此的一個個體。此時「我」所體證到之理，就成生命的學問，因爲它完全由「我」之本心本性所給出。這樣的個體，已不是拘限的特殊，而是一普遍的特殊（universal individual），因爲本心本性是公心共性，其所呈現之理，是普遍之理，此卽天道仁理。當「我」自覺到「自我」是一自由的、創造性的、具有無限生命之個體時，此卽同時體證了天道實體，亦卽「我」具體地實現此天道，而成一普遍的個體；天道亦依此而成具體的普遍。這便是道德自我之完成，但要達到此種圓滿，仍依於身體力行的道德實踐及一種明覺。儒學之同時亦是儒敎，乃在於此道德之實踐之要求；儒學之爲生命之學問，亦在於其理之實質，要依乎人之眞切體證。

2、儒學綱領：

儒學系統，以「仁」的概念貫串起來；在此一貫之脉上，「心」、「性」、「天」是三個樞紐的概念。以「仁」來貫串，則有「仁心」、「仁性」、「仁天」之概念。「仁心」指道德之主動機能，而與「仁性」不二；「仁性」指道德之存在自體而繫於人，又與仁心爲同一。故此主動的道德實體，亦可稱爲「心性」。心性乃仁天之所稟與而與仁天同體同質，故心、性、天一體而貫。我們用一比喻說，儒學系統，就如一艘船，其中「仁」就如船之龍骨；天是船首；性是船中；心是船尾。

「天道」指至高無上的存有，萬物藉之以生，資之以始；天道以生生而定。在易經（傳），天道就是乾道。乾彖說：「大哉乾元，萬物資始……乾道變化，各正性命。保合太和，乃利貞。首出庶物，萬物咸寧。」易經所言「乾，元、亨、利、貞」，乃表示乾道生化過程的始終；在天道之不已創生之下，個體事物皆得以貞定而成一個體。在詩經所言之「維天之命，於穆不已」，亦以天道及其不斷之創生來了解。在中庸，天道以「誠」來規定，例如「誠者，天之道也」；而所謂「誠」，亦是以創生來了解，故中庸又有言：「誠者物之終始，不誠無物」及「其爲物不貳，則其生物不測。」

天道以「命」的方式下貫而爲一一個體之性。中庸說：「天命之謂性。」詩大雅烝民篇有「天生烝民，有物有則，民之秉彝，好是懿德」之句。易繫辭傳又說：「一陰一陽之謂道，繼之者善也，成之者性也。」大戴禮記本命篇說：「分於道謂之命，形於一謂之性。」以上所舉，皆表示同一意思，卽，性乃源自天及性乃是天之具體化。仁天與仁性之關係，可如此表達：仁天卽普遍、超越之仁性；仁性卽具體、內在之仁天。此義卽「天人合一」說之妥當意義。孟子說「知性知天」，此之所以可能，在理論上必要預定性與天有本質上之關連，而易傳、中庸則把此種本質之關連，確定爲是一體之連續；天之內容由性之內容而呈現，而性之內容爲何？直截地說，就是仁。仁是性之體（unity），其分衍、其再具體化，卽是仁義禮智等的道德法則。反過來說，仁義禮智等的道德法則，乃是仁性而出，並非由外在學習而來，此亦是孟子仁義內在說與告子及荀子之仁義外在說之差別。道德法則及行爲之本源，根據於性，而性根源於天，如此，則道德有其內在及超越之根據。

「性」，乃是就道德實體存在之內在性及具體性而言；「天」，乃是就此道德實體存在之超越及普遍性而言，而把此實體之內容揭發或呈現出來的，就是心。但這並非說心是另外一個機能以專從事呈現性者；若如此，則是朱子的理解。依孟子王陽明的系統，所謂心，就卽是「在活動中的性」。性不是一個呆滯的被動體，它本身就是一活動、主動的體，就此而稱之爲心。換過來說也可以，此卽，所謂性，乃是「實質存在的心」。因而，所謂「心」、「性」，也不過是一體之兩面說。本心卽性，一方面固是孟子學之義理，另一方面，亦有其理論上的必要。因爲說本心卽性，無異說性之爲自發自動之性，此亦卽包含說；作爲道德根據的本性，再不必依賴其他動力因（efficient cause）而能成就道德，而只有如此，道德之自由自律，方爲可能。設使性不是自發自動，則它必有賴於另一外力，若如此，則性並無自由自律可言。因而，設使我們要使道德之自由自律爲可能，此作爲道德之根據之性，必不能依賴其他動力以爲其起作用之原因，故此，性必須是自動的，亦卽心之活動義必須爲性之意義所包含。

如果在道德實踐之觀點言，則心之地位，更是重要。因爲道德實踐，就是道德的活動，此則必要依心而可能。故儒學義理，儘可歸到「心」上說。孟子確立本心卽性之基本原則；宋明儒者對此原則繼續發掘和分解，便成各種更精密的心論，例如陸象山言心就是天、王陽明言心本體之良知、胡五峯言以心著性、王龍谿言心之空寂靈明、湛甘泉言「心包、心貫」義、劉蕺山言心之「意」義、及陳白沙言心之覺義等，構成了一個陣營的「心學派」，此都是以心爲歸結滙聚處，而上通性命、下達人事。此種仁心哲學，爲儒學所特有，西方之心靈哲學，雖精緻週密，但根本地無（仁）心卽性卽天之概念，縱使康德所言之自由意志，在一定限度內相當於仁心，但自由意志終極地不可能爲天，此至高無上之存有。

附註

❶ 大學言：「物有本末，事有終始」。這本末終始的程序是：格物，致知，誠意，正心，修身，齊家，治國，平天下。但有何學理上的根據而有如此的程序？儒者也說「內聖外王」，但有何根據不可說「外王而後內聖」？儒家形上學將能給予這些程序一個學理上的證定。

❷ 康德認爲，只有一個善意（good will），亦卽自由意志，才是一個無條件的善；其他所謂善的品質，都只是在某些條件或情況下，方爲可欲的善。參考Kant, *Groundwork of the Metaphysic of Morals*, tran. by

H. J. Paton (New York: Harper and Row, Torchbook edition, 1964), pp. 61 - 2。

❸ 關於仁心之概念，本書第三章，另有詳論。

❹ 關於仁性之概念，本書第四章，另有詳論。

❺ 說「仁」與「天」之結合，只是在說明之方法上，先把兩個概念互相孤立起來，以使其清楚明確。這並不是說：把兩個東西結合起來。此是兩個概念之結合，並非兩個實體之結合。

❻ 王陽明，傳習錄，台北，商務印書館，人人文庫，1982 七版，p.263。

❼ 同上，pp. 39-40 。

❽ 此特別斟對一些西方的翻譯而言。有很多對「仁」作意譯的企圖。但一個意譯等於給它作一限定，例如「仁」被各式各樣地翻譯爲"magnanimity," "benevolence," "perfect virtue," "moral character," "true manhood," "compassion," "human heartedness," "man-to-manness," "love," "altruism," "kindness," "hominity,"等等。參考Y. P. Mei, "The Basis of Social, Ethical, and Spiritual Values in Chinese Philosophy," in Charles Moore, ed., *The Chiness Mind* (Honolulu : University of Hawaii Press, 1967), p.152。

❾ 此依次分別爲霍布士(Thomas Hobbes)、休謨(David Hume)、笛卡兒(Rene Descartes) 關於「自我」之立論。

❿ 此相同於康德之意見，認爲「自我」不僅是現象，亦是一物自體。

第二章 識心之諸說

中國傳統論心，大體地可分成兩條脈絡，即「以仁識心」及「以智識心」[1]。以仁識心，以孟子爲首，而由王陽明、陸象山等繼之而發展，而成一般所稱新儒學中之心學派。以智識心，以荀子爲典型；程伊川、朱子等之心論，亦屬此型態，但又有異於荀子之說，故可說荀子及朱子之心論，同類（genus）不同種（species）。當然，中國傳統論心者，不限於上列諸儒，其他如楊雄、董仲舒、張載、王船山、戴東原，及程明道、胡五峯、劉蕺山等，皆有心論。但總的來說，傳統儒者論心，縱有個別差異，然不歸荀卽歸孟，亦卽「以智識心」及「以仁識心」兩大系。此兩大系，亦有層次上之分辨。以智識心所理解之「心」，必在自然層次中（natural order），亦可說是氣質界或形而下之「心」。以仁識心所理解之「心」，則在超越層次中（transcendental order），亦可說是超自然（suppernatural）或本體（道）界或形而上之「心」。所謂自然層次，是指由自然因果（natural causality）所完全控制及說明之存在範疇，在此範疇內，任何事或物皆必有其經驗的前件（antecedent）以爲其原因。所謂超自然（超越）層次，是指自然層次之外或之上，此卽不隸屬於自然因果所控制之範圍；超自然層次有其自己獨立之因果體系，但其效果（effect）卻能實現於自然層次中。

以仁識心所言之心，亦稱良心、本心、赤子之心、心本體、天心、良知本體，或道德心、德性心等。以智識心所言之心，亦稱形氣心、氣質之心、人心、成心，或認知心、情識心等。為方便說，前者統稱為仁心，後者則統稱為識心。

一、西方之心靈哲學

1、識心之諸能力

西方的傳統心靈哲學，列出三個心之機能（faculty），即知、情、意，而認為各種心靈現象（心理活動），都是由此三個機能分別負責。康德在其判斷力之批判之序言中，亦認為心具有此三機能，各司其職❷。但現代一些心靈哲學家，却並不認為以此三機能即能充份說明所有心靈現象。例如「相信（believing）」之心理狀態，究竟由那一機能產生，乃是可討論的。同時，有些心理活動例如造白日夢或幻想（fantasizing），亦不必清楚地能或這或那的歸屬於某一特殊機能；此等心理活動可能同時牽涉到兩、三個機能。有些心靈哲學家及心理學家例如詹姆士（William James），他們指出，心之活動並非如此清楚地劃分部門；縱使心有此三個機能，但它們之活動，亦是彼此牽引和互相影響的。事實上也似乎是如此：有時我們知道什麼，在於我們希望什麼；有時我們的知性判斷，會受到情緒之影響而被歪曲；有時我們的願望，却依賴一股情感之支持；而我們的情緒，亦常由願望或欲望之是否達到而決定。

但縱使心之機能是否只有此三個、縱使有些心理現象無法清楚地歸屬於某一特定機能，但我們亦難於否認、也不必否認，心有這些機能，而每一機能亦有其獨特的活動及產品。知性機能產生或包括感性知覺（perception）、記憶、推理、概念構造、判斷、抽象、直覺、內省、歸納、想像等知性活動。情感機能（faculty of feeling；affection）產生或包括感覺（sensation）、情緒、脾性（temperament）、心境（mood）、性向、性格、性情等感性活動。意欲機能（faculty of desire；volition）產生或包括動機、慾望、嚮往、冀求、追求、欲念、意向、選擇等意念活動❸。對心之各種活動，分析得最精密及詳盡的，可能是各門佛學中所作之研究。例如佛學中（不分派別而言）所條列的八識、七情、六欲、四十六心所法、四蘊（除却「色」）、四根本煩惱等，都是此「識心」之活動。再者，莊子一書中，亦包含了大量的對心理活動之描寫。

2、關於心之本質

在心之不同機能及複雜的心理活動中，是否有一充足而必要的通性？對於這個問題，有一個通常的答覆，但並非是確定不移的答覆。心的一個通性，乃是意識（consciousness）。當我們說某人有意識，我們自然是說此人能思、能感、能欲、或至少能作其一；而當我們說某人失去意識，我們是指此人之一切心理活動已停止，例如人之在昏迷（coma）狀態時。

但「意識是什麼？」却是一個令哲學家及心理學家困擾的問題。摩爾（G. E. Moore）這樣說：「當我們集中注意力於意識而想清晰地知道它是什麼時，它似乎就消失了；似乎我們所注意到的，僅僅就是一個虛無。」❹當然，胡塞爾（Husserl）會大大地不同意這種看法。胡塞爾認爲其現象學的內省法——括弧法（epoche, bracketing），能夠察知意識之存在及其結構：意識必然地意識其意向對象，它有一種「認知體—被知體（cogito-cogitatum, *noesis-noema*）」的基本組合。但不管胡塞爾怎麽說，有另一路線得自維根斯坦（Wittgenstein）之啓發而開出的心靈哲學——邏輯行爲主義（Logical Behavorism），却認爲根本並無一種「東西」稱爲意識（或心）：照懷爾（Gilbert Ryle）看來，所謂意識或意識樣態（modes of consciousness）如思考、意欲、痛苦等，實際上就是一系列可觀察的行爲或行爲之性向（dispositions）；我們並無「一個幽靈（指心或意識）在這副機器（指身體）之內」❺。懷爾小心地提防其理論被解釋成唯物論❻，但其分析很自然地受心理學的唯物論者（Psychological Materialism）歡迎。這一派人，例如顏士堂（D. M. Armstrong）、史邁德（J. J. C. Smart）、皮里斯（U. T. Place）等，就直截了當地認爲所謂意識，實卽腦的活動❼。

以上所列舉的，乃是當代心靈哲學的一些主要理論。除此以外，我們當不會忘記一些心理學家所作的構思和硏究，例如華遜（J. B. Watson）及史堅拿（B. F. Skinner）的行爲主義、韋德邁（Max Wertheimer）及高爾勒（Wolfgang Kohler）的形態論（Gestalt Theory）、弗洛伊特（Sigmund Freud）或雍格（C. G. Jung）的心理分析說；我們更不會忘記那些經典性的心靈哲學，特別是笛卡兒的心物二元論、萊布尼玆的預定和諧說、斯賓諾莎的一體兩面說、休謨的束群說（Bundle Theory）、巴克萊的唯心論等。總言之，哲學及經驗科學在這方面的構思和研究，已獲得很豐富的成果——雖然各派的理論仍未獲得一致的見解。

3、「識心」之界定

在衆說紛紜之中，仍有一些基本的共同認識。第一，發生在人之中（也包括一些其他動物），有一系列現象，稱爲心理現象。心理現象至少在表面上[8]與物理現象有性質上之不同。第二，這些心理現象難於用物理語言（physical language）完全描述，亦難於用物理定律（physical laws）完全加以解釋。第三，這些心理現象包括思維、想像、知覺、記憶、推論、判斷等所謂知性活動；亦包括動機、慾望、意向、冀求等所謂意念（或意志）活動；亦包括感覺(sensation)、情緒、心境、情感等所謂感性活動。第四，這些心理活動雖然雜多，但它們都有一共同性質，此即對象性或意向性（intentionality）[9]。它們都需要有一對象，例如思維乃是思維「某些東西」、欲求乃是欲求「某些東西」、感受乃是感受到「某些東西」或依之而起。

第五，「心」或「意識」之名，乃是用來指稱這些活動之主體（subject）或統一體（unity）。但究竟此名是否實有所指，或其所指是否爲一實有（substantial reality），在形上學及知識論中，仍然是一可爭論的問題（我們不能忽視六祖惠能所作之四行詩在此問題上的哲學含義。他說：「菩提本無樹，明鏡亦非台，本來無一物，何處惹塵埃？」）。笛卡兒所明晰地確定的思維實體，事實上並非如他所以爲的那樣明晰確定：從休謨到康德到現代的主要理論，都明白地或含蓄地反對他的說法。換言之，在我們的思維、欲望、情感等活動以外，是否仍有另一元目

(entity)或實體(substance),爲「心」之名所指,乃是一懸而未決的問題(在本書而言,我們含蓄地否認識心爲一實有,因爲我們只承認仁心爲唯一的實有。)。第六,識心是非創造性的;它不能本源地產生或自我給予對象。但我們亦注意到,識心可以產生各種想象、幻象、形象image等。在佛學而言,一切假法都由識心緣起(此特別以唯識宗的阿賴耶識而然);在康德,悟性(卽識心)亦可在想像力中構造其先驗對象。因而,當我們說識心不能本源地產生或自我給予對象,我們的意思是:識心不是構成對象之充足原因。我們一般的幻象或形象,要預設我們既有的先前經驗;康德所言之悟性,不能創生感覺與料(sensational matter)而必依賴「外界」給予;阿賴耶識要預設前五識(眼、耳、鼻、舌、身)以收受材料。故識心無基本義之創生力。

對於「識心」之概念,就以上列六點認識予以了解。事實上,我們對「識心」之如此了解,與常識並不距離太遠。但關乎到第五點時,我們也許會遭到反對,因爲此點明顯地相違於一般常識。一般常識認爲心乃實有其物,「心」之名並非假名。這個常識,傳統地根深柢固,其哲學的表達,莫過於笛卡兒的「官方學說(The Official Doctrine)」[10],此卽其心靈實體論。笛卡兒認爲心是存在的實體,而與物質實體相對,亦互相影響。其之所以稱爲「官方學說」,乃在一般人大都如是看,而無形中其學說便成一般所接受的權威。事實上,我們的日常語言,亦充塞了以「心爲實體」爲背景而生的各種表式(expressions),例如說「我的心離開了我的軀體」,儼然有一「東西」離開了另一「東西」,「心」之名好像實有所指(referring)。對這個常識(亦卽對笛卡兒的「官方學說」)最有力的批評,就是:我們除了以認知活動、意欲活動、情感活動等去了解「心」之外，「心」之名別無獨立意義；設使把這些活動（或說現象）除去，則「（識）心」之概念便空洞無物。質言之，在認知、意欲、情感等活動（或現象）以外，再無一物為「（識）心」之名所指。故此，縱使我們在此繼續使用「識心」一名，而使用時也好像它是一物名（thing name），即好像它實有所指，但此只是習慣地、方便地如此使用而已。

二、荀子的心論

1、心之概念

前文曾斷言荀子所論之心，為識心。以下將充實（substantiate）此一論斷。事實上，關於荀子的心論之研究已有很多，亦達致一大體的共同定論，此是：荀子以認知作用而了解心[11]。心之作用，依荀子而言，主要乃是判斷、認識、記憶、及選擇，此皆屬於我們所說的認知機能之活動。例如，荀子說：「性之好惡喜怒哀樂謂之情。情然，而心為之擇，謂之慮。」[12]又說「萬物莫形而不見，莫見而不論，莫論而失位。」[13]此不外都是心之判斷、考慮、推理、及選擇之活動。荀子又說：「心未嘗不藏……心未嘗不兩。」[14]此不外是指心之記憶及對雜多觀念之收攝能力。荀子又說：「心，生而有知」及「人何以知道？曰心。」[25]此是指心之知覺（perception）及認識（cognition）能力。以上所列舉的心靈作用，完全隸屬於我們所稱識心之認知機能之活動範圍。更緊縮一點說，荀子關於心之概念，十分狹隘，因為他主要地只能就心之認知活動而了解心，而甚至把情緒及意欲，置於其心之概念以外。荀子把情緒及意欲，視爲是心所要處理的對象，而並非心之活動的另一部份。荀子把情緒及意欲，劃歸於其「性」之範圍。換言之，荀子對於心之概念，並不包含「情緒」及「意欲」在內。雖然荀子亦曾說「喜怒哀樂愛惡欲以心異」⑯，但他的意思只是：喜怒哀樂愛惡欲是「天情」之然，是天性所發之情爲如此，而「心爲之擇」⑰——心在那裏作容許或不容許之取捨決定，但因爲人心之思慮各有不同，故其取捨亦有差異。此外，荀子所言之心，其對象性（意向性）亦十分明顯，例如心知「道」、心擇「情」、心藏「事理」、心見「物類」等，都是心靈活動之指向一對象，亦有待於其對象。故總結而言，一般對荀子心論之解釋，認爲荀子所言之心，乃是認知心，是十分中肯的。

不過，除認知作用外，荀子亦注意到心有另一種作用，此即其主宰性。就心身之關係言，荀子認爲心是身之主宰，而負起治理的職份。他說：

> 天職旣立，天功旣成，形具而神生，好惡喜怒哀樂藏焉，夫是謂之天情。耳目鼻口形，能各有接，而不相能也，夫是謂之天官。心居中虛，以治五官，夫是謂之天君⑱。

又說：

> 心者，形之君也，而神明之主也，出令而無所受令。自禁也，自使也，自奪也，自取

也，自行也，自止也⑲。

就事實而言，所謂心治五官，乃是基於兩個事實而說。此卽㈠心似乎是接收由五官傳來之情報（information）之中心，例如色、聲、味、冷、熱等，都似乎由心所知覺到而有所反應；㈡心在某一程度內，又能對五官之活動（此實卽生理活動）能作若干控制，例如我們可以隨意移動四肢、隨意去看或不看某個東西。基於此，荀子乃認爲心如天君，可以治理五官。但荀子如此認爲，乃十分粗糙。荀子未能注意到，心對身體之主宰，只能在某一限度而言：身體有很多其他活動，心是無法控制的。心所能主宰的，乃是我們現代所了解到的隨意行爲（voluntary acts），例如拿起一枝筆或抽一根煙等。但我們亦有很多不隨意行爲（involuntary acts），例如反射動作（reflexive motion）及本能行爲，又例如造夢等。對於這些行爲，心無能爲力。故荀子說「心者，形之君也，而神明之主也」，就現代知識來看，是過度其辭（overstatement）。再者，荀子亦未能注意到心身之交互影響（interaction）。在心身（五官）之關係上，心不必完全是主宰者；五官亦有時能換位過來而作主宰，例如目好五色、耳好六律，則心時亦跟隨耳目之好而好之。在此心身關係之問題上，笛卡兒的心身交感說比荀子之「天君說」精密得多。如果我們再吃緊一點地批評，則可說：荀子之所謂「心居中虛，以治五官」，可以適當地用腦的活動來說明。此固是遠離荀子所能及之知識太遠，若眞作此批評，則似有不公。

心除了對身體能作主宰之外，荀子亦認爲心亦能自主，故說「出令而無所受令。自禁也，自使也，自奪也，自取也，自行也，自止也。」此實則是心之意志（欲）能力。事實我們之意志能力，確有不同程度之自主。但此種意志，不能了解爲道德意志；其自主，亦不能了解爲道德意志之自主自律（自由）。設使荀子之此語孤立地來看，則亦可以了解爲荀子是指道德的自由意志之自主自律。但我們不能孤立地來看此語。所謂道德的自由意志，是一個絕對善的意志；它之稱爲自由，乃在於㈠它完全獨立於所欲對象之任何影響或決定；㈡它對於它自己立法⑳。換言之，道德的自由意志必然地善、其所立之法無不善（它不會追求不應該的東西）、其所立之法，乃是無條件的（卽斷言的，不以任何其他原因或目的或影響而作。）而今再看看荀子的另一段話：

> 故人心譬如槃水，正錯而勿動，則湛濁在下，而清明在上，則足以見鬚眉而察理矣。微風過之，湛濁動乎下，清明亂於上，則不可以得大形之正也。心亦如是矣。故導之以理，養之以清，物莫能傾，則足以定是非、決嫌疑矣。小物引之，則其正外易，其心內傾，則不足以決麤理矣㉑。

這段話所表達的意思是：心是被動的、可以受影響被擣亂的、可以出錯誤的、要以法理引導的。質言之，荀子所言之心，並不具有道德的自由意志之能力；它根本是一被動的心（意志）。當荀子說心「出令而無所受令」云云，只是基於表面和片面的觀察而說，因爲在表面上心有時似乎能自主自令，例如我們可以自主地決定做某事或不做某事、去某處或不去某處。但這些自主自令，並非眞正的自由，更非道德的意志自由；這些選擇，皆有其原因作爲前件。只要我們能知曉各項相關的原因（原則上可如此做），則我們將發現這些看來是自由的選擇，實則是無可避免的、必然的選擇（亦可說，根本並無選擇）㉒。總結而言，荀子所認爲心之主宰及自主能力，只在一定限度內是對的，亦只在此限度內，爲有意義，而不出識心之概念範圍。

2、心與道：

心最主要的功能及最重要的成就，乃是能知「道」。「道」亦就是「理」。在荀子，「道」最少有三個實質意義，此卽禮義法度、統類、及是非名實之正。這三個意義，其重點都落在道德政教之範圍內；不過，統類及是非名實之正，亦可有知識論的意義。此外，「道」亦有一形式意義，此卽「體」。荀子說：「夫道者，體常而盡變，一隅不足以舉之。」㉓此卽貫穿事、物的普遍原理。事、物可兩指：一指自然界之事物，另一指道德政教。荀子說：「天行有常……列星隨旋，日月遞炤，四時代御，陰陽大化，風雨博施。萬物各得其和以生，各得其餘以成。」㉔在此意義下，「道」乃是自然之法則。荀子又說：「百王之無變，足以爲道貫。一廢一起，應之以貫，理貫不亂；」㉕「先王明禮義而一之。」㉖這都是指在道德政教方面之道，卽在此方面的通則或基本原則。

就心與道之相對關係言，亦可說明識心之一個性質，此卽，心是受納性的（receptive），而非本源地創生的。所謂受納性（非本源性），乃指心並無自己給予對象或構成對象的能力；

換言之，對象對心而言，乃是一種「給予（given）」，它非由心所發。在此情況下，心與其對象之關係，雖是在一種能知——所知（主—客）的認知格局中，但此關係只能是後天的（*a posteriori*）——只能通過經驗而建立，是偶然的（contingent）而非必然的。學習和見聞都是經驗的方法以認知對象；依此，心可以知道對象、亦可以不知道對象，心與對象之間並無邏輯或眞實之必然性（real necessity）可發生認知關係。

心與道之後天的、偶然的關係，在荀子下面的話，可以看到。荀子說：「故人不可以不知道。心不知道，則不可道而可非道。」[27]又說：「心之所可中理，則欲雖多，奚傷於治？……心之所可失理，則欲雖寡，奚止於亂？」[28]又說：「心不使焉，則白黑在前而目不見，雷鼓在側而耳不聞；況於使者乎！」[29]這些話都明白地、或含蘊地表示心可合道中理、亦可不合道中理；心與道，並無必然之連繫。心與道之相對性、及彼此關係之偶然性，乃是荀子心論的一個自然結果。作爲認知心，它並無能力可以自我給出對象，而荀子亦未臻至如康德的精密，以能指出心（悟性）可以（而且必然地）爲自然立法。再者，心之能知道與不知道，亦要繫乎養心工夫。要知道，心必要是虛壹而靜的清明心。荀子的養心論，在他的時代自然是一種洞見。但就現在看來，他的養心論並無奧義。用現代的語言說，荀子的養心論就是：如果我們要清楚正確地把握事物的道理及作出正確之判斷，我們要有一個開放、專一、而冷靜的心（或頭腦）。這已是常識。

3、心與性：

荀子論性，一言以蔽之，性乃是指依人之軀體而有之自然性向及本能；而此等自然性向及本能並非本然地（inherently）或實然地惡，但惡可由此等自然性向及本能所衍生——如果它們不被好好引導的話㉚。

「性」的形式定義是：「生之所以然者」㉛，或「生之和所生，精合感應，不事而自然」㉜，或「天之就」㉝。這三個說法，意義一樣。性就是自然（天生）的稟與。荀子也說：「性者，本始材朴也。」㉞性也是原始的質料，這是相對於「僞」而言。「僞」是後天的對性之加工磨鍊，是後天對自然之性作明知的培養。荀子說：「情然而心爲之擇，謂之慮。心慮而能爲之動，謂之僞；慮積焉，能習焉，而後成，謂之僞。」㉟又說：「僞者，文理隆盛也。」㊱性之內容，包括感官機能，例如耳目口鼻形、身體之自然性向（physical dispositions），例如「飢而欲飽，寒而欲煖，勞而欲休」㊲、與及我們一般所謂自然的心理傾向，例如好利惡疾。荀子論性的一個特點，乃在他把我們視爲是識心之產品——情及欲，都歸入性中而爲其內容。荀子說：「性之好惡喜怒哀樂，謂之情。」㊳就我們一般的看法，好惡喜怒哀樂等之情，是心理狀態，應歸入識心之範圍。

就心與性之關係言，有兩方面。第一，以心治性；第二，以性具心。但此兩種關係，分析下來，都不是心與性的終極關係；心其實是道與性之間的一度橋樑。道（禮義法度）是外在原則，性是一團盲目的材質，二者之接合，中間需要一個可以兩面通的活動的行動者（agent），此即心。就以心治性而言，心一方面要知道，其本身之活動要中道合理；另一方面，心依據其所知之道理，去約束和規範性之活動。要負起這種任務，心就必須具備兩種能力，如荀子所說，心能知、心能主。因而，所謂以心治性，要在此意義下了解。就以性具心而言，「具」是實現、實行的意思，亦有「器具」的意思。所謂以性具心，實質地說，應是以性具理（道）。道是抽象的道德原則，它必須依具體的人、事、或行為來呈現。借用亞里士多德的術語作比喻，道就如形式，性就如質料，二者之結合，才成個別的實體。在荀子，道要依性而呈現，或換過來說，性要順道而運行。但此中需要一個中介的結合者，此就是心。心知道而據之以強制性順道而行；性順道而行，亦即性具體地呈現道、亦即道具體化於性。上述第一種關係，以心治性，乃是一般研究荀子者所同意及重視之點。但關乎到第二種關係，以性具心，却似乎未受到應有的注意和重視。

關於以心治性，荀子如此說：

> 性之好惡喜怒哀樂，謂之情。情然而心為之擇，謂之慮。心慮而能為之動，謂之偽。慮積焉，能習焉，而後成，謂之偽。正利而為謂之事。正義而為謂之義。所以知之在人者謂之知。知有所合謂之智。智所以能之在人者謂之能㊴。

心之思慮選擇，對性之所發（情），以禮義法度爲準而加以禁止或認許。荀子又說：「天性有欲，心爲之制節……故欲過之而動不及，心止之也。……欲不及而動過之，心使之也……以爲可而道之，知所必出也。」[40]簡言之，所謂以心治性，就是心據其所知之道，行使其主宰力，對性加以約束或引導。關於以性具心，荀子如此說：

> 塗之人可以爲禹，曷謂也？曰：凡禹之所以爲禹者，以其仁義法正也。然則仁義法正，有可知可能之理。然而塗之人也，皆有可以知仁義法正之質，皆有可以能仁義法正之具，然則其可以爲禹明矣[41]。

「知仁義法正之質」乃是指心；「能仁義法正之具」是指性。性作爲一原始質料，乃是禮義法度具體呈現所要資藉的器具。荀子說：「故曰：性者，本始材朴也。僞者，文理隆盛也。無性，則僞之無所加；無僞，則性不能自美。」[42]這是一句很重要的話。荀子所論之性，並非本然地惡的；它本身是一種道德地無分辨（morally indifferent）的材質。荀子所言之性，與告子所言之性，同一意義；它猶如水，可以東流、又可以西流。再者，如此之性，並非是毫無價值、更非是負面價值的東西。對成就道德而言，此自然之性具有無可取代的工具價值（instrumental value）。排除了性，則道德（禮義法度）亦立刻懸空，而成抽象不着實的「但理」（mere principles）。就道德之根源問題而言，荀子與正統儒學（特別是孟子）有不同意見；但以自然之性爲實現道德之必要資具——以自然之性爲呈現原則（Principle of Presentment），就此點言，所有儒者都同意。

4、總結：

荀子的哲學思想，十分一致，觀念清晰明朗。荀子對於「天」、「道」、「性」、「心」等核心觀念，都有明白的定義；他關於例如「隆禮」、「性惡」之主張，都提出一系列的論證。荀子對於「天」、「道」、「性」、「心」等的立論，完全可以系統地連貫起來。就形上學之觀點言，荀子是一個自然主義者（Naturalist）。在他的系統內，沒有一個超自然的（Super-natural）觀念（或實體）之設定。作爲一個形上學的自然主義者，荀子也一致地是一個知識論的經驗主義者。他所說的心，並無包含任何先驗原理；對事物及禮義法度之知識，都是通過後天的學習及經驗而獲得。荀子的道德哲學，亦沒有超出自然主義及經驗主義所劃出的範圍：就道德基礎或根源而言，荀子並不把道德建立於一個超自然的設定上；就道德法則的存在地位而言，它（們）不是內在或本有（innate）。荀子很一致地把道德法則之根源外置於聖王及經驗之中，而構成其外在的、他律權威說。如果再追問聖王又依何而制作禮義法度，則答案是：依經驗觀察和歸納、或依現實之需要而規定之。就其思想之一致性及觀念之明晰性而言，荀子都超出先秦儒者及宋明理學家。縱使荀子的一些主張不合儒學之正統，但其思考「方式」却具十足的哲學性格。如果有人說中國哲學中沒有如西方哲學的思考方式，則我們大可舉荀子爲反證。

荀子之心論，以經驗事實爲出發點而作出推論。經驗事實就是：人有認知、推理、判斷、記憶、選擇、意欲等內在活動。這些活動似乎有其統一性（Unity）。又在一般習慣的思想方式中，並無純粹「活動自己」這種思想，而習慣於主—客式（或主辭—謂辭）思維。心理活動所呈現之統一性，加上追求——「主體」的思維習慣，很自然地令荀子（及其他很多哲學家）作出不自覺的推論，認定有一（識）心在那裏作認知、推理、判斷等活動。心之名因而立，一方面說明各種心理活動所呈現的統一性，另一方面亦作爲心理活動之主體。

依此而立的識心概念，不能包含「創造」這特徵（characteristic），因爲在其所依之而立的心理經驗中，並無根據可以建立「識心有創造力」一命題。當然，在日常語言中，我們亦常提及（識）心之創生力，亦常說到藝術的創造。但這些所謂「創生」，只能依類比（by analogy）意義而了解。在最基本的意義下（primary sense），藝術家並無創生。所謂「基本意義的創生」，乃是指「從無中生有（存在）」之行動。藝術及其他一般的創生，只是「從有中生有」——從「第一自然」製造「第二自然」。在類比意義下的創生，實際上是把既有之存在重新塑造。柏拉圖所描述之造物者（Demiurge），亦並不是一個創生者（Creator）。在理論上，荀子言之識心，不能有（基本義）創生行動；而事實上，荀子亦未嘗主張心能創生。

三、朱子的心論

對於朱子之心論，我們將設計一模型（model）予以解釋，稱爲盒子模型㊸。此模型將能籠罩朱子、荀子等之心論㊹。此模型之設計之重點，乃在於能比喻地顯明心與其內容之關係、及依此關係而含蘊之心的一些性質。依此模型，心被設想（比喻）爲一盒子，其中可以存放東西。盒子本身與存於其中的東西，固不能等同爲一；盒子是盒子，內容物是內容物，二者清楚截然辨別。盒子中的內容物，可以是後來放進去的，即我們設想盒子先出來是空的，物品其後才放進去，荀子所言之心，卽屬此類型。但盒子中的內容物，也可以是「本來」就有的，即我們設想盒子一出來便已經內載東西，朱子所言之心，乃屬此類型。至於東西從何而來？如何被放進盒子？此將在以下行文中有所交代。

1、心之概念：

朱子所了解之心，就如一盒子，其中收藏了一項一項的道德原理，旣成地、整齊地排列在那裏，而成爲盒子之內容。朱子說：「心以性爲體，心將性做餡子模樣。」㊺又說：「性是理，心是包含該載，敷施發用底。」㊻又說：「以某觀之，性情與心固是一理，然命之以心，却似包著這個性情在裏面。」㊼朱子很贊同張橫渠的「心統性情」之說。這已很明白，朱子以爲心就如一容器（盒子），其中裝載着性，性就是理，卽仁義禮智等之道德原理；此正如在一盒子裏，裝載着一疊的行爲法則咭。依此而說，如果沒有了盒子，則那些行爲法則咭便無處可放置，此點朱子亦明白地說：「理無心，則無着處。」[48]又說：「心是虛底物，性是裏面穰肚餡草。性之理包在心內，到發時，却是性底出來。」[49]此是很重要的一句話。在朱子看來，心就其本身而言，是空無內容的，故說「心是虛底物」。如此，則心是一個非實質（non-substantial）的存在，它主要的價值，就在能裝載有價值的東西（性理），換言之，它只有工具價值。再者，由心所發出的東西，就不是心本身，而是別的東西。質言之，仁義禮智等之性理，雖可說發自心，但它們不卽是心本身，只是由心這盒子「彈」出來的內容物。就在此點，朱子與王陽明便分別開來。

盒子裏的東西，如何得來？在這問題上，朱子與荀子稍有不同。在荀子，心之內容都是從「外面」一點一滴地搜集而來，乃藏於心中。在朱子，心之內容乃是「本來地」有。依朱子，包藏於心中的，是性；性，就是理（仁、義、禮、智等）；而理，是天理，乃由天所賦與。朱子說：「性與氣皆出於天。性只是理。」[50]朱子所指的，乃是天地之性，並非氣質之性，故可以說「性只是理」。朱子又說：「蓋天者，理之自然，而人之所由以生者也。性者，理之全體，而人之所得以生者也。」[51]在（道德）性之來源這點上，朱子亦承接詩經（「天生蒸民，有物有則，民之秉彝，好是懿德」）、中庸（「天命之謂性」）及易傳（「一陰一陽之謂道；繼之者善也，成之者性也」）之傳統，而言性之超越根源，亦能把住此性之爲仁義禮智之德性。例如朱子說：「『繼之者善，成之者性』。這個理在天地間只是善，無有不善者。生物得來，方始名曰性。

只是這理。在天則曰命，在人則曰性。」❺❷總括來說，朱子仍說仁義內在、本有；性有其超越之來源而非自後天之經驗而獲取；而此性（理之全體）作爲內容而包藏於心這盒子中，由此而說「心具衆理。」。

依此模型去了解「心」，在概念上必然產生如下之結果，此就是，心與其內容是不同類的東西，因爲在定義上已經不同：盒子是載東西的容器；而內容是儲藏於盒子內的東西。我們不能說盒子「卽」內容，內容「卽」盒子（「卽」是「同一」的意思），若如此說，則完全不可理解（unintelligible）。依此模型說下來的心，必然與心之內容（卽性、理）爲異類。這在荀子爲然，在朱子亦然。荀子固然不能說心就是理（卽先王制定之禮義法度），朱子亦不能說心就是理；而事實上，朱子也認定心與理不同。他說：「靈處只是心，不是性。性只是理。」❺❸又說：「心比性，則微有迹；比氣，則自然又靈。」❺❹又說：「性猶太極也，心猶陰陽也。太極只在陰陽之中，非能離陰陽也。然至論，太極自是太極，陰陽自是陰陽。惟性與心亦然。所謂一而二，二而一也。」❺❺照以上之言，心與性乃是兩種「東西」；雖然二者在實存上互不分離，但在概念上乃是明白分辨的。朱子就這樣說：「心統攝性情，非儱侗與性情爲一物而不分別也。」❺❻。

2、朱子心論之定位：

儒家承認有兩層存在之範疇，卽形而上及形而下，或超越層及自然層，或質言之，就是天理與氣質。朱子所言之心，必然要歸屬形而下之自然層次。換言之，朱子所言之心，與荀子所言之心，縱有不同，但皆屬同一層次。朱子所言之心，亦是識心（或氣質之心）。事實上，已有人問及朱子心之存在性質之問題，但朱子似有點含糊其辭：

> 問：人心形而上下如何。〔朱子〕曰：如肺肝五臟之心，却是實有一物。若今學者所論操舍存亡之心，則只是神明不測。故五臟之心受病，則可用藥補之。這個心，則非菖蒲、茯苓所可補也[47]。

朱子這種答覆，不是故意逃避問題，顧左右而言他，就是廢話連篇。問者當然不會問及肺肝五臟之心是形上抑形下的問題。朱子繼續說：「心比性，則微有迹；比氣，則自然又靈。」[58]今之問題，乃是心所屬之層次問題，並非程度差別之問題。「微有迹」或「很有迹」之差別，並不相干；「微有迹」，就是有「迹」，不管多「微」；而形而上之層次，乃是指無聲無臭、無方無體（形體）之存有，此是無迹。依此而論，朱子所言之心，不能是形而上的，而只能是形而下的，卽屬於氣界層次者[59]。故朱子所言之心，仍只是識心；其概念，是「識心」概念之一型態。但朱子說那包藏衆理的心，並非如肺肝五臟的心之爲一實物，亦並非全無意義，因爲這個對比，可以了解爲：朱子並不認爲（識）心是一實體（substance）；卽使在形而下的意義說，（識）心亦不是一實體，故朱子描述它爲「神明不測」。在這個理解下，所謂「神明不測」，便是說，「心」之名，無一實可指，但此名又並非毫無意義，因爲我們事實上又確有認知、感覺、主宰、意欲等活動。既有這些活動，又找不出「何物」在作這些活動，所以說「神明不測」。說「神明不測」，亦可能表示說者（朱子）對此問題困惑不解。前文論及「（識）心」之一般概念時，我們看到（西方）哲學家對「心」之問題，亦感困惑。

朱子所言之心，乃在我們「識心」概念之範圍內。關於此點，可進一步加以確定。第一，朱子所言之心，有其對象；它處於一能──所（主──客）之格局中。朱子說：「所覺者，心之理也。能覺者，氣之靈也。」[60]「氣之靈」指心。第二，朱子對心之活動及功能之了解，大體都在識心範圍內，這就是：知覺、記憶、及主宰。知覺是認知機能之活動、主宰則是意志（欲）機能活動之結果。不過，朱子所了解的心之知覺及主宰作用，亦有其着重點，此卽對（道德）性理之知覺、及依（道德）性理而作主宰。就此而言，朱子亦顯出儒學系統之特性，而與一般西方哲學之心論，分辨開來。第三，朱子所言之心，並無（基本義）創生能力；它的對象、它的內容，都是「給予的（given）」──由天給予而成其內容；對理而言，心就如一資料盒，只是包含該載，發布施用，它不創生理。第四，朱子所言之心，並非一基本實體（primary substance），只是一派生之「有」（derivative being）。所謂基本實體，是指一物之存有（being）並不依賴其他存有而可獨立自存。朱子所言之心，乃是「理與氣合」的產品[61]。在存在上，它是「依他起」；在概念上，「心」完全要通過「理」與「氣」二概念而界定。在朱子系統中，「心」之概念只是一導出概念。總括地說，朱子言心，有其獨特之處[62]，但不出識心之概念範圍。

附註

❶ 根據牟宗三，名學與荀子，台北，學生書局，1979 初版，p.225.

❷ 參考 Kant, *Critique of Judgment*, tran. by J. C. Meredith (Oxford, England : Oxford University Press ; first printing, 1952 ; 8th printing, 1980), p.39.

❸ 參看 Jerome A. Shaffer, *Philosophy of Mind* (Englewood Cliffs, N. J. ; Prentice-Hall, 1968), pp. 4 — 6.

❹ G. E. Moore, *Philosophical Studies* (London : Routledge & Kegan Paul, Ltd., 1922), p.25.

❺ "A Ghost in the Machine." 見 Gilbert Ryle, *The Concept of Mind* (New York: Barnes and Noble, Inc., 1949), pp. 15 — 6.

❻ 見同上，pp. 22 — 23.

❼ 這（心—腦）同一理論（ Identity Theory ），可見於 D. M. Armstrong, *A Materialist Theory of Mind* (London : Routledge & Kegan Paul, 1968) ; U. T. Place, " Is Consciousness a Brain Process ? " *British Journal of Psychology*, XLVII (1956) : 44 — 50 ; J. J. C. Smart, " Sensations and Brain Process ", *Philosophical Review*, LXVIII (1959) : 141 — 56.

❽ 這樣的用辭，似乎說得太輕（ understate ）。但如此說，乃是顧慮到行爲主義，同一論，及所謂物理主義（ Physicalism ）之主張。這些理論並不承認有兩系列性質不同的現象——心理現象及物理現象。

❾ 意識之意向性，乃是費他奴（ Franz Brentano 1838 — 1917 ）所提出，胡塞爾承受下來而納入其現象學中。

❿ 此是懷爾（ Gilbert Ryle ）對笛卡兒學說諷刺性之描述。見 Ryle, *The Concept of Mind*, pp. 11 — 7.

⑪ 參考牟宗三，名家與荀子，pp. 223－5；唐君毅，中國哲學原論─原性篇，台北，學生書局；1968 初版，1979 四版（台三版），第二章；徐復觀，中國思想史論集，台北，學生書局，1965 四版，p. 246；徐復觀，中國人性論史，台北，商務印書館，1969 初版，1982 六版，pp. 239－48.

⑫ 荀子，解蔽篇。

⑬ 荀子，正名篇。

⑭ 荀子，解蔽篇。

⑮ 同上。

⑯ 荀子，正名篇。

⑰ 同上。

⑱ 荀子，天論篇。

⑲ 荀子，解蔽篇。

⑳ 關於此概念，參考 Kant, *Groundwork of the Metaphysic of Morals*, tran. by H. J. Paton (New York: Harper & Row, Torchbook edition, 1964), pp. 108－13.

㉑ 荀子，解蔽篇。

㉒ 這裏因牽涉到一個在倫理學中重要的問題，此即自由與必然或自由概念與決定論（Determinism）之對立。康德以此爲理性之二律背反（antinomy），而加以疏通。見 Kant, *Critique of Pure Reason*, tran. by N. K. Smith (London: Macmillan; second edition, 1933; reprinted, 1970), pp. 409－15: B 473－9.

㉓ 荀子，解蔽篇。

㉔ 同上，天論篇。

㉕ 同上。

㉖ 同上，富國篇。

㉗ 荀子，解蔽篇。

㉘ 同上，正名篇。

㉙ 同上，解蔽篇。

㉚ 荀子在其性惡篇，似乎論證性之爲惡。但其眞正的立論，乃是：如果人之性情不以禮義法度約束、如果人順其性情而行，則惡行由是而產生。「惡」乃是指行爲之「偏險悖亂」，而並非指性的本有品質。荀子並無「性是本然地或實然地惡的」之主張，雖然他有些滑轉的說話。

㉛ 荀子，正名篇。

㉜ 同上。

㉝ 同上。

㉞ 同上，禮論篇。

㉟ 同上，正名篇。

㊱ 同上，禮論篇。

㊲ 同上，性惡篇。

㊳ 同上，正名篇。

㊴ 同上，正名篇。

㊵ 同上。

㊶ 同上，性惡篇。

㊷ 同上，禮論篇。

㊸ 「模型解釋」之概念，乃借自邏輯中之模型概念。但此處使用之「模型」，當然不能，亦不必如邏輯中之嚴格。我們所謂之模型，實質上是一比喻（metaphor）。

44 斟對於孟子、王陽明、陸象山等之心論，我們將設計另一模型予以解釋，稱源頭模型，見本書第三章，A2。

45 朱子語類，卷五，性理二，性、情、心、意等名義。轉引自牟宗三，心體與性體，第三册，p. 472.。

46 同上，p.471.。

47 朱子語類，卷十六，孟子十，盡心上。轉引自牟，心體與性體，第三册，p.442.。

48 語類，卷五。轉引自牟，同上，p.468.。

49 同上，卷六十。轉引自牟，同上，p.446.。

50 語類，卷六十一。轉引自牟，同上，p.414.。

51 朱文公文集，卷五十七，雜著。轉引自牟，同上，p.440.。

52 語類卷五。轉引自牟，同上，p.465.。

53 語類，卷五。轉引自牟，同上，p.467.。

54 同上，p.471.。

55 同上。

56 轉引自余雄，中國哲學概論，台北，源成文化圖書供應社，1977 第一版，p.237.。

57 轉引自牟，心體與性體，第三册，p.470.。

58 同上，p.471.。

59 這個判斷，依牟宗三先生。見同上，p.471.。

60 語類卷五。轉引自牟，心體與性體，第三册，p.468.。

61 語類，卷五。引自牟，同上，p.467.。

62 其獨特處就見於其表現之儒家之特點。朱子言心，主要仍關乎於道德之存在及實踐而言；其「心」雖爲「識心」，但就其關懷及興趣言，朱子之心論有別於西方哲學之心論，亦有別於荀子的典型的識心論。

第三章　仁心論

對識心之了解與對仁心之了解，有不同方式。對於識心，我們依循辯解的（discursive）、邏輯的，或經驗的進路，都爲妥當，因爲識心就在這些進路之範疇中。縱使是笛卡兒對識心之當下直覺，亦是在同一範疇（層次）之內，因爲此種直覺，仍是感性直覺（sensible intuirion）——它是對心理活動本身之內感。如果再往後推進一步而指那能思之「我」，那仍只是那連串的心理活動的統一（unity），在康德稱之爲統覺（apperception）。❶但是，對仁心之把握，以上所陳述之進路（方式），乃是不妥當的，因爲仁心不在那些進路所能達到的範圍內。在儒家系統中，妥當的方式，乃是直接體證或證悟。此種體證，固需要一些準備工夫，例如涵養、靜、敬等。對仁心之存在之把握，只有在道德實踐中，才能有眞切、具體、確定的眞實知識，因爲道德實踐，其最高之成就，乃是能把仁心具體地「呈現」出來。孔子「踐仁知天」，孟子說「盡心知性知天」，其中「踐」與「盡」，都是指身體力行的體證工夫，此亦是儒學與一般思辯哲學之主要區別之一。在儒學中，說「論仁知天」或「言心知性知天」，是不合儒學邏輯的。

雖然哲學的概念分析和辯證，並非是最妥當的方式，但在某些意義下，概念的分析及辯證，亦有其一定的作用及需要，而不能光以得道者的觀點，輕視而摒棄之。因爲，對於有了體證的人，固不必多所論辯，但對於迷惑未覺的人，光說體證也無補於事。此時，一些概念上的辯解、分析，和說明，就最少可作指引之用。此縱使不能令其眞實地體悟到仁心，但仍可助其有知性上之了解。縱使其「仁不能守之」，但若其「知及之」，則仍比「仁不能守之，知亦未及之」更可欲。故我們不宜一下抹煞概念化之分析及辯解之功能。又，常有人恐懼對儒家成德之教作概念化之分析及辯解，會使仁教僵硬化，使其失去生命。此種恐懼乃是不必的，因爲此種概念之運作，並不能使仁教僵硬化，卻能使其清晰明朗，條理井然。使仁教僵硬化的，是當我們在「仁不能守，知不能及」的情況下，才會如此。只要我們二者得一，則仁教便能活活的。再有進者，設使儒學要能「現代化」，則概念化乃是一必要的步驟。所謂「現代化」有很多意思，其中之一便是：儒學要能參與世界之哲學圈子之哲學討論，此卽西方哲學之討論方式，此討論方式乃是通過概念和論證而進行。如果儒家學問不能以概念和辯證陳列出來，則它亦無法參與世界之哲學對話。儒「學」固不能取代儒「教」，但它亦不會妨礙「教」，且會使儒「教」更充實，更強力。基於以上之各理由，我們乃可把「仁心」概念化而了解之；雖然是「權說」，但仍有一定之意義及作用。

一、仁心——本體與活動

1、仁心之存在及其層次

在孟子，關於仁心之存在及活動，有以下一個經典性的論證：

> 所以謂人皆有不忍人之心者；今人乍見孺子將入於井，皆有怵惕惻隱之心。非所以內交於孺子之父母也，非所以要譽於鄉黨朋友也，非惡其聲而然也。❷

這個論證，需要精密地理解。一般的理解是：人見孺子將入於井而當下直接地有怵惕惻隱之情，依此事實，可指證人皆有「不忍人」之仁心，因爲此怵惕惻隱正乃仁心之呈露。❸此種理解，乃很順適，亦爲不誤。但如此理解，不能使這論證產生最強大的說服力；如此理解，這論證只能是一個弱論證（weak argument），因爲它的力量，很容易被相反的論證平行。我們可構想一個荀子式的論證，如下：人皆有好利之心者。今人乍見財帛之棄置於無人之地，皆有獲取佔有之心。依同樣的理解方式，我們似乎又可指證人心是好利的。當然，論者也可以補充說，不忍人之心與好利之心乃不同層次的，人二者都有。但如此，則孟子之論證就沒有壓倒性的力量，因爲這已加進了「補充」。

對於孟子之論證，可有一個更精密之理解，如下：人有不忍人之仁心，因爲在某些情況中（例如孺子將入於井），人有一些直接、當下的反應或行爲（例如怵惕惻隱），其原因並不來自自然性向（例如惡其身、要譽、納交朋友等），故其原因一定要超乎自然性向的，此原因稱之爲不忍人之仁心。❹

此論證不單止預先按住荀子式的反駁，而且更凸出仁心之存在地位——它不在自然層次中，也能貼合孟子另一個更重要的論證，如下：

> 生亦我所欲。所欲有甚於生者，故不為苟得也。死亦我所惡。所惡有甚於死者，故患有所不辟也。如使人之所欲，莫甚於生，則凡可以得生者，何不用也；使人之所惡，莫甚於死者，則凡可以辟患者，何不為也。由是則生，而有不用也；由是則可以辟患，而有不為也。是故所欲有甚於生者，所惡有甚於死者，非獨聖賢有是心也，人皆有之，賢者能勿喪耳。❺

上引一段話，實是孟子關於心（性）最重要的論證；它不但在儒學系統中重要，而且在更大的道德哲學範圍中，亦極爲重要。孟子的論證，其核心如下：在人之一切欲望追求之中，保全生命（或避免死亡）乃是最基本、最強力的（眼、耳、四肢等關連於身體的情、欲，與求生欲望相形之下，便成等而次之）。如果人沒有另外一種心之力量，則人自然無可選擇地順從求生意欲，去做任何可能的事以保存生命。但事實上人並非必然地順從求生意欲以保存生命，故人必有一種能與求生意欲相抗衡之心靈力量。我們可對上面的論證，作進一步解釋。依據人的自然性向，自保（self-preservation）及自愛（self-love）乃行爲的最基本的有效原因（efficient causes）；如人僅僅地只有此由自然性向而來的行動原因，則人必然會作任何可能的行動，以達到自保及自愛之目的，但事實上人可做出與此自然性向相反方向的行動（例如自願地放棄生命），故人必有另一種超自然性向的行動原因。此超自然性向的行動原因，在孟子稱爲心。必需注意到，並非所有自願放棄生命之行動（即自殺），都是超自然性向的原因之結果；事實上，有些（也許是大部份）自殺行動亦是由自然性向所產生，此即由自愛而來的行動。所謂自愛，乃是指人對生存順適（agreeableness of life）之追求。自愛原則實質上就是一般所說的快樂（或幸福）原則（Principle of Happiness）。依此原則，追求快樂，避免痛苦，乃是人之自然本性。自保固然亦是人之自然本性，但人當生存本身成爲極端痛苦之來源，而快樂似乎完全不可能出現時，人會自動放棄其生命而自殺。實質上，此種自殺乃是一種避開痛苦之行動；換言之，此仍是由自然性向（指自愛）而來的行動。我們把這類自殺撇開。但仍有另一類捨棄生命的行動，自愛與自保作爲自然性向無法予以說明。因而，此類行動，必然由一超自然的原因所產生。孔子所說之「殺身成仁」，孟子所指的「捨生取義」，不可能由自然性向的原因所產生，而必由一超自然性向的原因所產生——此就是仁心。

上面的論證（或者說，如上地理解的孟子之論證），有其形上學及人性論（哲學的人類學）方面的涵義。這在此暫且不談，但它在道德哲學方面的涵義，在此卻不能略過。因爲它令各式各樣的倫理學的自然主義（Ethical Naturalism）、經驗主義（Ethical Empiricism）、快樂主義（Hedonism），例如荀子、霍布士、休謨、伊壁鳩魯等之理論，產生理論上的困難。這些理論不承認有超自然的道德根據，但又無法滿意地消解上面的論證。再者，康德在辯護「自由」一概念以作爲道德之可能之必要設準（postulate）時，亦作出類似的論證。康德構想如下的事例：我們問一個人，當他滿足了其欲念之後，會立刻被處死，如果這樣，他會否抑制自己的欲念？這人會很直截爽快的說會。但設使我們問他，今有一個值得敬重的人，而統治者因某些原因要謀算此人，他願不願意作假證以陷害此人；如果不願的話，他自己就要被殺。他也許願意，也許不願意。但就在這裏，他發現到自己的自由，認識到應該與不應該的選擇。[6]

對康德所構想的這個難題，我們可作如下的了解：用儒家的語言表示，這個難題根本就是「殺身成仁、捨生取義」抑「求生害仁，保命賊義」之選擇所產生的難題，亦就是孟子所喻，「魚與熊掌」，或「從小體從大體」的問題。就現實的人來說，我們因不能過於樂觀和理想，認爲凡是在此種難題困境之下，人都能夠依仁取義而自願放棄生命。現實就是現實，它仍未等同於理想。康德所構想的情況，依一般經驗之觀察，我們可推想到那要作「死生或義與不義」之選擇的人，有極大可能終於願意誣揑忠良以自保生命。如果他作此選擇，在現實世界中，一點都沒有意外。

但人能有此選擇之餘地，能產生此種難題困境之事實，就足以支持孟子（及康德）之主張，謂人不僅僅只是一個自然性向的動物（小體），他亦有一種超自然的性能——仁義之心（大體）卽人不僅僅有氣質之性，他亦有道德之性（仁義之性、本性、天性）。因爲設使人只是一個自然性向的動物，則他的一切行爲就完全在自然法則支配之下——完全依據自然的必然性（natural necessity）而產生和進行，而沒有自由可言。若如此，則人不可能會產生如孟子所言之「魚與熊掌」之選擇，亦卽不可能會面對如康德所構想之難題困境。因爲支配人行爲之最基本亦最高之自然法則，乃是自保及自愛；依此兩條原則（或其一），人自然而必然地做一切他可以做的行爲，以求自保生命（或獲取生存之順適）；他根本無「做或不做」之考慮產生，亦根本無「應不應該」之自覺。但事實上人有此種考慮及自覺；此種考慮及自覺，對自然法則乃一挑戰[7]，而能夠與自然法則對抗的，本身不可能亦是一條自然法則，卽它不可能亦存在於自然系統內，因爲此是自相矛盾。因而，在人之結構中（constitution of man），必然有一超自然之力量，在康德稱爲自由意志，在孟子稱爲良心。[8]

上述之辯證，總的來說，也不外是對孟子所說「生亦我所欲。所欲有甚於生者，故不爲苟得也。死亦我所惡。所惡有甚於死者，故患有所不辟也」之涵義之推演。如果我們再加以開展一下，則我們很容易就能表白孟子的很多辨別，例如人禽之辨、義利之辨、大小體之辨、性命之辨（對揚）等，根本是同一辨別之不同說法。這個根本之辨別，就是人之兩層存在（bi-level existence）之辨別——自然層次及超自然（或超越）層次。孟子所言之心，乃是在此超自然層次的唯一實在（Reality）。

2、源頭模型

仁心所具的內容，就是仁義禮智等的道德法則。孟子說：「君子所性，仁義禮智根於心。」❾又說：「心之所同然者，何也？謂理也，義也。聖人先得我心之同然耳。故理義之悅我心，猶芻豢之悅我口。」❿孟子對心之內容最具體又最經典的說法，乃是其四端之心之說：

惻隱之心，仁之端也；羞惡之心，義之端也；辭讓之心，禮之端也；是非之心，智之端也……凡有四端於我者，知皆擴而充之矣。若火之始然，泉之始達。⓫

心所具之內容，乃本然地、先天地有。故孟子說：「仁義禮智，非由外鑠我也，我固有之也，弗思耳矣。」⓬在這一點，孟子與荀子又有很大的差別；但若僅就此點言，孟子與朱子，亦無從辨別，因朱子亦言仁義爲心之本具。

關於心與其內容之關係之問題，我們曾辨別兩個模型以說明之，此即盒子模型及源頭模型⓭。孟子、程明道、王陽明、陸象山等之立論，歸屬源頭模型。我們設想水之流出，有其源頭。但此比喻之關鍵乃在：源頭與水流，並非兩種不同之物。說源頭，是就流水之始發言；說流水，是就源頭之外達開展而言。我們設想的模型，是一同質的連續體（continuum）。源頭，比喻心；而能夠稱爲源頭者，必有流水之出發，此比喻仁義禮智等之道德原理，亦即心之內容。這個模型之特點，在於保證了源頭之必有流水而出，因爲如果我們說「沒有流水之源頭」，乃是矛盾的概念。沒有水流出的，不能稱爲源頭。此亦即說，「水流」之概念，已包含在「源頭」之概念中，二者有一分析的必然關係。就此點言，我們可把源頭模型與盒子模型分辨，因在盒子模型下，說「沒有東西的空盒子」乃是完全可能的，此概念並不矛盾；亦即說，盒子與其所載之物，並無必然關係，盒子之載有東西，乃是偶然的（contingent）；盒子內如沒有東西，乃是邏輯地可能的事。但若就源頭而說，此就邏輯地不可能。源頭模型能比喻出：心與其內容之分析性必然關係，心與其內容同質，心與其內容一體無二。盒子模型在此三方面，剛剛相反。

源頭模型之構想，在儒家經典中，亦有其根據（scriptural evidence）。例如孟子也事實上使用類似的比喻以描寫心，如「火之始然，泉之始達」及「端」。孔子對流水，有特別的感受。孔子見河川之流，感而說：「逝者如斯夫，不舍晝夜。」[14]荀子宥坐篇亦有記載孔子觀水之論。[15]中庸亦有此比喻：「溥博淵泉，而時出之。溥博如天，淵泉如淵。」[16]王陽明論孟子，亦一語中的，他說：「孟子說性，直從源頭上說來。」[17]總言之，我們所設想之源頭模型，在儒家的典籍中，可以得到很多的呼應。但是，最重要的，當然是此模型之說明能力（explanatory power）。此模型能幫助我們說明很多儒家的義理，特別是「心卽理」及心之創生性此兩義理。仁心卽理及仁心之創生性，加上仁心之超越性（此上文已有論及），乃是仁心之爲仁心之界定性特徵（defining characteristics），亦即孟子系統的儒學精髓。以下我們將分別說明「心即理」及心之創生義。

3、心即理

只要有適當之比喻，以作說明之工具，則「心即理」一義並不難於了解。但很多時，此義亦非一下子可以把握得到，因爲「心即理」一義，對我們一般的解悟（common understanding），會造成困惑。在我們一般的解悟中，有一個思維模式（Pattern）（或習慣），此就是：「心」指一個實體（substance），或是一個實質性的支托者（substratum），而此實體可作某些活動；其活動依循一些既定的法則（此即荀子所說之心之合道中理）。「理」則是指一些抽象的、非實質性的、僵硬的法則。因而，在一般的解悟中，「心」與「理」似是兩類不同範疇的事物（或存有），要把二者類同起來，自然產生了解上之困難。此種思維模式，可籠罩了笛卡兒式（Cartesian）及洛克式（Lockian）的關於「心」之思考。但此種思維模式，只能適用於思考「識心」之問題。依此種思維模式，無法了解如何可以「心即理」。再者，在一般的解悟中，我們都習慣以「主──謂（Subject-predicate）式」的思想模式去了解事理，這亦是亞里士多德的偉大影響之一。在此種習慣的思想模式下，我們很自然地尋求一實體作判斷之主辭。在關於「心」之問題上，我們一方面就以「心」爲一實體而使之爲主辭，另一方面則把它的活動視爲是其屬性而使之爲謂辭；「心」作爲主辭，自然比「活動」更基本；「心」被放入於基本實體

(primary substance)之範圍中，而「心的活動」乃只有導出的存在性(derivative being)。邏輯上，「心」一辭比「心的活動」一辭享有先在性(priority)，因為「心的活動」要預設了「心」，而反過來則不必。依此種「主——謂式」的思維模式，不能了解「心即理」之適當意義，因此種思維模式，把心與其活動置入不同的範圍：在存在上，亦在邏輯上，二者截然辨別。總而言之，在一般的解悟中，「心」、「活動」、「理」乃是三個清楚的劃分概念(classificatory concepts)，其指涉之對象、性質和範疇，都互不相同。依此解悟方式，「心即理」之意義自然難於了解。因而，要適當地了解「心即理」的義蘊，我們必須刻意地排開上述的思維習慣，即放棄主——客式、本體——屬性式、主——謂式的思維模式，而以一辯證的、動態的、圓融的思維方式去了解「心即理」。

「理」有二義：一是專言之理，即依於一特定之情況而言，此相類於我們說「專言之仁」；另一是統言之理，此即就理之渾然統體(unity)而不就其殊相上說，亦即就「理之在其自己」而言，此相類於我們說「統言之仁」。今先從專言之理而了解「心即理」。

孟子未明白地說「心即理」，但孟子之心論，卻隱含或至少暗示此種說法。例如孟子說四「端」之心，其中「端」有兩面通的含義：端，有其源頭；端，也有其開展。[18]其開展，乃即仁義禮智之理。孟子又說：「君子所性，仁義禮智根於心；其生色也，睟然見於面，盎於背，施於四體，四體不言而喻。」[19]孟子之說「仁義禮智根於心」，即含有「生長」之意。「根」也是一比喻辭，意謂仁義禮智由心而生。把這個思想明白地擺出來的，是陸象山。他說：「萬物森然於方寸之間，滿心而發，充塞宇宙，無非是理。」[20]然把此義發揮得精緻的，乃是王陽明。例如他說：

> 心卽理也。天下又有心外之事、心外之理乎？……心卽理也，此心無私欲之蔽，卽是天理……此純乎天理之心，發之事父便是孝，發之事君便是忠，發之交友治民便是信與仁。[21]

依源頭模型而說，心乃如源頭，理卽如定向之流水。源頭與流水，其中並無間隔，亦無可劃分之處；它們是一體而發，一體而流出流往。心與理，乃只是一體之兩面說：心指理之發源處，理是心之開展。所謂開展，是指心因感應而落實於具體情況中，乃顯現成具體特殊之定相（determinate mode），猶水之流，必顯成某些特定之模樣。直言之，心之具體定向、心之特殊決定，就稱爲理。依此而言，「心」與「理」是二名，其意義雖可分辨，但彼此互相涵蘊，故可說一而二、二而一。

此種互相涵蘊之關係，亦卽等價關係（equivalent），但不是同一關係（identity）。此關係，如王陽明說：

> 故有孝親之心，卽有孝親之理，無孝親之心，卽無孝親之理矣；有忠君之心，卽有忠君之理，無忠君之心，卽無忠君之理矣。[22]

依王陽明所言，就是：有是心，卽有是理；有是理，則必有是心。心與理互爲充足及必要條件，此在邏輯上稱爲等價。依源頭模型來說，有源頭，卽有流水；無源頭，卽無流水。若就「心」與「理」之指涉（reference）而言，「心」與「理」均同指一連續體；「心」是就此體之源頭說，「理」是就此體之定向（展開相）而說。心在具體感應中，開展其自己，乃成特殊之定向。例如於「見父」、「見兄弟」、「見孺子之入於井」、「爲政」等具體情況，心能有感應而作出應該之決定，卽作相應之定向。此種心之定向，就卽是孝、敬、悌、仁、愛（民）等之理。這些理，並非是一些外在於心的道德原理黏附在「父母」、「兄弟」、「孺子入井」、「國民」等之對象上，而當我們見到這些對象，就見到這些原理，好像見草原就見綠色一樣。如果這樣設想，就正是告子的想法，而自然達到「義外」的結論。總括而言，心與理之關係，可從各方面說明如下：就邏輯而說，「心」與「理」之概念，乃是一對等價概念；就源頭模型說，心與理乃若源頭與流水；就存在而說，心與理乃只是同一連續體之兩方面；就道德實踐而說，心與理，乃只是一體（心）之開展相（理）。所謂「心卽理」，就理之爲專言之理而言，其解析如上。

「心卽理」的另一意義，乃就渾然統體之理，或說「理之在其自己」而了解。「渾然統體之理」之概念，乃是一單一概念（singular concept），它指謂一統一體（unity）。在此意義下之理，並不專指仁或義或禮或智等專言之理，亦非指這些理加起來而成的總集（totality），因爲「總集」之概念，包含「不同部份」的涵義；渾然統體之理，並無「部份」可言。在所謂

「寂然不動，感而遂通天下之故」，那「寂然不動」義，乃卽我們所謂渾然統體之理的意思；那「感而遂通天下之故」義，卽我們所謂專言之理的意思。設使我們從概念上，把理之殊相脫離，則我們可設想一「理之在其自己」，就此而言渾然統體之理。今我們從專言之理（卽仁義禮智等）開始設想，這些專言之理，並非原子式地（atomistically）一條一條既成地排列出來，而是流水般擴展出來；我們可再收進一步地設想——設想流水之抽離於其分殊之流向，而言其「自己」；此「自己」乃從分殊流向中抽離出來之流水自己。此種抽離，只是在概念上如是作，而並非指存在上之抽離。換言之，「理之在其自己」與「理之分殊」，乃只是一邏輯的區分（logical distinction），並非是一存有論的區分（ontological distinction）。

王陽明曾作一比喻，雖然不是爲我們所謂專言之理與統言之理之區別而作，但亦很適合此區別。王陽明說：「比如面前見天，是昭昭之天，四外見天，也只是昭昭之天……不可道眼前天是昭昭之天，外面又不是昭昭之天也。于此，便見一節之知卽全體之知，全體之知卽一節之知。總是一個本體。」㉓此中「一節」與「全體」之區別及連結，相比於我們所作之「專言」與「統言」之區別及連結。渾然統體之理（理之在其自己），乃卽王陽明所謂心之本體；此是「心卽理」之另一意義。陸象山說：「蓋心一心也，理一理也。至當歸一，精義無二。此心此理實不容有二。」㉔陸象山在此處說之「一心」、「一理」，乃是就心之本性及統體之理而說，而並非就專言之心而說。惻隱之心及事親之理，乃專言之心及理，然固含蘊於統言義之心及理。又如王陽明說：「這心之本體，原只是個天理，原無非禮。」㉕在此，王陽明亦是在本體上說心理之為一。孟子亦有一比喻說：「原泉混混，不舍晝夜，盈科而後進，放乎四海。」[26]此中「原泉混混」可比喻渾然統體之理（心）；「放乎四海」則可比喻專言之理。

理之在其自己對特定之理而說，可謂是一個「抽象（abstraction）」，但此「抽象」，只是類比而說（by analogy）。理之在其自己，乃是分殊之理之「回歸」於其本源；分殊之理，乃是統體之理之「展開」其自己。此中「回歸」與「展開」，固是高度比喻性的辭項，但除此以外，我們找不出更佳的描述語。但當說理之在其自己及理之展開其自己，並不意謂我們可把理在存在上分成「已發」及「未發」或體用兩段。在存在上，理之在其自己亦同時是理之開展其自己，此即所謂「即寂即感」、「寂感一如」的意思。我們不能說，有一渾然統體之理，它分流出一部份，乃成一特殊之理，例如義之理。如此說，並不符合儒家心學義理。但我們可說，渾然統體之理，開展（定向）其自己，乃成特殊之理，例如義之理。但此義之理，亦就是理之在其自己之全體在展開而成一定相。我們之分辨理之在其自己及理之展開其自己，乃是在概念上如是作；在存在上，不能如是作。故王陽明說：「心（理）不可以動、靜為體、用。動、靜，時也。即體而言，用在體；即用而言，體在用：是謂體用一原。」[27]王陽明所謂心之體、用，就相當於理之在其自己與理之展開其自己，二者「一原」。故亦可說全體在用、全用在體。

就渾然統體之理而言，「心即理」的意思便是：心，就其本體而言，就是理之在其自己。然而，縱使就專言之理及統言之理兩方面分解「心即理」，仍不能把其含義全部展出，因為

「即」的意思，仍有待解析。設使我們把「即」視爲一表示等價關係的邏輯連結辭（logical connective），但此關係如何建立，仍須有一說明。此種說明不能在邏輯範圍進行，因爲心「即」理（或「不即」理），並非邏輯的事情而可以用定義或規定（stipulation）方式建立之。此說明，乃是一形上學的說明——我們將通過「創生」一概念以說明之。

二、仁心之創生

1、心生理

仁心的另一重要意義，乃是其創生性。[28]我們所謂「創生」，乃基本義之創生，即從無中生有，且繼續支持此「有」之存在之行動（act）。要說明仁心之創生，可從兩方面進行：一是宇宙論的創生，另一是道德實踐的創生。二者並非兩種創造，而只是就說明上之廣涵度而作分別。要說明宇宙論的創生，就是要說明仁心與整個（自然）存在界的關係，這等於要擺出整個儒家的「道德的形上學」[29]，此中所涵蓋範圍之廣度，及牽涉問題之複雜性，遠超出本文之能容及目的，故暫按下不論。我們今只就道德實踐方面言仁心之創生。所謂道德實踐的創生，乃是創生道德法則、道德對象，及道德行爲等；簡言之，此即是道德秩序之創生。

仁心之創生道德法則，可直從「心即理（專言）」一義分析地推出：說「心即理」就涵蘊

「心創生道德原理」，因爲所謂「理」，卽是「心之特殊定向」。因而，所謂「心創生道德原理」，亦不外是說「心有其特殊定向」。這個意思，已包含於「心卽理」一命題內。孟子雖未明言此心之創生性，但他所說「惻隱之心，仁之端也；羞惡之心，義之端也；辭讓之心，禮之端也；是非之心，智之端也。人之有是四端，猶其有四體也。」㉚實已包含仁心之創造義，因爲說仁、義、禮、智之四「端」，無異說仁、義、禮、智之所由出，卽由心所出。把這個意思說得更明白的，乃是王陽明。他說：「在物爲理，在字上當添一心字；此心在物則爲理，如此心在事父則爲孝，在事君則爲忠之類。」㉛忠、孝等之理，就正是仁心之所在；亦卽在具體情況中，仁心之特殊定向。王陽明又說：「吾心之良知，卽所謂天理也。致吾心之天理於事事物物，則事事物物皆得其理矣。」㉜這不外亦是說，理由心出，而達於事事物物。

事實上，當我們說仁心創造道德法則（理），亦不外是對仁心之活動之描寫。仁心在具體情況中，作相應的定向，實卽仁心在此情況下之活動，就此活動之有所決定、有所對而言，稱之爲理（專言）。因而，所謂仁、義、禮、智，並非是有四條法則，從仁心中「跳」出來，好像在盒子裏「彈出」四紙命令一樣。「仁」乃是在具體情況下（例如孺子之入井），仁心所作之特殊感應而有所決定；其他如「義」、「禮」、「智」等亦如是理解。此中最緊要的關鍵，乃在於能了解到：「仁」、「義」、「禮」、「智」等之名目，並非專指謂一條條的、已經程式化（formulated）的法則（它們固然有此種意指），而是更基本地指謂（designate）仁心之具體狀態（定向）；換言之，「仁」、「義」、「禮」、「智」等，更基本地，乃是仁心之具體狀態之名字。對於識心，我們有很多名字以指謂其不同之狀態，例如「恐懼」、「憂慮」、「喜悅」、「興奮」等等，我們亦有「憂心」、「舒心」、「熱心」、「驚心」等對識心狀態之形容。依類比，我們亦有「仁」、「義」、「禮」、「智」等之名字以指謂仁心之具體狀態(特殊定向)、我們亦可有「惻隱之心」、「羞惡之心」、「是非之心」、「辭讓之心」、「不忍人之心」等對仁心之具體狀態之描述。當然，對識心之描述與對仁心之描述，乃兩種不同範疇之描述，而所謂仁心之「狀態」，亦只是類比而說。以上之分析，可比照陸象山之言：

「愛其親」者，此理也。「敬其兄」者，此理也。「見孺子將入井而有怵惕惻隱之心」者，此理也。可羞之事則羞之，可惡之事則惡之，此理也。是知其為是，非知其為非，此理也。宜辭而辭，宜遜而遜者，此理也。㉝

陸象山之意，乃是：愛敬之心、惻隱之心、羞惡之心、是非之心、辭讓之心等，即是孝、敬、仁、義、智、禮等之理。用我們的方式表達，就是「孝」、「敬」、「仁」、「義」、「禮」、「智」等名字，乃指謂仁心之相應之諸定向(狀態)。仁心之創造道德法則，就是仁心之自定方向；而此種創生義，乃由「心即理」一命題分析出來。

2、心生「物」

仁心之創生，不止於生「理」；其創生繼續下來而創生其對象。所謂對象，乃是仁心之定向之所「指」、所「落定」。仁心既有所定向，其定向卽不能「指空」（point blank），因爲指空，就無所謂定向不定向；故如有所謂定向，則必有所指、有所匯歸。此所指、所落定、所匯歸，就稱爲仁心之對象。用王陽明的話說就是：「以其〔心〕明覺之感應而言則謂之『物』。」㉞更詳細一點說，就是：

> 意之所用，必有其物，物卽事也。如意於事親，卽事親為一物，意於治民，卽治民為一物，意用於讀書，卽讀書為一物，意用於聽訟，卽聽訟為一物。凡意之所用，無有無物者，有是意卽有是物，無是意卽無是物矣。㉟

王陽明所謂「物」，卽我們所謂「對象」；其所謂「意」，卽我們所謂「定向」。㊱王陽明的意思是：意生物、物由意生。所以說「有是意卽有是物，無是意卽無是物。」其「意」，必然是指那超越層的仁心之「意」，卽是王龍溪所提「四無句」中，「意亦是無善無惡的意」㊲之「意」，並非是「四有句」中，「有善有惡意之動」㊳之「意」，此是自然層次中一般意念之「意」。說意生物，當作何解？我們可否問：若無意於事親、無意於治民、無意於讀書，是否就無父母、無國民、無讀書之事物嗎？這些事物，似乎不在於我們「有意」或「無意」，它們都可存在。[39]依王陽明說，「無是意即無是物」；用我們之語言說，仁心若無定向，亦無其對象，因爲對象由仁心所創生。

要說明此義理，首要分辨「創生」之各種型態，即要界定我們所謂「創生」的意義。一種最通常的對「創生」之理解，我們將稱之爲異體創生（Creation of Otherness）。依此種理解，創生者（creator）無中生有地生出被生者（Creature），但最重要的，乃是創生者與被生者異體。所謂異體，是指二者在存在上（本質及屬性）、價值上（完全或完善的程度）、邏輯上（先後priority）、時間上（先後），都有明顯截然的辨別；簡言之，依此「創造」的概念，創生者與被生者乃兩個截然之體（distinct entity）。正統基督教義中所指的上帝創生宇宙，即屬此種型態之創生；[40]在此「創生」之概念下，我們需要有兩套截然不同的語言，以分別描述創生者與被生者。另外一個「創生」之概念，我們將稱之爲自體創生（Creation of Itself）。依此概念，創生者與被生者並不分離爲異體，而共成一體系，此種自體創生，又有兩個型態，其一是新柏拉圖主義者柏太尼斯（Plotinus）所主張的流出說（Theory of Emanation）：被生者直接從創生者「流出」而不割離於創生者；雖然在完全程度（degree of perfection）上，二者有所分別，但在存在上，二者並無間隔。創生者與被生者成一連續體。另一是斯賓諾沙（Spinoza）的能生自然（Natura Naturans）與被生自然（Natura Naturata）的概念。能生自然（神）指那具有無限模樣（infinite modes）的唯一實體；被生自然則指那唯一實體（神）的存在模樣之總體（totality），故所謂被生者，實是能生者的部份；二者只是同一實體的兩面觀。最後，我們仍可考慮第三個「創生」的概念；此概念介乎同體創生與異體創生之概念之間。此種創生，我們將稱之爲分體創生（Creation Out of Itself）。依此概念，被生者乃是從能生者「飛躍」而出，如火星之從火源中「激發」而出。萊布尼玆用「激出」（Fulguration）一辭來比喻此種創生。依此「創生」之概念，創生者與被生者並非一體連貫，亦並非異體割離，但介乎二者之間。用萊布尼玆的語言說，被生單子（monads）由能生單子所激出，二者並不同體，但不管能生或被生，二者同質，卽同是單子，只在完全程度上，有所差別。

以上所列舉三個「創生」之概念，皆不適合於說明仁心之創生。因爲異體創生使創生者與被生者成異質的存有，而二者處於一對待關係中。柏太尼斯的流出說，含蘊被生者「離開」創生本源而成次等存有之意。斯賓諾沙的能生自然，實是雜多的總集。萊布尼玆的「激出」說，含有被生者爲次等存有、及創生者與被生者處於半分離狀態之意。這些概念之不適合於說明仁心之創生，在於仁心之創生，乃是「全體在用、全用在體」之創生：創生者（仁心）就在於被生者、被生者就卽是創生者。要說明此種創生，我們必需引進另一個概念：「展開(unfolding)」。仁心之創生其對象，乃是仁心之展開而呈現其對象。仁心之展開，就是仁心全體在用。所謂「展開」，乃是仁心依其感應和潤覺，自成一定向，在此定向下，實現一「所指（designatum）」，此「所指」，就是其對象，卽王陽明所謂「物」。換一角度說，仁心之展開，乃是仁心現實化、具體化其自己之行動；由此行動，乃產生例如「孝」之理、「父」之物。

爲說明此仁心之創生行動，我們可作反面的設想：我們假想仁心不展開其自己，不現實化、不具體化其自己，而只「停滯」於其自己，則「孝」之理不生，「父」之物不出，因爲此時，仁心便成一無感無應、無知無覺的「呆體」，正如一般所言「麻木不仁」或「無動於衷」。若如此，則見父自然不知孝，而亦無所謂見「父」不見「父」，而只見一「動物」而已。仁心之開展其自己，則理出物成；設使仁心停滯於其自己，則無理無物。所以王陽明可以說「有孝親之心，卽有孝之理，無孝親之心，卽無孝之理」及「有是意卽有是物，無是意卽無是物」。「理」與「物」皆在仁心之感應潤覺——仁心之開展其自己之行動中而實現。

仁心之開展自己，亦卽是仁心之自我實現；而所謂自我實現，乃就是自己之具體呈現，或自己呈現於具體之中。那我們可否說，若仁心不開展自己，則是否仁心便無現實性？這就是如此。仁心若不開展自己，它就只是一純粹的潛能（potentiality），只是一潛存（subsistence）而無現實性（reality）或存在性（existence）。因爲，設使我們把仁、義、禮、智、忠、孝等之具體之理除去；把君、臣、父、子、夫、婦、兄、弟、孺子入井、治民、祭祀、守喪等之對象除去，則我們將發現，所謂仁心，便空無一理、空無一物，而不知其爲何種東西；如此之「仁心」，實卽是一「虛無」，無可描述（正面、積極的）、無所呈現。但這是理論上不可能的，因爲此與「仁心」之概念矛盾，猶如我們說有一藝術家，他從未、亦不會作出藝術品或作藝術活動，同樣地矛盾。換言之，仁心之爲仁心，其必要之本質，乃在不息之創生，卽開展自己。中庸說：「詩云：『維天之命，於穆不已』。蓋曰：天之所以爲天也。『於乎不顯，文王之德之純』。蓋曰：文王之所以爲文也，純亦不已[41]。」天之所以爲天、文王之所以爲文，乃在其創生之「不已」；而仁心之所以爲仁心，亦同樣意義，故仁心必在恆常不息之創生活動中；它不可能不開展其自己。此亦是「心卽理」的一個重要涵義。說仁心必然地開展其自己，是在道理上說；這固並不表示仁心在事實上已經開展了自己、亦不表示仁心在事實上都能順暢地開展其自己。此中之關節，就在於有私慾之介入。氣稟物欲，是仁心創生活動之「器」——實質化原則（Principle of Materialization），但也是其創生活動之「障」——對立原則（Principle of Opposition）。二者皆是就自然層次與仁心之對待關係說。就氣稟物欲之爲障，仁心之創生乃受到桎梏矇蓋，故孟子說「失」其赤子之心、「放」其良心，而須要作存養擴充之工夫。

3、「物」之道德解釋

仁心開展其自己，如何可以成物？儒學中所言之「物」，並非是指感官所對的有形東西（physical thing），亦不是指包含這些東西而流變之事（event）。「物」並不了解爲時空中作爲經驗知識對象之物理存在[42]，而是了解爲道德的存在（moral existents）。此道德的存在，並不在心外，而是仁心在具體定向下所給出的目的（end）。王陽明謂「意之所在爲物」。「意」是有其向性的心之行動，其指向必有其滙歸；就此滙歸處而言「物」。用我們的語言說，此卽是其目的；而所達目的，乃是行動所要實現之處。若把這個意思，放在源頭模型中來說明，則可說：所謂對象（或「物」），就如水源所達到之海洋湖泊。水之流，好像是指向海洋湖泊而走；則海洋湖泊，似乎是水之流之目的。但在此比喻中，最重要的一個意義，就是海洋湖泊並非既成地擺在那裏而成水流之目的，而是它們乃正是水流滙結而創生出來。我們以此比喻仁心之創生其對象，猶水之源頭之創生海洋湖泊。

比喻有其限度，它不能取代解析；我們乃要進一步說明仁心之創生其對象。今就一具體之對象而說，例如父母。「父母」一辭，有何意義？最直接、最通常的定義是：生我者父母。但當我們如此說時，又有何含義？設使我們把這定義，完全了解爲描述性的定義(descriptive definition)，則「父母」的意思便是：以本能的生物生產（biological reproduction）方式把我誕生出來的一對哺乳動物（人），雄性的稱爲父，雌性的稱爲母。從所謂價值中立（Value-free）的科學觀點言，「父母」就是如此的意思，亦只有如此的中性（neutral）意義。但對「父母」之如此界定，顯然不是我們提及「父母」時之一般意義；除了在特殊情況下，我們並不以此中性意義來使用「父母」一辭。事實上，當我們提及「父母」時，我們是指謂一個價值的對象（object of value）；我們是以價值意義來了解「父母」一辭。換言之，「父母」之意義，主要是指謂一價值體，而主要並不在於指謂一自然體（natural entity）。此種價值基本地是道德價值，而並不是其他的價值，例如經濟價值（當然，「父母」有時亦被使用爲指謂一個人之經濟及生活之依靠，但此從來都不是「父母」之基本意義）。此種道德價值，亦並非一般如「守諾言」（康德喜歡使用此例子）所具之道德價值。

「父母」一辭所包含之價值意義有兩點。第一，當我們提及「父母」時，我們有一責任之自覺。此責任之自覺，是自發的、自我給予的，而並非外加的、被外力强迫的。縱使此責任之自覺，不必是經常地明顯浮現，但當我們提及「父母」時，我們最低限度有一模糊的責任之自覺。此所謂模糊，即孟子所謂「端」的意思。此自覺，是以「應該」及「不應該」之分辨而呈現。當我們提及「父母」時，同時即有「應該做的事」，亦有「不應該做的事」之心意，與「父母」連結起來。此連結，亦不是慢慢的後來黏上去，而是與「父母」之意念同時一起出現。縱使此責任之自覺很模糊（「應該做的事」與「不應該做的事」之自覺很模糊籠統），但在模糊中，仍有「應該」與「不應該」之辨別。究竟我們自覺到的責任是什麼？究竟我們自覺到應該做那些事、不應該做那些事？就原則地來說，就是孝；就個別情況而說，就是個別不同的意念或行爲（例如問候一聲等）。總的來說，「父母」之基本意義，乃是一責任之自覺，此其一。

第二，當我們提及「父母」時，我們是連同一道德感情而提及。此道德感情即一般所謂親情。即當我們提及或思及父母時，此「提」及此「思」，是灌注了一種親情，而並不只是冷漠無感的、中性的「提」及「思」。考慮以下一對比：「有某人張三生病了」及「父親生病了」。這兩個陳說（utterance），有完全不同的情感意義。前者可以有任何的情緒意義，例如高興、同情、憐憫等，亦可以完全不含情緒意義，而只作爲一無感的（dispassionate）關於事實之描述。當我們說「有某人張三生病了」，我們並無實踐的必然性（practical necessity）要賦予此陳說任何情感，亦無此必然性要賦予此陳說某一特定的情緒意義；換言之，「有某人張三生病了」

一陳說，並不以情感（或某一特定之感情）爲其基本意義。但當我們說「父親生病了」，我們從不會只以此爲一單純的關於事實之報告；此陳說當然有其報告事實之功能，此卽是其描述意義（descriptive meaning），但說者（speaker）並不會以此爲其唯一僅有的意義。換言之，「父親生病了」必灌注了情感而被陳述出來。設使有人反駁說，我們可以用無感的、描述事實的態度來陳說「父親生病了」。對於這個反駁，可如此回答：我們事實上並不能眞正地以無感的、純粹描述事實的態度來陳說「父親生病了」，因爲我們實不能自已地灌注情感於「父親」此名字中。如果有人眞能如此做到，則其無感卽已構成道德譴責（moral reprehension）的根據；但若就「有某人張三生病了」，則其無感，卻不必構成道德譴責的根據。簡言之，當我們提及或思及「父親」這名字時，我們自發地，或及實踐底必然地賦予此名字一（道德）情感，以爲其基本意義。

總括而言，「父親」一名的基本意義，乃在一責任之自覺而混同一道德感情。若把此基本意義除去，則「父親」一名僅餘下描述性意義，此卽「以本能的生物生產方式把我誕生出來的雄性動物」。但這顯然不是我們使用「父親」一名時所表達的唯一意義，更不是我們基本地要表達的意義。依同樣方式，我們可對其他名字如「母親」、「兄」、「弟」、「夫」、「婦」、「朋友」、「君（國）」、「臣（民）」等，作類似的分析，而達到同一之結論，卽，這些名字的基本意義，乃是一責任之自覺而混同一道德感情。

我們在此所謂之基本意義，亦可稱爲內容意義（intensional meaning），與此相對者稱爲外延意義（extensional meaning）[43]。所謂外延意義，是指一般依知性經驗、概念構造，或依既定法則、手續（procedure）、約定（convention）、規定（stipulation），或依需要、習慣等而獲得之意義；此種意義完全地可以用概念或符號表達出來；它們是所謂客觀的、非人格化的（impersonal），也是旁觀者（spectator）觀點所可獲取的意義。在邏輯、數學、認知科學中所言及的意義，卽屬此外延意義的範圍。內容意義，就不是外延意義。它必須通過個人的實踐、努力、工夫而獲得；它必須通過個人之體驗或證悟而成立。內容意義通過個人的實踐和體證，而成就於此個人的整個生命，亦憑藉此個人之生命而呈現。內容意義是個人的，就主體而言的，但它並非私有（private）的神秘意義；它可傳遞（communicable），但只能以外延意義的方式而傳遞，因爲它是個人的親知體證，故不能離開此個人而仍可稱爲內容意義，但接受者亦可通過其自己的實踐和體證，而把握到同樣的內容意義。內容意義需要個人的投入（commitment）、需要生命之灌注，而由該個人證成而實現之。舉例而言，當釋迦菩提證道，他是證成而實現了「苦、集、滅、道」的內容意義；但當一聲聞或凡人說「苦、集、滅、道」，他最多是把握到其外延意義。當王陽明天泉證道，他是證成而實現了「仁心」之內容意義，而我們在這裏論「仁心」，亦最多只能達致其外延意義。孔子之分別「知及之，仁不能守之」，乃正是此外延意義及內容意義之重要分辨之一。[44]總括而言，我們所謂「母親」、「父親」、「兄」、「弟」等之基本意義，就是其內容意義，此卽一責任之自覺而混同一道德感情。

王陽明所說之「物」，或我們所謂對象，是依其內容意義而規定。故意於事父母，則父母便成「父母」——內容地，意於兄弟，則兄弟便成「兄弟」——內容地，此就是一「物」。設使我們無「意」於父母兄弟，則亦沒有了「內容底」父母兄弟，亦卽沒有了這些仁心之對象。設使我們假擬地把父母兄弟的內容意義除去，則父母兄弟乃成何「物」？他們將只是：誕生我出來的雌雄動物，及比我先出生（或後出生）的同類動物。若如此，則就是如此，而再無其他道德含義，亦無所謂倫常關係，更不涵蘊任何責任。因爲，明顯地，從「他是參與誕生我出來的雄性動物」此命題，不能推論出「我應該孝順他」這個命令（imperative）。但是，從「他是我父親」，則可以實踐底必然地推論出「我應該孝順他」這個命令，因爲「應該孝順他」是含蘊於「父親」一名中，是「父親」一名的內容意義。把內容意義除去，就無所謂父親不父親，此亦可視爲對孟子所言「無父無君」之了解。[45]

那末，此一責任之自覺及道德感情從何而來？此亦卽說，父母兄弟等這些對象從何而來？就是從心而發。仁心在具體境況中，有所感應而現成特殊之定向，此所謂特殊之定向，實質地說，就是自覺地所規定之責任而灌充着不能自已的道德感情。此所謂自覺的責任及道德感情，乃是總稱而已。更具體而分別地說，此對是就「父」之責任及愛、對「子」之責任及愛、對「兄」之責任及愛、對「弟」之責任及愛、對「民」之責任及愛等等。爲父之道、爲子之道、爲兄之道、爲弟之道、爲君之道，與及愛父、愛子、愛兄、愛弟、愛民等，固有其個別的特殊性，但一皆爲由心而發的自覺之責任及道德感情。此浸潤於感情之責任，或亦可說，此包容森然條理（責任）之感情，就其個別之元目（individualized entity）而言，就是我們所謂之「對象」，就是「物」。更直截了當地說，「父母」、「兄弟」等稱謂，就是這些責任與感情的元目之名稱。依據以上之分析及論證，我們所得的結論是：仁心創生其對象。

4、綜　論

仁心之爲仁心，其要素乃在其道德的創生性。若把此創生性除去，則我們將無以界定仁心，亦無以把仁心之概念及其他心之概念分別開來。因爲仁心所具的其他性質，例如超越性、普遍性、內在性，㊻依其他理論所構造之心之概念，亦可具有，例如道家所言的道心，佛家所言的如來藏自性清淨心，亦要求超越性、普遍性，及內在性。故單就這些性質言，仁心與道心及如來藏自性清淨心，並無分別；而我們之能夠把仁心分別開來，就在其道德的創生性。當然，如果我們一定要說道心或如來藏自性清淨心（或般若智心）亦有其創生性，此依道家及佛家之邏輯說，亦並非不可能。但此時，所謂「創生」，必須重新界定，以符合道家或佛家的思想體系。因爲，明顯地，我們可以用「展開」之概念以說明仁心之創生，但不能以同樣之概念以說明道心之創生，或如來藏自性清淨心之創生。㊼二家之論，並不着重於說明道德之根源，亦並不企圖建立道德秩序之應然性（實踐的必然性），而着重於「解脫」——斟對依識心（指成心、人心、虛妄心等）而起之束縛及煩惱之解脫。道心之概念或般若智心之概念，並不强調「從無中生有，且繼續支持此有」之積極性及正面性。

仁心之概念，亦可視爲是一個「原因的概念（concept of a causality）」。仁心，乃是在自然因果（natural causality）以外的另一原因；它是道德之所以可能之根據（ground）。就「自由」之消極意義言，仁心是唯一自由的東西，因爲它並不在自然因果之制約之中；就「自由」之積極意義言，仁心也是唯一自由的東西，因爲它自己產生（創生）另一因果系統，此卽道德秩序及存在。只有在如此之仁心之概念下，自律道德方才可能；而道德的「自律」，方才有實質意義。設使我們把如此之「仁心」之概念取消（或把其他相當的概念取消，例如王陽明所言之良知及康德所言之自由意志），則我們再無可能有自律道德，而所謂道德的「自律」，亦毫無意義；換言之，一切道德，將變成他律，亦只有他律道德。

因爲對於道德之來源（或根據），我們只可能構想有兩個可能的層次，一是自然層[48]，另一是超自然層。認爲道德是在自然層次起源的，就是所有的道德的經驗主義（Ethical Empiricism）及道德的自然主義（Ethical Naturalism）。前者例如休謨、荀子、霍布士等之理論；後者例如杜威、尼采等之理論。這些理論，或者在人的自然本性中，或者在由自然個體（natural body）所組成之羣體中，又或者在自然之事實中，尋求道德之根據（根源）。從這些方面尋求或建立道德根據，就自然產生道德的快樂主義（hedonism）、約定論（conventionalism）、人本的外在權威說（anthropo-centric authoritative theory）、及實驗主義（experimentalism）等的理論。這些理論否認道德之超越根據。否認道德之有超越根據，則道德之「自由、自律」之概念，便無從建立。因爲在自然層次中，一切的緣現（occurrence），都由其前件（antecedents），作爲其原因而決定之。換言之，在自然層次中，一切緣現皆是自然地、因果地必然的。

如果這樣，則個人行爲之道德責任（moral responsibility），完全可以推委到使行爲產生的那些原因處，而可以說：「不是『我』的錯，只是那些環境及內外因素迫使『我』如此做。」同理，那些我們認爲道德地高貴及可敬的行爲或人格，亦將失去其高貴及可敬性，因爲對於這些高貴可敬的行爲或人格，我們也可以說：「這個行爲或人格，乃只是環境及其他內外因素迫使而然，他（行動者）不得不如此。」我們的結論是：如果否認道德之超越根據，如果把道德之根據置於自然之系統內，則道德將失去其眞正意義而可以用行爲科學（例如心理學、社會學、人類學等）說明之。

然而，縱使我們承認道德之有其超越根據，但設若此根據乃安置於一外在的神聖意志，則我們亦只能建立一套宗教道德（religious morality）。但宗教道德之能有任何約束力，必須預設人對此神聖（deity）有其信仰（faith）。換言之，宗教道德並非以道德律之自覺爲開始，而是以信仰爲開始：道德依存於信仰。顯然地，我們並無邏輯以迫使人必須信仰，因爲「信仰」本身，乃是一非理性的行動（並非不理性），它是脫離理性範圍的一個「跳躍」[49]。換言之，信仰並無理性的普遍及必然性。如果這樣，則道德之普遍必然性，亦無從建立，因爲「信仰」之行動，並非普遍必然的行動。再者，對一神聖之信仰所引生之道德，其約束力來源於恐懼——恐懼被懲罰，及期望——期望神之恩寵或保護。恐懼及期望，乃是宗教道德所賴以產生約束力的心理因素。但恐懼及期望，却又不必只由神聖權威所激發，任何人間權威都可令人產生恐懼及期望。在這一點上，宗教道德與外在權威道德，並無分別；因爲二者之約束力，皆建立於「獎懲原則（principle of punishment and reward）」上，亦皆依賴於人之「趨吉避凶」的自然欲望。更直截地說，宗教道德之力量，亦不外是從人之「自保」及「自愛」此兩條自然法則所導出。除了以信仰為前件外，宗教道德與自然道德並無本質上之差別。

我們所要達到之結論是：除了以一內在於人，而又超越自然體系的實體以作為道德之根據外，再別無他途可以依之建立自律道德，亦別無他途可以使道德之「自由、自律」之概念，成為有意義的概念。仁心乃正是此內在於人而又超越自然體系之唯一實體，因而，依此仁心之概念而建立之道德，乃正是自律道德；亦在此仁心之概念下，道德之「自由、自律」概念，乃成有意義的概念。

附註

❶ 關於此點，參考 Immanuel Kant, *Critique of Pure Reason* .trans. by N. K. Smith (London: Macmillan, second edition, 1933, reprinted, 1970), B153-58 ; B421-23.

❷ 孟子，公孫丑篇上，第六章。

❸ 參見徐復觀，中國人性論史，p. 173 ；蔡仁厚，孔孟荀哲學，臺灣，學生書局，1984年出版，p. 199；楊慧傑《孟子論仁》，收於項維新、劉福增主編，中國哲學思想論集，先秦篇，臺北，牧童出版社，1979三版，pp. 108-9。

❹ 如此之理解，徐復觀亦已觸及到，但他沒有把它構成一緊密的論證形式。見徐，人性論史，p. 173。

❺ 孟子，告子上，第一〇章。

⑥ 參見Kant, *Critique of Practical Reason*, trans. by Lewis White Beck (New York: The Bobbs-Merrill Co., Inc., The Library of Liberal Arts edition, 1956), p. 30. 上列文字，並非直譯，只是轉述。

⑦ 這個意思，康德亦有提及。參見Kant, Ground of the Metaphysic of Morals, tran. by H. J. Paton (New York: Harper & Row, Torchbook edition, 1964), p. 73 : 23.

⑧ 良心與自由意志，並非完全等同。孟子「良心」之概念比康德「自由意志」之概念，有更多形上意義。

⑨ 孟子，盡心上，第二十一章。

⑩ 同上，告子上，第七章。

⑪ 同上，公孫丑上，第六章。

⑫ 同上，告子上，第六章。

⑬ 見本書註54。

⑭ 論語，子罕，第十六章。

⑮ 孔子之論觀水，如下：「夫水，大偏與諸生而無爲也，似德。其流也埤下，裾拘必循其理，似義。其洸洸乎不掘盡，似道。若有決行之，其應佚若聲響，其赴百仞之谷不懼，似勇。主量必平，似法。盈不求概，似正。淖約微達，似察。以出以入，以就鮮絜，似善化。其萬折也必東，似志。是故君子見大水必觀焉。」荀子，宥坐篇（王先謙集解）。

⑯ 中庸，第三十一章。

⑰ 王陽明，傳習錄下，臺北，臺灣商務印書館，人人文庫，1982年七版，p. 252.

⑱ 孟子說：「凡有四端於我者，知皆擴而充之矣，若火之始然，泉之始達。」孟子，公孫丑上，第六章。

⑲ 孟子，盡心上，第二十一章。

⑳ 陸象山，象山全集，卷三四，語錄。轉引自牟宗三，從陸象山到劉蕺山，臺北，學生書局，1979初版，p.

71。

㉑ 王陽明，傳習錄上，p. 6。

㉒ 同上，中，p. 108.

㉓ 傳習錄，下，p. 206.

㉔ 象山全集，卷一，轉引自牟，從陸象山到劉蕺山，p. 47.

㉕ 傳習錄，上，pp. 95-6.

㉖ 孟子，離婁下，第十八章。

㉗ 傳習錄，上，p. 82.

㉘ 儒家之「仁心」概念，與道家之「道心」概念及佛家之「清淨心」概念，其判別之分水嶺，乃在此創造義。依仁心，可以言基本之創生義，「道心」及「清淨心」，無基本之創生義。但此並不表示道心與清淨心要落于識心之概念範圍（自然層次），二者亦在超自然（超越）的層次中，但就其缺乏基本之創造義一點言，其概念未及「仁心」概念之完備。參考牟宗三，現象與物自身，臺北，學生書局，1976年再版，序言，特別是p. 15，及第七章，第十一、十二、十三節。又參考蔡仁厚，《心的性質及其實現》，鵞湖月刊，九十四期（一九八三年，四月），pp. 2-7；及講評（王邦雄），p. 8.

㉙ 「道德的形上學」一名及其意指，根據牟宗三，心體與性體，第一冊，第三章，特別是pp. 135-6.

㉚ 孟子，公孫丑上，第六章。

㉛ 傳習錄下，p. 265.

㉜ 同上，中，p.113.

㉝ 象山全集，卷一，與曾宅之書。轉引自牟，從陸象山到劉蕺山，p. 47.

㉞ 傳習錄，中，p. 168.

㉟ 傳習錄，中，p.117.

㊱ 在這裏，我們必須小心分辨，以防不察地墮入胡塞爾現象學的範圍。因爲「物」、「對象」、「意」、「定向」這些名字，在現象學中一樣通用；而胡塞爾對意識（consciousness）之分析，亦認爲意識必有其意向性，意識不能脫離其對象。但名字雖同，意義及層次完全不同。

㊲ 傳習錄，下，p. 257.

㊳ 同上。

㊴ 事實上，有學生問王陽明類似的問題：「天下無心外之物；如此花樹，在深山中自開自落，於我心亦何相關？」見傳習錄，下，p.234.

㊵ 在此點上，所謂「正統」，乃指與古斯丁之說。

㊶ 中庸，第二十六章。

㊷ 有學生不明此分際，乃問王陽明：「物在外，如何與身、心、意、知、是一件？」傳習錄，下，p. 192.

㊸ 内容（intension）與外延（extension）在語意學及邏輯有其專門意義。我們在此使用「内容」與「外延」二辭，與其語意學及邏輯之意義無關。在此之使用，乃是順（不是直接引用）牟宗三之使用而作。牟宗三有「内容眞理」及「外延眞理」之分辨。外延眞理指「邏輯、數學、科學範圍内」之眞理。參見牟宗三，現象與物自身，臺北，臺灣學生書局，一九七六年再版，pp. 10-11.

㊹ 祁克果（Kierkegaard）所堅持的主觀眞理（subjective truth），亦屬内容意義的眞理。禮克果說：「在一熱情的内在收攝過程中（我們）所堅持的一個客觀的不確定者（uncertainty），就是眞理。」Soren Kierkegaard, *The Journals of Kierkegaard*, tr. and ed. by A. Dru（London : Collins, 1958）, p. 39. 他又說：「如果基督教對我及我的生命並無更深的意指，則縱使我能說明它的意義，則這對我又有何好處？如果眞理站在我面前，但冷漠而裸露地不在乎我是否認識它，且只令我產生恐懼之震慄而非信任的獻身，則這對我又有何好處？」同上，p. 44. 當然，祁克果所把握到的眞理，不必全同於儒者如王陽明所把握到的，但其爲「内容的」，則是一樣。

㊺ 孟子此語，是對墨子兼愛說之批評。墨子兼愛說之主旨就在建議及說服我們接受以下一格準以爲普遍的法則，此即，平等齊一地愛每一及所有人。這個格準包含了一個命令邏輯，此即：平等齊一地愛每一及所有人（大前提），某甲是一人（小前提），所以我應該愛某甲（結論）。在這邏輯中，「某甲」是任何人，「某甲」之名是一外延表示（extensional expression），我們可以把任何人的名字代進去，而不影響此推論之有效性。質言之，「父」、「母」、「兄」、「弟」、「君」、「臣」等稱謂，在墨子邏輯中，完全不相干，對我們之應否愛及如何愛，不構成考慮的因素，而唯一相干的，就是某甲是「人」，便夠了。此即等於泯除了父子兄弟之個別性，而把它們消除，故孟子評之爲「無父無君」。在此，若我們把父子兄弟之內容意義除去，亦成「無父無君」。在結果上，與墨子之兼愛一樣。

㊻ 參考蔡仁厚，《心的性質及其實現》，鵝湖月刊，九十四期，p. 2.

㊼ 要說道心之創生，只能是消極地說，即「無生之生」。般若知心之創生，更難說明。參考牟宗三，智的直覺與中國哲學，臺北，商務印書館，pp. 207-9；pp. 214-5；p. 310.

㊽ 我們在此所使用之「自然層」一名，廣義地包括一般所謂的物理自然界（physical nature）及作爲自然動物的人及人羣。專門一點地說，自然層乃包括現象界及作爲現象之一之「人」。

㊾ 祁克果（Soren Kierkegaard）這樣說：「沒有冒險，就沒有信仰。因爲信仰乃正是個人之內在性的無限熱情與客觀的不確定性之間的一矛盾。如果我能客觀地把握到上帝，則我不必信仰，但正因爲我不能如此做到，我就一定要信仰。」見Kierkegaard, *Concluding Unscientific Postscript*, trans. by D. F. Swenson (Princeton University Press, 1941), p. 182.

第四章 心、性、天之貫通

一、人性論（Theories of Human Nature）

儒學關於人性之討論，最典經的，乃是孟子與告子之辯論❶。由此辯論，開出了兩行性論，卽，「用氣爲性」及「用理爲性」。前者指氣質的自然之性，後者指超越的道德（仁義）之性；此亦卽氣質之性及義理之性之分別。這個分別，自宋明儒者以至現在，已是旣成之定論，毋容爭論。但對這個分別，我們卻仍可用現代的語言及一些西方的哲學概念，重新加以表達及解析及說明。如果儒學要參與世界的哲學圈子之對話，則此種新的表達方式，乃是需要的。又，孟子與告子之辯論，似乎是由兩種人性論之對立而起的爭論，此卽性善論及性「非善論」（包括性惡論、性中立論、性善惡混論）之對立。一般都認爲孟子與告子（及孟子與荀子）之爭論，其焦點卽在此對立上。關於這個問題，我們將重新加以分析，而要表明：孟子性善之主張，與告子（及荀子）性非善（或性惡）之主張，並不對立；一般認爲孟子與告子（及荀子）之分歧，卽在性善論及性非善論之對立上，乃是不中肯的；此種認爲，把二者對立之焦點誤置（misplaced）。

1、性之概念

我們將以定義的方式，對「性」之概念作一說明。又定義的方式，又分兩種，其一爲形式定義（formal definition），此乃對「性」一辭作字面的界定；另一爲實質定義（material definition），或稱內容定義，此乃就「性」一辭之所指（designatum）而界定「性」。對此兩種定義能知曉及分辨清楚，可避免很多思想上的錯誤或語言上的混亂。大儒如王陽明，在論及性之問題時，似乎有時亦混淆不清，以下我們將見到。

「性」之形式定義，可依一古語來表達，此卽「生之謂性」。此亦是古訓，它是對「性」字作字面上的界定，以「生」定「性」。❷就定義的訓詁，乃是「性」之形式定義之歷史根據。但就字面上，所謂「生之謂性」，依牟宗三的解釋是：「一個體存在時所本具之種種特性卽被名曰性。」❸此中之「本具」，我們了解爲「先天的、本有的、並非後天經驗而獲得的」；而其中「種種特性」，我們將擴大地了解爲「特性、能力、及品質」。根據「性」之古訓，又根據以上之解釋及了解，「性」之形式定義就是：性乃是一個體存在時，先天地、本有地，所具有的種種特性、能力、及品質。此亦卽是對「生之謂性」的一個解釋。「性」之形式意義（亦卽「生之謂性」一語），乃是通用的意義。告子如是說；❹荀子也說：「生之所以然者謂之曰性。性之和所生，精合感應，不事而自然，謂之性。」❺程明道亦說：「蓋『生之謂性』，『人生而靜』以上不容說，才說性時，便已不是性也。」❻王陽明也有這「生之謂性」之概念，他說：

「生之謂性，告子亦說得是，孟子如何非之？先生曰：固是性，但告子認得一邊去了，不曉得頭腦。若曉得頭腦，如此說亦是。」❼此外，漢儒董仲舒、王充；唐儒韓愈；清儒王船山等，皆有「生之謂性」之概念。❽總括而言，「性」之形式意義，乃即是其字面定義；而就此意義言，它是公共的概念，而不專屬於某一家或某一系統，故自告子、荀子，以至程明道、王陽明，一皆如是說。

不同之儒者、不同之系統，皆可提「生之謂性」，而可不必影響其個別思想或系統思想之差別，其理由乃在於此定義是分析定義（analytical definition），它空洞而無內容。說「生之謂性」，乃只是說：先天本有的，就稱爲性。然此正僅是「性」之概念之意義。說「性」，就是說先天本有的品質（或能力）。因而，當我們說「生之謂性」，我們根本沒有提供任何實質內容，而只是把「性」之概念，分解開來。正因爲它是空洞的，故誰都可以提，而不影響其本身之思想之系統性格。「生之謂性」與，例如，「有廣延者謂之物體」一樣的是分析命題。

但是，當我們不了解此語之性質時，我們很容易作出不自覺的、無反省的聯想（association）。此聯想使我們立刻把「生之謂性」關連到某些特定的品質或能力處，例如情欲或生理事實等。例如程明道說：「生之謂性。性卽氣，氣卽性，生之謂也。」❾前一句「生之謂性」必然眞，亦無提供什麼內容；但後一句「性卽氣，氣卽性」，卻是完全不同性質的命題；它把「氣」與「性」關連起來。如果此語出自荀子或告子，固無問題；但出自程明道，則有問題，因爲程明道又有說：「所謂定者，動亦定，靜亦定，無將迎，無內外。苟以外物爲外，牽己而從之，是以己性爲有內外也。且以性爲隨物於外，則當其在外時，何者爲在內？是有意於絕外誘，而不知性之無內外也。」[10]如果氣卽性，則性（氣）不能無內外，因爲氣是一物理的存在（physical existence）。[11]王陽明亦有同樣的說法：「生之謂性，生字卽是氣字，猶言氣卽是性也……孟子性善，是從本原上說。然性善之端，須在氣上始見得。」[12]這是由不自覺的，從「生之謂性」作了進一步的聯想而產生之思想混淆。因爲，如果氣卽是性，則如何仍可繼續說「性善之端，須在氣上始見得」？此語又將變成：「氣善之端，須在氣上始見得」，此是不通的。在此，王陽明有了一個混淆。在一方面，王陽明不得不接受「生之謂性」一語，因爲此既是古訓，又是必然眞的分析命題；既接受此語，又作了不自覺的聯想，把此語關連到氣上說。但另一方面，他又繼承孟子性善之說，而在此不察覺此「性善」之「性」有不同意義。王陽明在此接下「生之謂性」，又接下程明道「氣卽性」，又接下孟子性善說，而不察分際；他便要設法把三者連在一起，因爲三者都在說「性」。

要釐清如上所舉之混淆，就要牽涉到「性」之概念之另一類型定義，卽實質（內容）定義。孟子與告子（及荀子）關於「性」之概念，就在實質定義來分辨；換過來說，唯依「性」之實質定義，始可分辨不同系統之性論。設使我們從「性」之形式定義開始，卽首先確立「先天本有的品質及能力稱爲性」一定義，則我們必需再進一步追問：那（些）先天本有的品質及能力是什麼？答覆這問題，就卽是爲「性」提供一個實質定義。有不同的答覆，就有不同的實質定義，亦就畫分出不同的性論。事實上，儒者對此問題有不同的答覆。

首先討論告子之說。告子說：「生之謂性。」[13]告子說此語的意思，並不是以此爲性之形式定義而說；他意含一個實質意義而說，此卽是：那些與生俱來的自然品質及能力，稱爲性。故告子繼續說：「食色，性也。」[14]因爲食、色，乃無可否認地是與生俱來的自然品質及能力之一，故它們是性之內容之一部份。「那些與生俱來的自然品質及能力，稱爲性」，乃是對「性」下一個內容定義；它已不是形式定義，因爲在「性」之概念中，不必包含「與生俱來」及「自然的」這兩個特徵；「與生俱來」乃是生物學意義的「與生俱來」，此指一自然個體所本有的自然特性。它與「先天本有」，意義並不相同；它是對「先天本有」一辭，作了一特殊的限定。「先天本有」一辭，是開放的，它並無規定或限定如何可爲先天本有；而「與生俱來」一辭，已劃出一個意義範圍，有所限定、有所規定，因而，「先天本有」與「與生俱來」二辭，意義並不等同。如果我們以「與生俱來」來界定「先天本有」，乃是容許的；但並不能以此爲「先天本有」的唯一定義。再者，「自然的」，乃是有一定指謂的形容詞；它已提供了一些額外的意義。總言之，「那些與生俱來的自然品質及能力，稱爲性」此定義，乃是對「性」之一個實質定義，而並非原來的形式定義。

告子所提出的這個實質定義，代表了一個陣營的性論。在此陣營中，包括荀子、王充、董仲舒以至若干清儒。這個思想脈絡，我們一般稱之爲用氣爲性；而依此定義所界定之性，亦卽一般所說的氣質之性、或氣性、或自然之性。告子的這個實質定義，本身並無不妥；事實上，除了告子及荀子等「氣性」論者之外，所有其他儒者都接受此定義，包括孟子、王陽明、程明道等人。例如孟子就有說：「形色，天性也。」⑮所謂形色，就是那些與生俱來的自然品質之例子。告子之這個內容定義，乃是根據於經驗事實而作，在經驗事實之基礎上，沒有人會反對或否認這個定義。但如果是這樣，則孟子爲何要反對告子？又傳統下來關於性善或性惡之爭論，又如何會產生？二者在爭什麼？這些問題，我們稍後會作討論。今先考究「性」的另一個實質定義。

除了告子所提的一個實質定義外，孟子亦提出另一個實質定義。孟子說：「君子所性，仁義禮智根於心。」⑯又說：「有天爵者……仁義忠信，樂善不倦，此天爵也。」⑰天爵，指內在本有的性分，此卽仁義忠信等。順孟子，「性」之另一個實質定義是：那內在（先天）本有的道德品質及能力，稱爲性。這個定義，代表了正統儒學的性論。此亦是由「生之謂性」此形式定義，作進一步規定以賦予實質內容而成者。在這內容定義中，「內在本有」的意思，不同於「與生俱來」的意思。「內在本有」就是如孟子所謂「非由外鑠我也，我固有之也。」⑱之意。於此，「內在本有」並不是一個時間或空間概念，亦不是一個生物學概念，而是一個哲學概念。但作爲一哲學概念，它亦並非一知識論的概念，如笛卡兒所謂之本有觀念之爲本有；亦非如康德所指先驗範疇之爲先驗。它是一個形上學的概念，其意思是：「使個體人（individual person）之成爲個體人而不爲別的」的要素。換言之，「先天本有」是「本質的」的意思。依此意義，「先天本有」自然包含「非自後天經驗而獲取的」之意義，此是知識論的意義。但反過來則不行，因爲「非自後天經驗而獲取的」東西，不必是個體人之本質。依孟子，那些內在本有的要素（即人之本質），就是道德的品質及能力，而就以其內在本有而爲人之本質而言，稱之爲性。這是在告子以外，另一個對於「性」的實質定義。這個定義，乃是正統儒學所尊奉的定義，亦是儒學之爲儒學的核心觀念之一。依此定義所指之性，也被稱爲道德性、或義理之性、或仁義之性、或天性、或本性；名目不同，但意義則一。

2、孟子與告子（及荀子）之對立

告子的定義與孟子的定義，是否不相容？答案是：二者不但相容，而且互相補足。二者之相容性，可以從不同方面說。就其邏輯性格言，告子的定義，乃是一個描述定義（descriptive definition），其成立之根據，完全在經驗事實上；它實質上是對經驗事實的一個描述，故它乃是一經驗命題（empirical proposition）。孟子的定義，卻是一個形上學定義，其成立之根據，在一超越實體之肯定上；它並非對自然事實的描述，而是對一形上實體之存在模式（mode of existence），就其相關於人之存在，而作一斷定。故孟子的定義，乃是一個形上學的斷定（metaphysical assertion）。顯然，二者之邏輯性格，並不相同；因其不相同，故亦並無不相容的場合。就本體論（ontology）而言，自然之性與道德之性，並非存在於同一層次之中。自然之性存在於自然層次中，而道德之性乃是一超自然之存有，故二者就其本身而言，並不互相排斥，因爲只有在同一領域內，方有排斥或對立可言。如果孟子與告子分別所論之性，是相容的，則孟子與荀子所分別言之性，亦是相容的，因爲告子與荀子所言之性，是同種同類，根本是同樣東西。總括而言，孟子與告子的定義，就其邏輯及其所指涉言，都可同時並立，二者並不互相矛盾或互相排斥。

如果從道德實踐之必要條件方面言，則自然之性與道德之性，皆爲必要。我們已有論證，自律道德之可能，必要建立於一超越（超自然）而內在的根據之上，[19]而孟子所提的道德之性，乃正是此超越自然體系而又內在於人的道德根據。然而，若僅有道德之性而無自然之性，則道德亦無從實現，因爲道德法則之實現爲具體事實，要依賴質料——資具，而自然之性乃正是此種資料（資具），因此，自然之性乃作爲道德實踐之實質化原則而爲必要[20]。程伊川有說：「論性不論氣，不備；論氣不論性，不明。」[21]如果程伊川所指的性，乃是道德之性的話，則此語甚諦。

但如果道德之性與自然之性是相容且互補的話，則孟子與告子之辯論，仍有何意義？是否此乃一無謂之爭論？又傳統上把孟子之性善論與荀子之性惡論對立起來，是否一錯誤？概括地說，孟子之立場與告子及荀子之立場，是否無所衝突？這些問題，是要解答的，但須要一些分析。我們首先確定孟子的性論，與告子的性論，層次不同。孟子所指之性，是在超越層次的性，告子所指之性，乃是自然層次之性；又孟子所言之性之內容意義，與告子所言之性之內容意義，亦復不同。故二者之性論，層次不同，意義亦不同，而是分別各自有不同的語言。依同樣道理，孟子所言之性，與荀子所言之性，亦彼此互不碰頭，而無衝突可言。依此分析，孟子的性善論，與告子之性中性論及荀子之性惡論，並不衝突。因爲孟子的性善論，就是主張這個命題，即：

那超越的道德性，乃是純粹至善（無惡）的。告子所主張的命題，乃是：那自然的氣質之性，其本身無所謂善惡。荀子所主張的命題，則是：那自然的氣質之性，可以產生惡的後果（行爲）。依此看，則孟子與告子及荀子，所談論的對象，根本不同；反而，荀子與告子，則是談論同樣的對象，如果要有衝突的話，則衝突當發生於告子與荀子之間。事實上，孟子亦了解到告子（及荀子）所指之自然之性之存在，例如孟子說：「口之於味也，目之於色也，耳之於聲也，鼻之於臭也，四肢之於安佚也，性也，（有命焉；君子不謂性也。）」[22]又說：「形色，天性也。」[23]因而，孟子的性善論與告子之性中性論及荀子的性惡論，皆可同時並立，而並非一種「善」與「惡」（或無善無惡）」之互不相容。

這種分際，王陽明有時也混淆了。他說：

> 孟子病源，從性無善無不善上見來。性無善無不善，雖如此說，亦無大差。但告子執定看了，便有箇無善無不善的性在內，有善有惡又在物感上看，便有箇物在外；卻做兩邊看了，便會差。無善無不善，性原是如此；悟得及時，只此一句便盡了更無有內外之間。[24]

王陽明這段話，極有誤導性。他把孟子所指之性與告子所指之性，無分辨地視爲是同一東西；而把孟子與告子之不同，只歸咎於告子「做兩邊看」，此則把孟告之差別誤置。再者，王陽明對「無善無不善」一辭之了解，亦有混淆。在孟子，若說性「無善無不善」，其意思是：那道德之性，其本身純粹至善（absolutely good），亦即超乎善惡之相對。在告子，若說性「無善無不善」，其意思是：那自然之性，其本身無所謂善惡可言。王陽明把「無善無不善」的此兩種意義，又混爲一談。此種混淆不清，使王陽明不敢斷言肯定孟子所言之性之無善無不善（至善），乃有一遁辭，說：「性無善無不善，雖如此說，亦無大差。」此中「亦無大差」一語，極不妥當，是一嚴重的不足語（understatement）。對性之兩種意義不作分辨，又使王陽明錯誤地批評告子爲「卻做兩邊看了，便會差」。若就告子之主張「自然之性，無善無惡（中性）」而論，告子並無差錯，而且很對。此種混淆及辨別不清，王陽明不止一次地犯了，㉕亦非僅王陽明犯上，一些其他宋明大儒，亦有同樣毛病。我們可斷言說，傳統上把孟子之性善論與告子之性中性論及荀子之性惡論，就「善」與「中性（或惡）」之觀點上，對立起來，乃是錯誤的。就此觀點上，孟告及孟荀之間，並無爭論。孟子與告子及荀子之對立，並非如「A是白的」與「A是黑的（或A是無所謂黑白的）」兩命題之對立，而是有另一種對立。

孟子的人性論，就其全體而言，乃是一雙重人性論。孟子一方面肯定人之具有超越的道德性，另一方面亦承認人有其自然的氣質之性。孟子說：

> 體有貴賤有小大，無以小害大，無以賤害貴。養其小者為小人，養其大者為大人。㉖

又說：

公都子問曰：鈞是人也，或為大人，或為小人，何也？孟子曰：從其大體為大人，從其小體為小人。曰：鈞是人也，或從其大體，或從其小體，何也？曰：耳目之官不思而蔽於物，物交物則引之而已矣。心之官則思，思則得之，不思則不得也。此天之所與我者。先立乎其大者，則其小者不能奪也。此為大人而已矣。㉗

在以上之話，孟子作了兩個辨別，一個是存有論的辨別，另一是價值論的辨別（axiological distinction）。就存有論上說，人之成爲個體人，包含兩種「體」——此「體」卽性，「體」字是形式字眼，此卽大體及小體。大體卽是道德之性（亦卽道德心），小體就是自然之性。「大人」與「小人」，並非把人分成兩類，而「鈞是人也」。但作爲個體人，卻包含兩個成份，卽道德性及自然性。如果我們把人之道德性除去，則人只餘下自然之性；若如此，則人與其他動物，再無差別，故孟子可說：「人之所以異於禽獸者，幾希。」㉘孟子對「人」之概念，可以定義方式表達如後：個體人是那本具道德性的自然動物。此是亞里士多德式的本質定義；此中包含了兩種「性」。人既有此兩種性，孟子又把價值置於道德性：人之比其他動物爲更有價值，乃在於人之道德性。故「大、小」「貴、賤」，乃是一價值的判別。

孟子並非不知道人有自然之性，但他並不以人之存在價值，放於此自然性上。故孟子又說：

「口之於味也，目之於色也，耳之於聲也，鼻之於臭也，四肢之於安佚也，性也，有命焉；君子不謂性也。」[29]此語並非表示價值中立的存有論的辨別，而是對存在作一價值之判別。此語非常重要，是孟子人性論的結晶。孟子的意思是：口之於味等等，事實上是人自然所具之性，但人卻另有一更高貴的本有品質（天命），故人若作為一高貴之個體（君子），他就並不以此自然之性為其自身之要素。（我們必須注意到，孟子在此對「性」字之使用，不僅有存有論的意義，而且有價值的意義。）這個意思，孟子一再表示，他說：「形色，天性也。惟聖人然後可以踐形。」[30]孟子的全部人性論，可以歸結為兩個述句：一、人是一道德性與自然性之結合存在（composite being）；二、人應以其道德性為其存在之價值之據點。前者是一存有論的命題，後者是一道德的命令述句（moral imperative）。這已很清楚的表白，孟子的人性論，已包含了告子（及荀子）所言的自然之性。

以下我們將分析告子之主張，究竟是什麼。這似乎是多餘的分析，因為告子之主張，已成為常識，即一般都認為告子即生言性——以自然之材質以界定人性，告子又順此自然之性，以言性之無善無不善；他亦曾企圖論證此自然之性，有善有不善。告子之性論，確實如此，但告子之性論，並非僅止如此。如果告子之性論，全部就是如此的話，則孟子不必與告子爭論，而可接受之，如我們上文所作之分析之所表明者。但事實上告子有更多的主張，而此正是孟子要反對的地方。

告子說：「生之謂性」。[31]此語之實質意義，依上文之分析，乃是：那些與生俱來的自然品質及能力，稱爲性。舉例來說，「食色」㉜就是這些自然品質及能力。這種自然之性，關連到道德方面言，又是如何的？告子說：「性，猶湍水也，決諸東方則東流，決諸西方則西流；人性之無分於善不善也，猶水之無分於東西也。」㉝又說：「性，無善無不善也。或曰：性，可以爲善，可以爲不善。」㉞告子的意思是：這種自然之性，其本身乃是道德地無辨的（morally indifferent），也是無所謂善惡的。這種性，本身並不能作善惡的辨別，而其本身也不能稱爲善，亦不能稱爲惡。以上，就是告子表面及正面的主張。但在此中，告子含蓄地（by implication）有另一主張，此卽：人只有此一種性。這才是孟告爭論的對立點。當告子說性是如此如此的，告子的語氣，乃是要說：如果我們要談論性之性質，則我們只能如此如此地說，亦卽，我們只有如此如此的一種自然之性，再無其他可言。當告子說：「生之謂性」，他是要强調，所謂人性，乃就只是那些與生俱來的自然品質及能力。這個「只是」，乃是含蓄地表示出來，但也可從告子的語氣上見得出來，而這個「只是」，又正是最扼要的爭論點。孟子與告子起爭論，乃就在孟子不同意告子性論中所含蘊的這個「只是」。告子之性論，含蘊此種排斥性（exclusiveness），卽人性就只是一種自然之性。

如果有人懷疑我們這樣之分析之正確性，而認爲這樣之分析，只是我們强加於告子的一種主觀解釋，於文無據，則我們將如此回答：一個語辭或一個表式（expression）的意義，並不僅限於字面上的意義（literal meaning），它亦有其脈絡意義（contextual meaning）；這個脈絡，由這個語辭（或表式）之前後的其他語辭（或表示）被提出時之實際言行情景（speech-act situation），這個語辭（或表示）被提出時所要面對的對話者之相關身份及主張，這個語辭被提出時說話者（speaker）所連帶之語氣及情緒等因素所構成。由此等因素所構成之脈絡，乃決定該語辭（或表示）的脈絡意義。設使我們（作爲第三者）身不在此脈絡之中，則我們只能基於既有的資料，憑藉我們相關的知識及常識（commonsense），通過分析、推理，而特別是想像，把整個脈絡再構造（reconstruct）出來，而下一判斷。我們之認爲告子含蘊地主張人只有一種自然之性，乃是一判斷語（diagnosis）。

然而，如果我們要找證明，謂告子主張人只有一種自然之性而沒有、亦不能有其他之性，則以下一段話，可作間接之證明。告子說：

> 性，猶杞柳也；義，猶桮棬也。以人性為仁義，猶以杞柳為桮棬。㉟

告子否認有自然性以外之道德性，因爲他的性論，含蓄地排斥其他關於性之概念。故當孟子以本具之道德能力而肯定在自然性以外之道德性時，告子必要反對。依以上之分析，我們的結論是，孟子與告子人性論之對立，乃在於：孟子主張人有自然的氣質之性，但也有一超越（超自然）的道德性；而告子則主張人只有自然的氣質之性，而無其他意義之性。此乃是孟告之眞正對立之處。依照同樣之分析，我們亦可容易地表明，孟子與荀子論性之對立，亦並非性善性惡之對立，而也是孟子之雙重性論與荀子之一層性論之對立。如果我們了解到孟子與告子（及荀子）性論之此眞正對立，又如果我們在正統儒學的立場觀之，則我們對告子所言性之無善無惡及荀子所言性之惡，實不必對之再作爭論，因爲就自然之性而言，告子與荀子皆言之無誤，且可被納入儒學體系之人性論中。但正統儒學所要爭論及要堅持的，乃是孟子的雙重性論。

3、心卽性

就孟子系統之儒學言，（本）心與（本）性貫通而爲一體。但要解析及說明此義理，卻並非易事。在此問題上，朱子的理論，較接近一般常識的解悟。在我們說明朱子的心論時，[36]已觸及此問題。朱子所了解之心，猶如一盒子，而內載「理」。朱子又認爲性卽理，故心之內容物，就是性。但此說以心、性爲異質之二體，彼此不能貫通而爲一。事實上，朱子明白地認定心性不能爲一體，此亦是朱子的心論所必然引出的結論。故朱子亦必反對孟子「盡心知性」的說法，因爲心既是一盒子，而與性爲異質之二體，則盡心而知性，乃明顯地不可能的。朱子說：

> 人往往說先盡其心，而後知性，非也……心只是包著這個道理盡。知得其性之道理，便是盡心。若只要理會盡心，不知如何地盡！[37]

此是由朱子的心之概念所產生的必然結果，是很合乎朱子系統的邏輯的。

孟子雖未明言心卽性（道德性），但在其系統中，已含蘊此思想。孟子之言「盡其心者，知其性也，知其性，則知天矣」，[38]已含蘊心性貫通而爲一之意。但更明白的，乃是孟子所說：「君子所性，仁義禮智根於心」[39]一語。又孟子以仁義禮智「四端之心」與「仁義之性」互爲通用，都顯示孟子以心性爲一體。陸象山對此義理，有所體悟，但無分疏。象山說：「且如情性心才都只是一般物事，言偶不同耳……聖賢急於教人，故以情、以性、以心、以才說與人，如何泥得？」[40]陸象山是在說教，不是在說理，故不加疏通而直以心性爲一體以教人，但他所說「言偶不同耳」，卻甚有意義，此卽是說，「心」與「性」，乃只是異名同實；二辭雖有不同意義，但其所指（designatum）則爲同一之對象。王陽明在此，則較陸象山精緻，他說：「理一而已：以其理之凝聚而言，則謂之『性』，以其凝聚之主宰而言，則謂之『心』。」[41]又說：「知是理之靈處；就其主宰處說，便謂之心，就其稟賦處說，便謂之性。」[42]又說：「夫心之體，性也；性之原，天也。能盡其心，是能盡其性矣。」[43]故說心卽性，心性是一，並非是說「心」、「性」二辭是同義辭，而是說「心」、「性」二辭之所指，爲同一實體。

我們討論「心卽理」之課題時，把「理」分析爲有二義，卽專言之理及統言之理。統然之理卽指渾然統體之理，亦卽理之在其自己。此渾然統體之理，就是王陽明所謂「理之凝聚」。就渾然統體之理而說，此便是性；又我們已表明心卽理，故心亦卽性。依「心」、「性」、「理」之概念之邏輯，固可得到「心卽性」的結論，但我們仍要進一步說明「心卽性」的意義。

「性」固有「先天本具，非後天獲取」的含義，但也有「潛在」或「潛存」（subsistence）的意義。「潛存」乃相對於「實存」（existence）而言。說實存，乃是指顯現之「有」，故潛存，乃是指：未顯現之「有」。例如，當我們說水有溺人之「性」，我們是在說水潛在地可以溺人；此「溺人之性」，乃是一未顯明之能力。但當我們說，此水現正溺人，則此「水正溺人」，乃是指涉一顯現之「有」一現實。「性」乃是一性向辭（dispositional term），並非一緣現辭（occurrence term）。這個分辨，可以下例表明。當我們說此糖有「水溶性」，我們的意思是：此糖有溶於水的一種潛在性質。相對地，當我們說此糖已溶於水，我們是指謂一緣現（現實），而不是指謂一潛存的能力。「潛存」與「實存」之分辨，固相似於亞里士多德「潛能」與「現實」之分辨，但我們不宜借用亞氏之概念來說明道德性之潛存意義，因爲亞氏之概念，有其獨特的背景。依以上分析，則所謂道德性，其意思乃是：一種先天本有的、潛存的道德能力及品質。故當儒者說人人皆可爲堯舜，其意思是：人人皆有先天本有的、潛存的成爲聖賢的道德能力及品質。此語是一性向語句，並非一緣現語句。

我們又曾分辨「理之在其自己」及「理之開展其自己」。此亦可用潛存與實存的概念加以說明。說理之在其自己，即包含說理之未開展其自己，此則爲潛存之理。說理之開展其自己，亦包含說理之由潛存現成實存；而所謂理之實存，就是理之具體化爲仁或義或禮或智等而呈現於具體境況中。[44]（因爲心即理，故我們亦可以「心」字來說。）但當我們說「理之在其自己」（潛存之理），其意思即是：道德之理之潛存；而「道德性」的意思又是：潛存的道德能力及品質；而所謂能力及品質，亦即道德法則及原理，故此性即此理，而此理即此心，故此性即此心。然而，「心」、「性」二辭，在意義上亦有其差別。（仁）心之概念，包含一「活動」的意思，

「心」乃是一功能概念（functional concept）。仁心之活動，主要在創造、生發、感應（知覺）、及主宰。這些完全是道德的活動。性之概念，乃是一實體性的存有概念，其本身不必包含活動的意思。「性」一辭，其重點在指謂一客觀實體，卽一普遍公共的道德存有。但「心」與「性」之此種差別，乃只是概念上之差別。

在孟子學系統而言，「心」「性」乃是一體之兩面說。此體，是一「卽活動卽存有」之道德實體；㊺所謂兩面說，乃是：「自『在其自己』而言，曰性；自其通過『對其自己』之自覺而有眞實而具體的彰顯呈現而言，則曰心。」㊻此分辨猶如我們前述「理之在其自己」及「理之開展其自己」之分辨。設使我們把「心」所具之活動義排除，則「性」便失去其自發的活動意義；若如此，則道德之性，必須被動，卽它必須依賴於自身以外的一種啓動力，方能產生道德事物；若此啓動力停止，則道德活動亦要停止。但若果如此，則亦無所謂自發自律之道德可言。又，在另一方面，設使我們把「性」所具的實體存有義排除，則心之活動便懸空而無所根據，其存在之實體性便失去；若如此，則我們無法固定心之存有論地位。因而，「心卽性」乃是對一超越之道德實體及其自發自動之同時肯定；換言之，「心卽性」乃指謂一自發自動的超越之道德實體，此實體爲人之本體（本質）。㊼

二、天道論

1、「天」之形式意義

就天之概念本身而言，乃是一形式概念，其實質意義，有待乎進一步的規定；而此實質意義的規定，依不同的思想背景，亦有所不同。作爲一形式概念，「天」乃意指一超越的、至高無上的存有（ supreme being ）。但此「超越的、至高無上的存有」，根本是「天」此概念之意義。因而，「天是一超越的、至高無上的存有」乃只是一分析定義，其中並無提供任何實質內容。如果僅就其形式意義而言，則「天」與「天帝」、「太極」、「大一」、「天道」、「上帝」、「神」等其他名目，都是同義辭，卽它們都相同地意指一超越的、至高無上的存有。在此形式意義中，並無規定「什麼」是「那超越的、至高無上的存有」，亦無規定「那超越的、至高無上的存有」是「什麼」。故而，不同的思想體系，只要其體系需要或容許或肯定此「超越的、至高無上的存有」之概念的話，都可就其形式意義而使用上列名目的任何一項，或相互通用。例如莊子可言「天道」、墨子亦言「天志」、荀子也說「天」、詩經尙書亦有「天帝」「上帝」之辭；其他宗教例如佛教及基督教等，亦使用「神」、「上帝」、「天神」等之辭項；甚至在我們日常的對話中，亦使用到這些辭項。作爲一形式概念，「天」或「天道」或

「上帝」之概念，乃是公共的而不限於某一體系。但設使我們以「天」(或「上帝」)之名，同時出現於兩個思想體系，而認定此兩體系所實質地界定的「天(或上帝)」，都是一樣，則此「認定」極可能是錯誤的。

「天」依不同的思想脈絡，有不同的實質意義，例如我們可有「物質之天」、「主宰之天」、「運命之天」、「自然之天」、「義理之天」等等。[49]所謂實質意義，乃是指一能滿足(符合)「天」(或「上帝」)這概念的形式條件之對象或存有。要決定「天」之實質意義，亦卽要對「那超越的、至高無上的存有是什麼？」這問題作一答覆，也是對「天」作一特殊的規定。至於如何答覆此問題，如何作出特殊的規定，便有不同的進路，亦依不同的思想及文化體系之內在要求，而有所不同。對於這些不同的規定，通常可有兩種態度對待之。其一是旁觀者的態度；這態度把各個不同的「天(上帝)」的特殊規定，平舖地等列齊看；旁觀者並不支持(或反對)或信奉任何一個，亦卽並不投身(commit)於任何一個。另一是參與者的態度；這態度堅持或信奉其中一個「天」的特殊規定，而以此爲其投身之眞理，此種投身(commitment)，有嚴肅的文化、道德、及宗教意義。

對「天(上帝)」之實質意義之規定，可有兩種進路；我們將分別稱之爲理論的(theoretical approach)及實踐的(practical approach)。理論的進路，乃依乎一特定的哲學(思想)系統，而由此系統之邏輯而決定「天」是什麼。關於這一點，例子很多；我們舉兩個典型的。在柏拉圖，那超越的、至高無上的存有，就是善之理型。柏拉圖所設計的理型世界，有一金字塔式的結構，層層上升；在理論上，此必達致一最高點，而為一切眞實之最眞實者，柏拉圖把善之理型，放在此位置上。[49]另外，康德也容許「上帝」之概念於其系統中，但此「上帝」，乃是作為一福德合一之保證者而被設定（postulate）。依康德，純粹實踐理性追求一個終極的對象，稱為最高善或圓善（summum bonum）。[50]簡單地說，圓善就是人間幸福（earthly happiness）之配當於人之道德成就（即有多少品德，就應該獲多少幸福）。道德求之在我，故求之則得之（孔子說：我欲仁，斯仁至矣！）；但幸福（例如富貴壽祿等）則是求之在外，而與個人之道德無必然之連結。因此，如果圓善要是可能的話，則上帝必要被設定，以作為福德終歸地能合理配當之保證者（根據）。[51]在康德，「上帝」便依此而被引進及界定。依理論的進路而規定的「天」，實際上亦只是關乎一個對象的理論構造（theoretical construct）；「天」的內容，仍只是一組概念，就此而言，它不必預涵或引發個人之投身行動；其規定，亦不必通過個人之身體力行而可獲得。

相對地，經由實踐的進路所決定的「天」之實質意義，乃就是由此整個實踐過程及其成果所構成；此意義，並非是抽象的、概念的，也不是外在的、脫離個人的（impersonal）；而是具體的、有熱忱的（passionate），也是內在的、繫乎個人生命的。此意義，只能被親知被體證，而不能通過語言或概念完全地表達出來。由實踐而來的實質意義，雖不是概念，亦不能脫離個人，但此並不立刻表示此內容意義不可傳遞；它是可以傳遞的，但其傳遞的媒介，不是語言或概念，而是那獲有體證的整個人的生命內容：其言、其行、其思想、其人格、其熱情等等。

一些宗教的教主，如釋迦及耶穌，就是以整個人的生命，來傳遞其所體證的「天」的實質意義。

2、仁天、仁性、仁心

在古典經籍中，「天」固然含有原始宗教的主宰神明之意義，但此種意義，在儒學的傳承中消退，而由一純粹的道德意義所取代。在儒學中，「天」再不能以「天帝」、「上帝」、「主宰神」等一神教的概念（theistic concept）來了解；也不能以自然的「天」來了解。易乾彖說「大哉乾元，萬物資始……乾道變化，各正性命。」及詩周頌說「維天之命，於穆不已」等經典語句，實質地都是道德意義的「天」。

在儒學，「天」之實質意義，依道德實踐之進路而得規定。依此進路而規定之「天」，就是一超越的、至高無上的道德實體（存有）——仁（或稱仁體、仁理、天理）。說天就是仁體，亦即是說仁體就是天——就是那超越的、至高無上的存有。這個規定，不是在思辯上或語言上或邏輯上作一斷定；更適當地說，這並不是一規定，而是一經由道德實踐而達致的體證；「天是仁」一語，是表達一種由身體力行而達成的證知。

天之實質內容是仁，由孔子踐仁知天而證定。孔子「十有五而志於學，三十而立，四十而不惑，五十而知天命」。[52] 孔子「知天命」，即「知」天命之爲何物；此「知」，不是知識論的認知，而是一種契接、一種體認：孔子以自身之仁體（仁性），充盈而上達，而朗現爲超越的、至高無上的存有；而同時亦體驗到，那超越的、至高無上的存有，其「實」就是仁。在此種契接與體證中，那形式意義的「天」，被賦予具體的實質意義；那具體內在的仁性，被提撕爲超越的至高無上的存有：這是一種內在與超越、個體與普遍、內容與形式的融合。故孔子一方可以說「知天」，另一方亦可說「知我者，其天乎！」㊸此「知我者」之「知」，亦並不是一種認識論的知識之「知」，而是指一種內在與超越、個體與普遍、內容與形式、有限與無體之貫通體內之往反歷程。可以說，孔子之「知我者，其天乎！」，實乃一種自知，因爲此時之「我」，就是天；因爲此時，天人(仁)同一。

孔子對「天」之證悟爲仁，是中國文化的一個決斷點，亦是儒學之成爲如此之儒學的一個關鍵處。在孔子以前，「天」之觀念，基本上是原始宗教的外在神的觀念。詩、書中所提及之「天」、「上帝」、「天帝」，大都意味一人格神。㊹在文化之發展上，「至高存有」之概念，被實質化爲一人格神，乃是完全可能的事；此在西方，就是如此。柏拉圖及亞里士多德所論及之「上帝」，本並無人格神的意味。在邏輯上，「至高存有」之概念，被實質化爲一人格神，亦並無矛盾。我們在此的意思是：中國古代關於「天」的概念，很可以被實質化爲一人格神；如果眞的這樣，則整個中國文化之形式及內容，都會不同於既有者。但事實地，「天」之概念沒有被實質化爲一人格神，這種取決，孔子正當其位。固然，我們不能說，這種取決，完全地由孔子單手扭轉乾坤般斷定，此中固亦有文化及歷史上的趨勢及其他因素使然。㊺但孔子在這關節處，作爲一下斷語者之地位，乃是毋可爭議。再者，儒學之成爲如此之儒學，「仁天」之體證，乃是決定性的。因爲，假使「天」不定爲「仁」，則固無後儒心、性、天貫通之義理，而對詩、書、易之了解，亦無如既有之儒學之路數；因此，「仁天」之義，決定了儒學及儒教之型態。此型態之獨特性就是：人被肯定爲一潛在的無限存有（至高無上的存有）；人的神聖被肯定，而外在於人的神聖，不被肯定；宇宙的終極及至高實在（ultimate and supreme reality），是道德的存有。這都是儒學宇宙觀的基本原則。

我們了解到，「心」、「性」、「天」之概念，若僅就其本身而言，乃只是三個形式概念。「心」指一活動機能、「性」指一些先天本有能力、「天」指最高的存有；僅依此，三者可以分立理解。事實上，這三個概念在荀子亦有，在朱子亦有，而他們卽不必言心性天之貫通爲一。三者之貫通爲一，乃在其實質意義之爲同一，此卽「心」之體是仁、「性」之實是仁、「天」之體是仁；心、性、天之貫通，依乎一體之仁之直貫，而分別爲心、性、天的內容。設使心不是仁心或性不是仁性，則心與性不能銜接；又設使性不是仁性或天不是仁天，則性與天亦不能銜接。心、性、天之所以貫通，卽天人之所以合一，乃在於一體之仁。故「心卽性」及「性卽天」二命題，並非分析命題，而是綜和命題，此中需要一第三概念作中介，這就是「仁」。此綜和命題，亦是先驗的，因爲「心」與「性」或「性」與「天」之連貫，並非依經驗而建立。同樣，儒者所言之「理」，例如陸象山、王陽明，甚而朱子、程伊川等所指之「天理」，亦別無他指，就是仁理。「理」是形式地說一客觀普遍的應然之道；「仁」則是此「理」的實質意義。

「仁」貫串「心」、「性」、「天」而爲其實質內容，但反過來說，「心」、「性」、「天」

亦賦與「仁」不同的形式意義。我們可以這樣問：仁是什麼東西？答案是：仁就是那能起道德創生、感應、主宰的心；亦是界定人之為人的道德本性；亦是那超越的、至高無上的存有。這亦即是說，仁乃是一超越的、至高無上的存有；就其繫乎個體而存在言，稱為性；就其活動或作用言，稱為心。故「仁」之形式意義，就同時具有心及性及天之意義。依此而言，當我們說心、性、天，亦可視為是從這三方面，描述同一實體——仁體。

3、天之創生

「天」作為至高無上的存有，就是要能給予既有之存在，一個宇宙論的說明，亦要能作為既有存在之根據（ground）及目的（end）。在儒學經典中，有很多宇宙論的述句，此在易經、傳中特多，例如「生生之謂易，成象之謂乾，効法之謂坤」、「易无思也，无為也，寂然不動，感而遂通天下之故」、「天生神物，聖人則之，天地變化，聖人效之」；[56]及「天地之大德曰生」；[56]及「大哉乾元，萬物資始，乃統天。云行雨施，品物流行，大明終始，六位時成，時乘六龍以御天。乾道變化，各正性命。」[58]等。

在儒學中，「天」之創生有特定的意義。它不是一神論的創生（theistic creation），此種創生是一種異體創生[59]；也不是自然創生（natural creation），此種創生認為物理自然就是如其實然如此地被造出。仁天（天道）之創生，是直接地創生道德存在與秩序，而並非直接地創生如我們所見的自然物體。儒學的宇宙觀，並不認為此物理的自然就僅是單純的物理自然；而認爲此物理自然之存在，其根據及目的，是一宇宙的道德存有（天），此物理自然，乃是那道德存有自我實現、自我開展之所要求而呈現者。同樣，自然秩序，其根據及目的，是一道德秩序。換言之，整個自然存在及秩序，終極地乃根據於一至高的道德存有；而其變化歷程，終極地亦是以此道德存有爲目的。天之創生，兼獨特創生（unique creation）與連續創生（continuous creation）；前者使道德存在之成爲存在，後者則繼續維持這存在。用儒學的語言說，就如詩經周頌所謂「維天之命，於穆不已」，又如中庸所言「天地之道，可一言而盡也；其爲物不貳，則其生物不測。」[60] 這都表示天道不息不已的繼續創生。[61]

天道創生之最高存在，乃是作爲道德主體之人。天道以「命」的方式，下貫分殊而成一一個體之性（道德性、仁性），依此性而界定人之爲人。中庸說「天命之謂性」；易乾彖說「乾道變化，各正性命」；大戴禮記本命篇也說「分於道謂之命，形於一謂之性。」天道之「命」，是象徵地說。「命」的字面意義，有如職份之「任命」或「指派」，或責任之「授予」，或簡單地「命令」的「命」。但無論何者，「命」包含「由上而下的給予」的意思。天道之命於人，是天道之分殊化（particularization）具體化（concretization）；是天道之下貫落實（embodiment）而成個體的道德性。換過來說，人之本性（仁性），即是分殊化而落實於個體的天，即所謂「形於一謂之性」。這種直貫形態的道德的宇宙論，把人性與天道構成一無間隔的連續體。「性」與「天」，只是此體的兩端，或者說，兩個觀點：就其普遍而超越方面言，是天；就其具體而內在言，是性。

4、天與物理自然(Physical Nature)

所謂物理自然，就是我們一般感性經驗所對的自然界，康德稱之爲現象界，宋明儒者稱之爲氣質界；若依易傳而說，則是「形而下」之器；它是識心及氣性所屬的範疇，亦是一般經驗科學所研究之對象之統稱。物理自然有其自己的一套運行法則及秩序，而爲實然如此。

儒學中有「理」、「氣」兩概念，「理」就是天理，即仁體；「氣」就是用來說明物理自然的統一概念。表面看來，這似乎是一種理氣二元論：有一理（天）之實有，亦有一氣之存在，彼此平行相對而互相依存。但這是不對的，儒學只承認一種眞實存有，即天道仁體；氣（物理自然）不能是平行等觀的另一實有，因爲若如此，則天便不是至高無上的存有。物理自然之來源及其存在，終極地要由天道仁體以說明。在此，我們不必說明天道仁體如何創生物理自然，這固是一個值得深入思考的問題。我們將只說明天道仁體與物理自然的一些關係。

物理自然對天道而言，是一材質（material）。「材質」是一功能概念（functional concept），表示一種工具、器具的意義。天道之下貫，即是落實於此材質而授予此材質以道德之理。「落實」可以說是軀體之賦予，但此並不是說天道變成有形體的東西，而是說天道通過有形事物而作用及顯現，此亦是所謂天道之具體化的意思。物理自然之具體性、分殊性，正是天道落實之所依。作爲天道落實之器具（vehicle），物理自然可稱爲對天道之實質化原則(principle of materialization）；實質化的結果，乃是天道「混存」——作用及顯現——於個別事物中，此如朱子說「物物一太極」，亦如宋明儒者所常說之「理一分殊」。天道仁體是同一的天道仁體，但實質化之後，乃「混存」於分殊之個別事物中而爲其內在原理。依此而言，物理自然亦是天道之個別化原則（ principle of individuation ）。舉例來說，仁義心性是人人皆同，如陸象山之名言「此心同、此理同」，因爲它就是那普遍超越之天。人之本心本性雖同，但人之可以有個別之「你」、「我」、「他」或「張三」、「李四」，則是在物理自然方面作分辨，亦即依形氣來辨別。物理自然之雜多性質，及其時間空間之分別定位（ location ），乃是分辨個別自然體的基本原則。

物理自然作爲天道之實質化及個別化原則，乃是宋明儒者所大致共認的。例如張橫渠說：

> 氣聚，則離明得施而有形。氣不聚，則離明不得施而無形。方其聚也，安得不謂之客？方其散也，安得遽謂之無？[62]

「離明」即「尅就神體之虛明照鑑而言。」[63]籠統地說，「離明」就是指天道仁體。天道仁體依氣（物理自然）而呈現。王陽明少言理氣之形上學，但亦有相同的了解，他說：

> 理者，氣之條理；氣者，理之運用。無條理則不能運用；無運用則亦無以見其所謂條理者矣。[64]

王陽明的意思亦是：天道仁體，通過氣（物理自然）而作用及顯現。

天道仁體之通過物理自然而作用及顯現，並不表示天道仁體要依賴於物理自然而存在，此正好相反。天道有其自體之獨立性。程明道說：「幾時道堯盡君道，添得君道多；舜盡子道，添得子道多？元來依舊。」[65] 堯舜代表實質化、個體化的天道，但不管如何，天道本身獨立不改，卽「不爲堯存、不爲桀亡」之意。但天道與物理自然之彼此關係，乃十分微妙。在概念上，二者有清楚之判別；但在具體存在上，二者「混存」在一起。在此問題上，儒學明顯地有別於柏拉圖理型與現象之截然分割，而較親近亞里士多德形式存在於質料之說，但我們不能用亞氏的模型來說明儒學。儒者用「不卽不離」一語來表示天道與物理自然在存在上的相互關係。「不卽」是「不等於」或「不同化於」的意思；「不離」就是不分離。但「不卽不離」仍只是一描述語，它沒有解釋能力。於此，我們將作二個解釋，而它們都與儒學系統一貫。

第一個解釋，是把天道視爲是物理自然之存在及運作的理由（reason）。作爲理由，亦卽作爲根據。因爲天道乃一道德的實體，故物理自然之存在及運作的理由（或根據），亦是道德的，亦卽應然之理。以天道爲其理由，物理自然乃被視爲是一個合理的（rational）、可思議的（intelligible）的存在體；而只有在此預設之下，物理自然中之某些緣現（occurrences），才可被判別爲合理或不合理、應該或不應該。一個純粹的、無理由的、機械的物理自然，其中任何緣現，亦無所謂合理或不合理、應該或不應該之分辨。以天道爲理由，亦卽是要合乎天道。天道如此，則物理自然之運作亦應如此；天道如彼，則物理自然亦應如彼。我們並不是說既存的物理自然已經合理（合乎天道）；事實上，自然事物中有很多不合理的緣現，典型的例子如福德之不常配合㊱。但是，天道之作爲物理自然之理由，乃是給予物理自然一個道德的藍圖或計劃（plan），以迫使此物理自然應該如何運行。只有在此道德計劃之下，物理自然才有一個運作的準則和目的，才是有軌可循。這個思想，在易傳中最常見，例如：

形而上者謂之道，形而下者謂之器。化而裁之謂之變，推而行之謂之道。舉而措之天下之民，謂之事業。㊲

又說：

昔者聖人之作易也，將以順性命之理。是以，立天之道，曰陰與陽；立地之道，曰柔與剛；立人之道，曰仁與義。㊳

其中「性命之理」，應解爲形而上之天道；而「天、地、人」應指自然層中之人物事件。上面兩段引文的意思便是：形而下的物理自然（包括人事），應以形而上的天道爲準、爲理；而聖人居中，以助成此種配合。在如此理解之下，物理自然之存在及運作，乃有理由及目的，此即天之實現於此物理自然。

另一個對「不卽不離」的解釋，乃在於把物理自然的變化和節奏，視爲是天道活動的具體表現（embodied manifestation）。天道自己之活動，是不可觀察的，所謂「動而無動，靜而無靜」；但它活動所依藉的媒介工具，乃是可觀見的自然。換言之，天道活動之有形表現，就是那可觀見的自然變化和節奏。儒學並不認爲物理自然的現象，就僅是物理自然現象，卻認爲此是天道運行而貫通於其中所呈現之現象。例如易傳說：「一陰一陽之謂道」。「一陰一陽」代表自然運行的規律和節奏；此規律和節奏，就是天道活動於具體自然之表現。[69]易傳又說：「天地設位，而易行乎其中矣。」[70]這是說：自然界既有秩序和節奏，就是天道（易）運行於其中的表現。（依此義理，我們可對易經有一個一致的儒學解釋，而不必流於象數占卜之說）。儒學把自然現象，了解爲有道德意義的現象，卽了解爲天道活動之呈現。易傳又說：

> 日往則月來，月往則日來，日月相推而明生焉。寒往則暑來，暑往則寒來，寒暑相推而歲成焉。往者屈也，來者信也，屈信相感而利生焉。尺蠖之屈，以求信也。龍蛇之蟄，以存身也。精義入神，以致用也。利用安身，以崇德也。過此以往，未之或知也。窮神知化，德之盛也。[71]

此是對自然現象，作道德的了解之典型例子。

總結來說，物理自然是天道活動、開展、呈現的場所及資具。物理自然本身並無內在的道德價值，但有其不可取代的工具價值。在儒學觀點看來，物理自然（或說當前之宇宙）有其道德的目的性和法則性。但此目的性及法則性，並未完滿地實現，因而，物理自然仍是在一動態之進程中；它仍不是一個道德地已經完成了的實在，而是在「製造中（in the make）」。

附註

❶ 關於此辯論，見孟子、告子上，第一—七章。

❷ 參考徐復觀，中國人性論史，先秦篇，pp. 4—11。

❸ 此解釋根據牟宗三，圓善論，臺北，學生書局，1985年一版，p.5. 所引係原文。

❹ 見孟子、告子上，第三章。

❺ 荀子，正名篇。

❻ 二程全書，遺書第一，二先生語一。轉引自牟，心體與性體，第二册，p.160。

❼ 王陽明，傳習錄下，p.216。

❽ 參考余雄，中國哲學概論，pp.197—227。

❾ 同上，牟，心體與性體，第二册，p.160。

❿ 程明道，定性書。轉引自牟，心體與性體，第二册，p.233。

⓫ 「性卽氣」，固可疏解爲氣與性兩種東西滾在一起，不卽不離。此固可通，但十分委曲。此在王陽明，更難圓通其混亂之思想。

⓬ 王陽明，傳習錄中，p.141。

⓭ 孟子，告子上，第三章。

⑭ 同上，第四章。
⑮ 孟子，盡心上，第三八章。
⑯ 同上，第二一章。
⑰ 孟子，告子上，第一六章。
⑱ 同上，第六章。
⑲ 本書，第三章，B4。
⑳ 參考本書，第三章，B2。
㉑ 轉引自王陽明，傳習錄，下，p.217。
㉒ 孟子，盡心下，第二四章。
㉓ 同上，盡心上，第三八章。
㉔ 王陽明，傳習錄，下，p.233。
㉕ 見王陽明，傳習錄下，p.252。於此，王陽明論孟子與荀子言性之同異，亦是一混淆之論。
㉖ 孟子，告子，上，第一四章。
㉗ 同上，第一五章。
㉘ 同上，離婁下，第一九章。
㉙ 同上，盡心，下，第二四章。
㉚ 同上，盡心，上，第三八章。
㉛ 孟子，告子，上，第三章。
㉜ 同上，第四章。
㉝ 同上，第二章。
㉞ 同上，第六章。

㉟ 孟子，告子，上，第一章。

㊱ 見本書第一部，第二章，C。

㊲ 朱子，語類卷六十，孟子十，盡心上。轉引自牟，心體與性體，第三册，p.441。

㊳ 孟子，盡心，上，第一章。

㊴ 同上，盡心，下，第二一章。

㊵ 陸象山，象山全集，卷三五。轉引自牟，從陸象山到劉蕺山 pp.76—77。

㊶ 王陽明，傳習錄，中，p.168。

㊷ 傳習錄，上，p.90。

㊸ 傳習錄，中，p.110。

㊹ 我們所言「開展」及「未開展」、「實存」及「潛存」，完全是概念的、邏輯的辨別（logical distinction），並非是存有論的辨別（ontological distinction）。若把此辨別看成是存有論的辨別，就變成是朱子中和之說關於已發未發一問題的論斷。此並非我們所要採取的論斷。依程明道及王陽明的脈絡，心（性）在存有意義下，並無此已發未發之兩截。這是很重要的一點。

㊺ 此語及此義理，根據牟宗三，心體與性體，第一册，p.42。

㊻ 引自同上。

㊼ 關於此項說明，參考牟，心體與性體，第一册，pp.38—42。

㊽ 此五種意義，根據馮友蘭，中國哲學史，香港，太平洋圖書公司，1961港版，p.55。此五種意義，不必即窮盡「天」之意義；在此只作舉例而言。

㊾ 參考Plato, *Republic* Book VI, in *Plato The Collected Dialogues* edited by Edith Hamilton and Huntington Cairns（Princeton: Princeton University Press, 7th printing, 1973），pp.741—45：506—510。又，在*Timaeus*篇，柏拉圖對「上帝」有另一種說法。但在*Timaeus*的「上帝」，似

乎比不上在 *Republic* 的「上帝」之崇高。

㊿ 「圓善」之譯名，根據牟宗三。

(51) 參考 Kant, *Critique of Practical Reason*, trans, by Lewis White Beck (New York : Bobbs — Merrill Co., Inc., 1956), pp.128 — 36。

(52) 論語，爲政，第四章。

(53) 同上，憲問，第三七章。

(54) 參考徐復觀，中國人性論史，pp.36 — 40。

(55) 參考同上。

(56) 易，繫辭上傳。

(56) 易，繫辭下傳。

(58) 易，乾彖。

(59) 見本書第三章，B。

(60) 中庸，第二五章。

(61) 連續創生之概念，似不能適用於基督教義中，其上帝之創生。基督上帝似乎只是獨特創生——造完了宇宙之後，便「袖手旁觀」以至審判日來一個大總結。

(62) 張載，正蒙：太和篇。轉引自牟，心體與性體，第一冊，p.467。

(63) 牟宗三語，同上。

(64) 王陽明，傳習錄，中，答陸原靜書，p.143。

(65) 二程全書，遺書，第二，上。轉引自牟，心體與性體，第二冊，p.57。

(66) 孔子說「死生有命，富貴在天」，卽表示人間幸福與德行沒有必然的關係。王陽明亦有同樣之觀察，他說：「禍福之來，雖聖人有所不免。」（傳習錄，下，p.238。）康德在這點上，也看得很清楚。他說：「就我們人的眼睛所見，〔我們〕的品德，並沒有帶來好報；而〔我們〕的越軌，也沒有帶來懲罰……因爲一個擺在〔我們〕面前作爲責任的內在的終極目的，與一個沒有終極目的的外在自然界，雖然前者要在後者中實現出來，但二者卻是公然地互相矛盾。」Kant, *Critique of Judgment*, Part II, *Critique of Teleological Judgment*, p.129。

67 易，繫辭上傳。

68 易，說卦傳。

69 對於此語，有另一解釋，卽朱子及程伊川的了解。他們認爲「所以」一陰一陽的，才是道。意卽：天道使到自然界有一陰一陽的規律。參考牟，心體與性體，第二冊，pp.43—44。

70 易，繫辭上傳。

71 易，繫辭下傳。

第二部　儒學分論

第五章　中華文化之精神要素

「文化」一概念，其意義與包涵極端廣泛且難於確定。雖然它亦有其指涉範圍，但其週界卻並不容易圈劃出來。

「文化」此概念具有很大的彈性和開放性，在各種不同場合，就講者或聽者之不同的意向、知識背景、價值觀念，或所處的實際環境而言，「文化」一辭可產生不同的意義或指涉。因而，若果我們對「文化」一辭沒有一個共同的了解，則互相溝通會發生困難、互相誤解難於避免、而爭論亦隨之而起。

當我們談及「中華文化」時，雖然已對「文化」一辭加以上限制。但「中華文化」此概念所具的彈性和廣涵性，已足以使有關中華文化的言論、著述。甚或行動等容易產生混亂、不一致、曖昧、謬誤、和各種不必要的爭論。我們在此使用「中華文化」一辭，有其一般社會學的意義，此即指一羣體所共有的風俗、習慣、信仰、價值系統、語言文字、態度、行爲模式、科學、藝術、政治等之總體。但我們了解到，它有另一種屬的意義，此即其哲學意義，其哲學意義由其精神要素來界定。

有很多人把中華文化與古代文化對等起來，以爲復興中華文化就是把古代的風俗習慣、禮教迷信、典章服飾等通統都搬出來而推行於現代社會。顯然事實並不如此，亦不能如此。復興中華文化與復古並非一樣。

相應於哲學的分析與批判的要求，也相應於實際的要求，本章將對中華文化及其概念作一分析；從而把其意義、內涵、和特性大體地開解出來，以能對此文化及其概念，嘗試作一貞定。此有兩部份。第一部可稱爲是哲學的、或先天的、或直貫的分析；第二部份則稱爲經驗的、或後天的、或橫面的分析。至於如何是哲學的分析、如何是經驗的分析，則由實際之所作而界定。再者，沒有概念之分析是完全中性的，卽所有概念分析都包含若干方法上、或知識上、或形上學的預設。

一、道德理性與中華文化之直貫連結

1、道德理性——仁：

「中華文化」是一統體概念；在它底下，統攝着多種不同的元素。而這些不同的元素之能夠綜合於一概念之下，必須具有某些共同性或共通性。從另一角度看，「中華文化」必須提供一統攝原理，才能凝聚各種不同的元素而成一內容豐富的概念。此所謂共通性或統攝原理，就是此概念之決定的特徵（determining characteristic）；依此特徵而可對「中華文化」下一要素的定義。換言之，此決定的特徵即是其要素。用普通的話來說，此要素亦可稱爲是中華文化之精神。

那末，中華文化的要素爲何？此是人的道德理性。

道德理性是一切道德律、道德行爲之先天根據；它給予道德命令而使道德行爲可能。其功能不僅是約束性的——即對某些行爲或事件產生禁止的作用；且是創造性的——即是令某些行爲或事件在自然界中產生。換言之，它是在自然秩序中成立一道德秩序的可能性之最後根據。

道德理性並非爲少數人或中國人所專有；它是普遍的。但特定地、落實地來說，它有不同的稱謂或面相。在康德的辭彙中，它有「自由意志」的名稱。在中華文化中，此即是仁；而就其能力言，是良知；就其表現言，是四端之心。此外，它還有種種不同的稱謂，如本心、本性、赤子之心、知是知非之心、虛明靈覺等等。但這些稱謂皆指涉同一實體；而稱謂之有不同，只是就此道德理性之落於某一情境而起。

道德理性與人的關係十分微妙。它不能離開人而仍有實質的作用，因爲它的命令和要求都要依賴人——這自然個體——來推行和實現。但人這自然個體，天生地具有各種自然欲望和衝動；而這些欲望和衝動就成爲道德命令之執行和實現之阻力，有時甚至成爲其尅星。在大多數情形下，道德理性與欲望和衝動在爭取個人行爲之支配權上，都是互相敵對的。前者之勝利，稱爲「踐形」；後者之勝利，稱爲「形役」。換一個角度看，道德理性亦可是人的定義而可對「人性」加以界定。孔子所謂「仁者人也」及孟子所作之人禽之辨，都是以道德理性作爲人的定義。

道德理性與自然界的關係同樣微妙；道德秩序與自然秩序不即不離。道德理性不能離開自然界而仍有實質的意義，因爲其命令或規則，皆要求在自然界中實現，即道德理性要求在自然秩序中建立一實質的道德秩序。但自然界亦有其自巳一套運行的規律，而此規律亦並不常與道德理性的要求相符合。自然界是一頑固的現實存在，它可全不理會道德理性的要求而自作自行。另一方面，道德理性亦不能取消自然秩序而代之以道德秩序，但它亦頑固地要求自然界在道德秩序的軌約下運行。這個要求之實現，就是道德理性的理想，而此理想要通過一無限歷程方可完成。

就其依於人而說，道德理性乃是人的道德理性。但抽象地來說，道德理性本身亦有其形上的、超越的意義。所謂形上的，即是指其超越於自然界及特殊個體之存在地位而言。我們設想自然界及一切特殊個體之全部毀滅，則道德理性乃失去其存在的實質意義，但它仍可具有其存在的形式意義。換言之，我們可設想道德理性失去其實質化之場所，亦即失去其現實性，但它仍可作爲一完全形式而存在，而並不隨其實質條件之消失而消失。這就是道德理性之形上意義。

道德理性必須具有此形上意義，否則其存在便變成是完全偶然的。道德理性之形上意義，乃是其不依賴於實質條件而自身能繼續存在之保證。其形上意義把其存在與其緣現分別開來，因而我們可以這樣說：「道」不行，並非無「道」；「聖人」不出，並非無「聖」。縱使道不行、聖人不出，但道德理性仍作爲一完全形式而獨立存在。

就道德理性之具有形上地位而言，我們稱之爲道德原理。此亦相當於宋明儒所謂的天道、天理、天心等。就其內在於人及自然界而言，稱仁心或仁性。

道德理性之發動可通過內省而知。但道德理性之作爲一超越的形上原理，如何可以證定？即是說，我們有那些途徑可證明道德理性同時亦是一超越的形上原理？

這裏可有兩個途徑；一個是直接的，一個是間接的。直接的又可有二。一是通過個人的道德實踐而全幅體現道德原理之形式意義。此卽是把道德原理之完全形式全部落實下來。此時理想與現實合一；現實卽是理想的現實；亦卽是說；道德原理之一切律令和要求，皆通過此個人的努力而全部實現出來。就此而言，比個人便是直接體證道德原理而可稱爲聖人或完人。另一是通過某些特殊的能力而直接認取道德原理之存在。此能力稱爲智的直覺。這是一種對非時空性存在實體的認知能力，而不受到感性條件之限制。（關於此點，牟宗三先生在其著作中已有很詳細的論列。）[1]

間接的途徑就是普通的哲學思辨。我們在此亦嘗試如是作，亦只能如是作。

要說明道德理性之形上意義，卽是要說明此理性是超越自然的。所謂自然界，就是一絕對地、毫無例外地由因果律控制的經驗現象之總體；自然界中每一現象之出現，在原則上及時間上都有作爲其原因的前件。事出無因，在自然界中是不可能的。用佛家的辭彙來說，就是世間一切法，皆依因緣而起。這與康德對「自然」的定義，完全一致。那末，要說明道德理性之超自然，就是要說明它不受因果律的約束。

道德理性之發動乃在於開啓或禁止一行爲之產生於自然界。它以命令的方式來開啓或禁止一行爲；此命令被執行出來，便實現爲一道德行爲。因此，道德理性之發動乃是一切道德行爲的原因。那末，道德理性之發動，是否又有其原因？以下將論證道德理性之發動乃是自發自動的，而並無後一步的原因。換言之，道德理性是自律的、自由的。

我們具有「責任」這概念，包括道德的和法律的。如果否認此概念，則一切道德的貶揚皆得不到證定。顯然我們要維持道德的貶揚，因而我們不能否認「責任」這概念。但「責任」這概念並無意義，除非我們預設了「自由」這概念。換言之，人不必對其行爲負責，除非他具有自由選擇的餘地。因爲，如果人的行爲澈底地由自然因果律控制，則其產生可完全由支配的原因所解釋，亦由這些原因負責。如此，則人的行爲都是必然如其所作，而無「可以（或本應）不如是」的選擇。結果是：任何人不必對其行爲負責；且「道德責任」這概念根本不可能。我們不能要求一個身不由主或不由自主的人負其行爲的責任，正如我們不能要求一個皮球負其行爲的責任一樣。

因此，個人之作爲一個責任個體之自由必須肯定，此亦即是說，作爲責任個體的人，並非完全由自然因果律所支配。既然道德理性之發動乃是道德行爲的原因，則此理性之發動亦必然是道德行爲的最後原因。換言之，它的發動並不受自然因果律所控制。因而，道德理性在此意義下並非自然界的一部份。

從「責任」這概念，通過「自由」這概念，我們論證道德理性之超自然意義。但我們仍可進一步，分析道德理性與道德行爲間的因果關係之性質而說明道德理性的形上意義。

「應該」這概念表示一種因果的必然性；它本是一道德的概念。因而，它所表示的，是一種道德的因果必然性。但另一方面，它常常被應用於非道德的範圍內而使其本來的道德意義與其他意義發生混淆。我們先把它的意義分清。

當人們說「這蘋果樹應該在此時結果」；他們的意思是：「根據自然的規律及一切條件之配合，這蘋果樹必然在此時結果」，或「在我們的預期中，這蘋果樹會在此時結果」，更或「與我們的預期相違，這蘋果樹竟然在此時仍未結果」。有很多時，人們用「應該」來表示自然的因果律；而有更多時，人們用「應該」來表示其個人的期望或預料。這等等意義，都並非我們在此所關涉的。

「應該」表示一道德的因果必然性，此是基本的意義。如果「應該」此概念是有道德意義的，則其所表示的因果必然性必須存在或必須被設定爲存在，否則，「應該」此概念便無道德意義。如果是這樣，我們便無「應該」此概念。但實際上，我們具有此概念，且承認它是有道德意義的。我們說：「我們應該遵守諾言」，這就表示一道德的必然性，亦包含着一因果在內。因爲道德理性通過其立法的形式，使這條行爲規則成爲普遍的道德定律。依循這條定律而作出的行爲，卽「遵守諾言」之行爲，便成一道德行爲。這卽是說，道德理性是使「遵守諾言」這行爲成爲道德行爲之原因；沒有了道德理性之立形式，此行爲便不能稱爲道德行爲。在此，其因果之必然性很明顯。「我們應該遵守諾言」的意思便是：「根據道德理性之立法，而亦只唯是根據道德理性之立法，此行爲——遵守諾言——是必然要做出來的。」

由「應該」所表示出來的因果必然性，與由「如果—則」所表示的因果必然性完全不同；前者是道德的，後者是自然的（或是邏輯的）。從自然的因果性，不能導出道德的因果性。道德的因果性，不容許例外，即道德理性不會作出與其自身活動矛盾的立法而謂「我們有時不應該遵守諾言」。雖然，在事實上我們常常不遵守諾言，但這並不是道德理性之立法，而剛剛正是違反道德理性之立法而要禁止。我們不能想像道德理性會使「我們有時不應該遵守諾言」成爲法律。另一方面，自然的因果律容許例外。但這並不是說在自然界中可有不服從因果律的自然現象，而是說，在自然界中可有因果秩序之變更。我們可以想像：一天我們抛高石塊而它不掉下來。這並不與自然律矛盾，因爲這可能是自然的新規律。

通過以上的思考，我們可認定道德理性之形上地位。說它具有形上地位，包含着說它最少具有以下兩個性質：它是非時間性的，也是非空間性的。就其不在時間中而言，它是永恒不變的，因爲只有在時間中的東西，才有開始、結尾、和變化可言；就其不在空間中而言，它是無形而普遍的，因爲只有在空間中的東西，才有形體和定位可言。因而，道德理性即是一永恒不變、普遍無形的道德的創生原理。

2 中華文化之要素：

中華文化的要素是道德理性。此語何解？我們如何得知？以下將討論這兩個問題。

說中華文化的要素是道德理性，就是說此文化之生成或根源乃是依道德理性之要求在自然界實現其法則而起；而此文化之發展亦是依道德理性所給予的方向而前進；最後，此文化之理想或最終目標就正是要在自然界中實現道德理性之全部（形式）意義。

中華文化之生成，乃是要實現道德理性之要求。此要求乃是要求在自然界中出現一個完全的道德團體，其中每一個體都是一完全的道德個體。卽是說，在此文化中的每一個人都是聖人；而在此團體中的一切行爲及法則，都是完全的道德行爲和道德法則。而嚴格地說，在這樣的團體中，「道德」此辭已無意義，因爲所有行爲和法則都是道德的，再沒有「不道德」的東西存在；而法則亦無需要，因爲所有行爲都由法則而出，再沒有不合法則的事情存在。在此團體中，每一個人都是「由道」而行，再沒有「合道」或「不合道」之事。在一意義下，每一個人都是道德理性之自己，因爲每一個人都是道德理性在自然界中的具體實現。這樣的一個團體，就如孔子所描述的大同世界，亦如康德所構想的「目的之王國」（Kingdom of Ends）。中華文化之發展方向，就是如此的一個方向；中華文化之理想，亦是如此的一個理想。就其生成、發展、及理想之依據道德理性之要求而言，我們乃說中華文化之要素是道德理性。

中華文化之內容及牽涉極廣，是一個非個人認知能力所能全覽的龐大實體；而道德理性又是一無形象的存在，則我們憑何種能力，依何種途徑而可知道德理性乃是中華文化之要素？這個問題顯然不是一簡單的問題。它包含三個部份；卽㈠對中華文化之認識；㈡對道德理性之察覺；及㈢對二者連結之洞悉。

中華文化作爲一現實存在而言，是一可觀察的實體，而能成爲社會學的對象。在此意義下，中華文化如其他文化一樣，是一由社會規範和行爲模式所構成的體系。此中包括各式各樣的民間習俗、習慣、價值系統、信仰與態度、典章制度、生活方式、思想型態、創作物或製造品的風格等等；亦包括各式各樣的宗教、哲學、科學、歷史、文學、技藝等屬於較高層次的文明的成就。其構成因素甚爲複雜而繁多。卽使把它作爲一現象來了解，亦不是容易的事；而我們更要求對此現象背後的統攝原理（卽要素）提撕出來，就更多一層轉折。

但無論如何，對此文化現象的任何認識，都要從經驗開始，雖然我們不必就停留在此經驗現象的層面上。這樣的開始是很簡單的；只要閱讀在此文化中的書籍，觀察其歷史文物、觀賞其藝術、分析研究其價值系統、留意其人民的生活方式及習俗及禮儀、了解此文化之思想與及生活在此文化中等等，都是認識此文化的方法。通過這方式而獲得的知識，註定是片面的、零碎的、卽使通過進一步的反省而得到較有系統的、可稱爲科學的的知識，亦皆如是。而且，這樣得到的知識，仍只是關於現象的知識。然而，這是一個必要的開始；沒有了開始，更不必談其他了。

在片面而零碎的知識的基礎上，提撕出此文化現象的統攝原理、「看」出此文化的「精神命脈」，需要有一特殊的能力。此能力我們稱爲統貫直覺。

此直覺並非一般受納性的經驗直覺，雖然它必須要有經驗材料爲基礎；亦非康德所指的那個超越統覺，因爲它並非常在或必在，亦非成就知識的先驗條件。它是一統攝和貫穿大量經驗材料的直覺；能在曖昧不清、綜錯複雜的情景中，「看」出其一貫脈絡或原理。在某一意義言，這種直覺類似於理性的綜合和抽象能力。但它不即是此種理性能力；因爲它的成就，不必如理性一樣要通過一辨解歷程而達到。但這種直覺的成就，亦可以視爲是理性能力所能達到的最高極限。在此義而言，借用笛卡兒的話以稱之爲「理性之靈光」亦未嘗不可。在日常的語言中，所謂「通識」、「洞悉」、「悟識」、「慧見」、「洞察力」等，可能亦是指這種統攝而貫穿的直覺。在科學的發明上，這種直覺亦可能佔了一個很重要的地位。沒有這種直覺，則無論對中華文化有如何豐富的經驗或經典知識，亦不可能掌握到其精神要素。

但是單憑這種直覺，亦不足以認識到中華文化之要素之爲道德理性。因爲道德理性是超越於現象的；它不是一般悟性能力所能接觸到的東西，卽不是一般知識的對象。卽使憑統貫直覺而察悉到中華文化之有其要素，但此要素亦會顯現爲一神秘而不可理解的事物，因爲道德理性的確不是任何科學識智的對象。有些學者認爲中華文化充滿了神秘主義，可能就是直覺到中華文化之有其要素，而不知所直覺到的要素爲何物。

道德理性不是一個神秘的東西；它可通過個人的內省而被知。其存在與活動，可由個人對其自身之道德行爲及意念作一本源的反省而可被知。此時我們不僅是「知」，而實際上是體證、體驗到道德理性之存在和活動。如果我們作進一步的道德實踐而後反省此道德實踐的本源動力和根據，則道德理性之存在和活動就會更明顯地如在目前。如是，則最初我們所直覺爲神秘而不可理解的中華文化之要素，亦明顯地展示出其爲何物，因爲此直覺到的要素與所體驗到的道德理性，一模一樣。更深的體驗和考究，我們亦將知道在此並非有兩個形貌相似的東西，而是同一個東西，即是道德理性。當我們體認到道德理性在個人的存在與活動，亦即體認到它在中華文化中的存在與活動，因爲它就是一樣東西。此時，我們亦感覺到個人與中華文化乃是相貫通的；亦可感覺到二者有生命之相連；而中華文化亦顯現爲一有生命之個體，如個人之爲有生命之個體一樣。此時，中華文化與個人並無相對相外；個人就是中華文化之一部份，通統地皆是道德理性在自然界的一個實際緣現。

照這樣看來，要對中華文化之要素有一眞切的認識，單憑一般悟性之分析或研究是不足夠的。悟性之分析與研究所能達到的最高極限，無論如何不能超出現象的層面。通過如此方式所可達到的最高明的結論，也不外是以下三個之一：認識到中華文化之要素之爲道德理性，但以此道德理性爲解釋此文化而設置的理論概念（Theoretical construct）；或以此道德理性爲在此文化中作指導原則的最高觀念；更或認爲中華文化之要素乃是一神秘而不可理解之某物。此等結論已可視爲是對中華文化作歷史學的、或社會學的、或文化現象學的，更或哲學的研究所能達到的最高成就，而此亦是其最後極限。把中華文化作爲一現象或認知對象來研究，是完全合法的，而亦有此需要。但我們必須知覺到這種研究的性質及其限度，而不致誤以爲在此種研究之外，別無天地。

二、道德理性與中華文化之橫面連結

道德理性乃是中華文化之要素。雖然道德理性不可觀察，但中華文化仍是可觀察的現象，在其中亦必有某些特性與道德理性有直接或間接的連結。即是說，道德理性必然有其現實的表現於此文化中。這些，我們可以在此文化的社會結構、政治制度、價值觀念、哲學思想等領域尋求。在此，我們舉若干例證。

第一，在中華文化中，道德秩序是社會最基本亦是最受希冀的結構原則，因爲從政治體制、家庭組織、到人際關係，都是以理想的道德秩序爲依歸。維繫「君—臣—民」此關係的力量，主要是通過一相互間的道德承諾之默認而達成。此中所包涵的道德意義比政治意義來得强。

在家庭中，父母、子女、兄弟、夫妻之關係，亦不是被看成僅僅是一種自然關係，且是在此自然關係中加上一相互的道德要求而有其道德的涵義。「父」、「母」不是一個道德地中性的稱謂，而是稱謂一個道德的對象。「生我者父母」表面上是一自然的定義，但其含義乃是一道德的要求，此即對父母盡孝之要求。其他如子女、兄弟、夫妻等的關係，都是道德責任的主體間的關係。

在社會的人際關係中，情形也是一樣。人與人之間的關係，可以從職業上或偶然之相遇而開始，但能夠維持下去的，就是憑道德的力量。「師」、「生」的稱謂，主要不是以「教者爲師」、「學者爲生」這描述定義來了解，而主要是以相互間的一個道德承擔來了解。其他如朋友、主僕等的人際關係，都含有極强烈的道德意味。

把自然秩序轉化爲道德秩序，乃是中華文化的內在要求，亦即是道德理性的要求。很多觀念之產生，都可視爲是此要求的具體表現。「仁」君、「賢」相、「慈」父、「孝」子、兄「友」、弟「恭」、男「義」、女「貞」等等，都是對偶然的政治關係、自然關係，和社會關係中的兩端，加上道德責任而要求把這些關係轉化爲道德主體間的關係。

籠統的說，在中華文化中的社會結構，很少由所謂「民約」（ social contract ）或「法律契約」（Legal Contract ）這些東西所維繫，而主要是由可謂是「道德契約」（ moral contract ）所支持；而這道德契約是共同地默認的。

第二，就此文化之價值取向而言，很明顯，道德價值處在一個崇高優越的地位；其他的價值系統很少能夠向其地位作出挑戰。在哲學思想方面，能夠代表此文化之精神要素的、能夠顯現爲道德理性之具體表示的，自然成爲思想之主流。此所以道家、法家、墨家、佛家等思想體系在歷史上從來都不能取代儒家的主導地位而能成爲主流。它們的過度發展，亦往往會受到代表道德理性的儒家之注意。

在歷史方面，歷史家並不在乎僅僅事實之紀錄，而在乎對歷史朝代及人物作道德之評價、是非之判斷、善惡之揚貶。周代之受頌揚，主要不在於其各種功業的成就，而主要是在於其典章制度之能表現道德理性之要求。人物之突出或貶抑，常常都是通過一道德標準而決定。岳飛與文天祥之受到敬重，並不在於他們在軍事或政治上的成就，而在於他們之具有並能表現其道德勇氣。

此文化之歷史，並非單純是人事變遷的自然歷史，而是道德理性之要求實現於自然界之過程之歷史。「天道宏揚」、「大道不行」、「順天者昌」、「逆天者亡」等觀念，都是表示此實現過程之曲折起伏。

在藝術及文學方面，道德的觀念和準則亦佔很高的地位。鄭聲和金瓶梅皆「淫」，這是道德對藝術的檢查；「文以載道爲宗」，此表示文藝的道德責任；聊齋誌異是警惡懲奸；三國演義表示善惡忠奸的對立；水滸傳的一百零八個主角是好漢而非盜賊；詩經要表現王德及民德；各體詩詞亦常表現憂國憂民的道德情懷；繪畫就常表現天人和諧的心境和諧的心境（或理想）。

粗糙地來說，在中華文化中，物質價值（廣義的）常在精神價值（道德的）之下。名利、事業、技藝、甚至專業知識等的功用價值，並無可與道德價值相比較的地位，更無有向之挑戰之機會。有德而少功的人比有功而少德的人會受到較大的尊重，重功利的人且會受到蔑視。社會階層分爲士農工商，而以「士」爲首，除了其他因素以外，亦有一道德的理由在。

第三，中華文化及在其中的個人皆有一共同的理想，此卽是道德的實現。就全體而言，此文化有一運動之方向，亦可說是一內在的要求。這就是對一完全道德的理想境界之追求；此亦可說是道德理性之要求實現其自己於自然界的表現。這理想就是大同世界之出現、天人合一之達成。在此境界中，個人皆成爲完全的道德主體，自然秩序在道德秩序籠罩下合理地運行。「萬物自得」、「四時皆興」、「生生不息」、「止於至善」等的觀念，都表達出此完美世界的理想。這個文化認爲一個理想的道德世界在原則上是可實現的，此亦即是說，道德理性之全部意義之實質化於自然界，乃是可能的，而其可能性之基礎在於人。

在中華文化中，人是作爲一道德主體而存在；並非以「理性的動物」或「會用工具的動物」來規定。每一個人都被視爲是一可能的實現道德理性的中心。因此，一般來說，個人的最高理想亦正是要通過個人之努力而冀求達成道德理性之完全實現。人能自我地完成爲一道德人格，不僅僅表示一種對自我道德能力之自得，且表示自我授受的一個責任。「致人極」不僅表示其理想之所在，且表示其自信與責任感。

第四，中國人的一般性格或心態，可以說是「內向」的。但「內向」這詞在此並不太妥當，雖然亦並非錯誤。因爲「內向」暗示着一個運動方向，而以自我爲終點。說中國人的一般心態是「自內」的，似乎較爲適當。「自內」的意思，乃是指其注意力、興趣、行爲、追求等，都是以自我主體爲開始，以自我道德人格之完成爲做人作事的第一步。這種心態反映在「正心、誠意、修身、齊家、治國、平天下」、或「內聖外王」、或「安內而後攘外」這些秩序上。大學說「物有本末，事有終始」，其「本」、其「始」就在自我主體。一切以道德理性之要求爲始；而道德理性之要求則以個人爲始，在中華文化中，這是當然的，因爲道德「不遠人」、「

反求諸己」而可得。

在道德的實踐上，其運動是自內而外、推己而及人。但此種自內的運動，從一個「非道德」的觀點看，可以顯現為一內向的傾向。因為道德實踐（或道德價值）為諸事之首，而道德實踐亦為個人行為生活之本，則人的注意力及興趣亦自然集中於自我之道德成就方面，其對身外界或自然界中不太含有豐富道德意義的事物，便顯出一種「無興趣」或「不願多花力氣」的態度。

在人與人之間相處時所產生的衝突或磨擦，這態度往往成為一種調解的力量。此時，它以「息事寧人」、「忍讓」、「免傷和氣」等的姿態出現。一般說來，中國人是非擴張性、愛好和平、非攻擊性（nonaggressive）的一個民族，同時亦顯出一種隨和、易處、謙讓、不計較、不追求物質享受、和簡樸的性格。這種「對非道德事物無大興趣」的態度，可稱之為「道德的自然反向性」（Morol Declination of Nature）。它的作用乃是排斥外界事務之干擾而使自我之道德實踐得到合適的環境。但此種反向性不即是道德理性之實現；如果說它有道德意義，也只是消極的而言。它的消極的道德意義，乃在其含有「志於道，志不在此（物）」的意思而言。

再者，道德的自然反向性與一般的內向性格很難分辨開來，因為二者在可見行為的表現上都似乎是一樣的。一個人可以是志於道而不追求物質享受；而另一個人則因無此能力而不追求物質享受。前者是能為而不（屑）為；後者是欲為但不能為，故不為。但就其「不追求物質享受」一點言，二者在現象上是同樣的。顏回樂於道而安貧，所以是一賢者；但如果是無斯力而不得不安貧，則不能謂之賢，當然此亦非惡。道德的自然反向性與一般的內向性格在現象上很難分辨，但在道理上亦要分個明白。

但事實上，道德的自然反向性與一般的內向性格的確時常被混淆起來。此種混淆亦卽是把隨和、易處、不計較、謙讓、不追求物質享受、和簡樸的良好品性與妥協、逃避、自卑、畏縮、和羞怯等的弱者之內向品性混淆起來。這樣混淆顯然是不好的，因爲我們不願意把謙讓看成是畏縮、把畏縮頌揚爲謙讓。雖然並非時常如此；但有時如此，亦不是所欲的。

上文對中華文化横面的分析，只做了一小部份，其涉及的範圍也極有限。一個全面的分析，並非一個人之能力可以做到。卽使如此，仍有幾個現象是應該被注意到而在上文之分析卻沒有接觸到。這幾個現象乃是關於此文化之科學發展、政治發展、次文化之地位、社會之墮落與反抗和偏差。對這些現象，每一個都需要有詳盡的分析而受到仔細的注意。因爲這個緣故，這些現象最好是在其他更適當的機緣受到應有的討論。

對中華文化作經驗層次的、横面的分析，是屬於歷史學家、社會學家、文化現象學家的工作的一部份，當然其他學家也可以參與這項工作。但無論誰人，如果不能掌握中華文化的要素，則其分析成果將很難不是零碎的、表面的。這些零碎的、表面的知識並不能表現此文化的性質，亦不能解釋此文化之爲何如此。沒有前提（或預設）的盲目觀察，幾乎註定是徒勞無功的。對中華文化作哲學的卽先天的分析，是我們獲得所要求的前提的一個方法。這前提卽「道德理性乃中華文化之要素」一命題，依此而解釋此文化之具體現象，並可預測此文化未來發展的大體方向。此種預測不是科學的預測，而是一部「關於未來的歷史」。因爲這部歷史是「紀錄」道德理性之實現過程的一部歷史，它是一部「神聖的歷史」（Divinitory History），而每一個人都道德地必然的參與這部歷史的寫成。

附註

❶ 參考牟宗三，智的直覺與中國哲學。

第六章　儒學與法律

在法律哲學中，有一主要又極爲困難的問題，此卽，我們有何道德理由（根據）去懲罰違法的人？這問題不是單純的學術問題，它有極嚴重的實際含義，此特別是關連到死刑之立法及執行時，此問題會更顯出其實際意義和嚴肅性。我們不能毫不反省地認爲凡法律都是合理的；因爲刑法與道德並非同樣東西。在中外古今的歷史中，事實上有過很多不合道德的嚴刑峻法，秦始皇及明代宦官的做法，已是我們熟悉的例子。❶再者，在一般立法的過程中，必須有一基本之原則，以作立法之指導。舉例來說，設使我們要討論一條待決之法律，謂，凡持械搶刼者，處無期徒刑。但我們有何根據要處罰搶刼者？又有何根據要定無期徒刑（或任何刑期）？又如何分辨「太輕」及「太重」之刑罰？作爲立法者，我們不能作任意（arbitrary）之決定，亦不能以個人之偏見或好惡作根據。因此，關於刑罰之道德證定（moral justification），不單止是爲刑罰尋求一些道德理由，以證明其爲合理；且同時亦是對社會或國家之立法，設出限制，以保證其製訂之刑法，必在道德範圍之內；此外，刑罰之道德證定，也能對立法之討論，提供指導原則及議論根據。刑罰之道德證定，事實上是法律哲學的核心問題。在這方面，西方傳統上（現時也一樣），有兩個經典的理論，此卽報復論（retributivism）及功利主義（utilitarianism）。二者在結論上相同，此卽，懲罰違法的人是合理的。但二者所提之理由，則差異甚大，而此亦是爭論之所在。

一、功利主義

功利主義根據刑罰之功利（utility）而證定刑罰之合理。這些功利是指刑罰所可以產生的預期效果，主要地包括重建（rehabilitation）、阻嚇（deterrence）、及保護（protection）三者。功利主義者認爲某些形式的刑罰，例如坐牢、精神治療、或苦工等，可以改造或重建犯罪者的性格、心理狀態、或行爲習慣等，而使之符合於社會規範；這卽是利用刑罰來「糾正」犯罪者之整個人，此是刑罰之重建作用。功利主義者亦相信可以產生阻嚇作用，此在於一、阻嚇犯過罪的人再犯；二、阻嚇未犯罪的人作第一次犯罪的意圖或行動傾向，而使之在犯罪邊緣時，「臨崖勒馬」而不至輕舉妄動地做犯罪的事。功利主義者又認爲刑罰可給予社會某種保護，因爲刑罰一方面可以阻嚇人們做出破壞社會秩序及安寧的行爲，另一方面亦可以把犯法者「隔離」，甚至把犯法者「清除」——卽處以死刑。

功利主義的基本假定，用邊沁（Jeremy Bentham）的話說，就是：「自然界把人類置於兩個至尊的主人之治理之下，就是痛苦與快樂；而正是就此二者而指出我們應做什麼，亦決定我們會做什麼。」❷人的一切行爲，其動機或目的，歸根究底，就是快樂之追求及痛苦之避免。

功利主義者對「快樂」及「痛苦」，有極廣義的解釋。犯法者之所以會做犯法的行爲，根本地乃是追求某種形式的快樂，例如金錢之獲取或身體快感之獲取等。然而，刑罰乃是痛苦之施加，此種「痛苦」例如坐牢、被罰金、苦工等。依功利主義的「快樂計算（hedonistic caculus）」，人之做或不做某一行爲，乃是基於此行爲所可能產生之快樂份量之相較於痛苦份量而定；人依利害之衡量而決定做或不做某一行爲。功利主義的論證是：設使我們對犯罪者施加刑罰——即施加一定份量之痛苦，使此犯罪行爲所產生之痛苦份量，大於此行爲所產生的快樂份量，則人依其自然本性，便會不選取這個犯罪行爲，故刑罰能產生預期的可欲效果。

但功利主義的刑罰論，有重大的內在困難。第一，刑罰所預期要產生的效用，頂多是一經驗的假定（empirical hypothesis）；我們並不能先驗地（*a priori*）確定某特定之刑罰，在事實上必產生預期的效果，亦不能先驗地確定任何特定之刑罰，在不同情況下都產生同樣的效果。換言之，如果功利主義者認定刑罰可以產生重建、阻嚇、及保護社會之效果，則他在每一個刑罰施行的事例上，都要作出證據，以證明該刑罰事實上產生了效果。如此，功利主義者要經常地負起此證明之責（burden of proof）。縱使某一特定刑罰被證明了爲有效，但此仍只是回溯性的證明（regressive proof），因爲此證明，只能在刑罰施行了才可能作出；在刑罰施行之前，功利主義者無法確定此刑罰效果之必然出現。換言之，在刑罰施行之時，是在一種「可能合乎功利原則，亦可能不合乎功利原則」之情況下進行。雖然，由統計而得的或然率，可以提供有利的推測，但此並不能對個別的事例，作出決定。簡單地說，當我們每一次施行刑罰之時，如果僅僅根據功利主義的刑罰論而施行，則我們都面對一個尷尬的場面，此即，此要施行的刑罰，有可能會被事實證明爲毫無理由的（功利主義的理由），亦即無效果。

再者，刑罰之效用，並非普遍地有效，亦非普遍地有相同的效果。某一形式之刑罰，可以在此時此地此情況之下，有其效果，但在他時他地他種情況之下，卻不必。但問題是：此刑罰在什麼時什麼地什麼情況之下，爲有效？又在什麼時什麼地什麼情況下，爲無效？功利主義者又要對此作出一般性的準則。再者，犯法者個人所携帶之變數（variables），對施加於其身之刑罰之有效性，有很大的影響，這些變數包括個人之文化背景、社會背景、教育背景、經濟背景、家庭狀況、精神狀況等等。簡言之，同樣刑罰，施加於兩個不同的犯法者，對其一可以產生預期之效果，但對另一則可能毫無效果。但我們怎樣知道？擺出來的事實就是：有些犯法者被罰之後，不再犯法，他們已受了重建（改造）或阻嚇，亦即刑罰對他們而言，產生效果。但亦有太多的事例，犯法者屢犯不改，屢罰不怕，即是說，刑罰對他們毫無或甚小效果。這些事例，構成了對功利主義刑罰之挑戰、或諷刺。

除以上所論之外，功利主義的刑罰論也受到報復論的猛烈批評。報復論建立在公平（justice）這概念上，而認爲公平是一回事，功效又是另一回事，因爲我們可以合理地設想，一個刑罰可能很有功效，但不公平；或者，很公平，但無功效。功效問題與公平問題是兩種考慮。在施行（加）刑罰時，我們要考慮刑罰之正確性（correctness）。所謂刑罰之正確性，乃指「所有犯法的人都被罰；二、只有犯法的人被罰；三、刑罰之輕重相稱於罪行之嚴重性或輕微性。符合以上三點，乃稱為正確之刑罰。但是，如果我們只根據功利原則作考慮，則以上三點都可置之不顧，只要能達乎預期效果便可：相對於第一點，我們可以不罰，或只懲罰一部份犯法的人，如果這樣做能達到功利主義所希冀的效果的話；相對於第二點，我們可以任意懲罰一個無辜者，如果這樣做能收「殺鷄警猴」之效果的話（這樣做，對於無辜的「鷄」是否公平？）；相對於第三點，我們可以重罪輕罰或輕罪重罰，只要這樣做能產生效果的話。明顯地，以上三種做法，都為功利主義容許，且承認（必要承認）如此之刑罰為合理。但這樣做，產生了公平問題。再者，懲罰一個人以阻嚇及警戒其他人，等於把這個人作為工具以達一目的，而對此目的，此人並無內在責任。這樣做相似於强迫一個人犧牲作祭禮。

二、報復論

報復不是報仇（revenge）。前者是社會的理性行動，它依循法律而且根據一道德概念而作；而報仇是個人的情緒行為，它可能不合法、不合道德。二者有明顯的分辨。報復論包含兩個基本命題，此即，(一)當罪有應得（deserve）時，刑罰必須施布；(二)刑罰之施加，只能當罪有應得時，亦只能達於罪有「應得」之程度。兩個命題表達不同意義。第一命題斷言社會之報復權（*jus talionis*）；❸第二命題要求報復之謹慎（*lex talionis*）。❹

關於報復權，康德這樣說：

什麼懲罰的模式和衡量，是社會正義〔或，公平〕所以之為其原則及標準？這就是平等原則，根據此原則，公平之天秤（the scale of justice）的指標不能讓其傾側於任何一邊。此原則可以這樣解釋，謂，任何人施加於他人其不應遭受之惡行，要被視為是施加於其自己。因而，我們可以這樣說：如果你誹謗他人，你就是誹謗自己；如果你盜竊他人〔財物〕，你就是盜竊自己〔的財物〕；如果你殺害他人，你就是殺害自己。這便是報復權。[5]

簡單地說，報復權就是「以牙還牙，以眼還眼」的權利。但報復權是以「公平」這道德概念作根據。「公平」以天秤來比喻。某人犯了罪行，就如把「公平之天秤」傾側而失去平衡；要把天秤回復平衡，就要對此人施加對等之回報。事實上，這概念，在中國民間亦流行，此卽「惡有惡報」之觀念。但在現代法律的立場說，此「惡報」不必亦不應等待來生，亦不必等待神明施加。社會的法律，卽應給予。刑罰之施加，乃是要維持「公平天秤」之平衡。如果惡而無報，則失去公平之平衡；又如果這樣可以道德地容忍的話，則其他不公平或不道德的事，都要容忍，但顯然這是違反我們的道德要求者。因此，刑罰不僅有道德之根據，而且是維持道德的公平的一個手段。

旣然刑罰之目的，乃是要維持公平，則刑罰之輕重多寡，亦必要極爲正確——毋枉、毋縱、毋輕、毋重。刑罰一旦失去正確性，則其目的便不能達到；而且，在某些情況下，此刑罰本身亦變成不公平而使「公平之天秤」傾側。第一，如懲罰了無辜的話，則此刑罰本身亦無別於犯罪，此卽，施加於別人其不應遭受之痛苦。第二，如果刑罰不能做到「當罰則罰」的話，則刑罰便不能達成其目的。「當罰則罰」有兩個意思，其一是，凡犯法的，都無可逃避地被罰，這是執法問題；如果犯法的人，有些被罰，有些沒有被罰，卽表示刑罰沒有達成其維持公平天秤之平衡。其二是，凡犯法的，都毫無例外地被罰，這是司法問題，這亦卽一般所言「法律之前，人人平等」的意思。第三，如果刑罰太輕，則顯然地，公平未達成。同理，第四，如果刑罰太重，則變成矯枉過正，公平天秤亦失去平衡。依以上分析，刑罰之正確性，是極爲重要的，因爲刑罰之道德理由，乃是維持公平，此亦卽刑罰之目的。如果刑罰本身不能達成其目的，則此刑罰便亦失去其存在之理由。刑罰是一種工具，其價值及存在理由，乃在於其能達成目的，否則，它便是無（工具）價值亦無理由存在。報復之謹愼原則，就以此刑罰之正確性來解釋。

報復論之最大困擾，就在於「公平」之實際運作。實現公平，就要做到「罪有應得」，亦卽做到刑罰之正確無偏差。但這有實際上的困難。第一是執法和司法上的偏差。這些偏差，幾乎是無可避免的，而亦是通常的事實。因實際的環境，執法機構不可能做到法網無漏的完美境界，亦不能絕對保證無寃枉或錯誤。在司法上，亦可以出誤差，因爲司法者事實上無可能完全排除個人成見、偏見、情緒等之影響。這些執法和司法上的偏差，雖不能完全消除，但仍可儘量改善。第二是「應得」之概念，難於在運作上界定。最簡捷，但也是最機械的想法，便是「以牙還牙，以眼還眼」、「殺人者，人亦殺之」。但這並不完全可能。一般來說，殺人償命，似是其應得之刑罰。但淫人妻子，則是否其妻子要被淫，以作爲其應得之懲罰？傷害別人身體，則是否其自己之身體要同樣的被傷害，以作爲其應得之懲罰？打傷別人兒子，則是否其兒子要同樣地被打傷，以作爲其應得之懲罰？這顯然不可如此。設使我們以其他形式之懲罰，例如坐牢，以回報惡行，但問題仍然存在，即，怎樣決定如何之懲罰、多少之刑期，乃是其罪行應得之回報？這是一個立法上的問題。舉例說，持械搶刼之惡行，要多少刑期，才是其應得之回報，才能無過無不及地回復那「天秤」之平衡？報復論並無，似亦不能，提供準則，以決定如何才是「應得」。在實際的立法行動上，報復論幫忙不大。

三、儒家的刑法觀

在一方面言，儒家的法律觀介於功利主義及報復論之間，即它兩種成份都有。但在另一方面言，它又與二者有根本上的不同。其一我們稱之爲刑罰的實效證定，另一則稱之爲道德的刑罰否定論。以下分別論述。

不管是功利主義或報復論，其目的都在企圖給予刑罰一個道德證定，以使之爲有道德理由。但儒學（家）對刑罰，並不作此企圖，甚至對於刑罰之存在，視爲是人之耻辱。在儒學的觀點，刑罰不應該存在，更無說使它成爲道德地合理。孔子被問及法律的事情時，說：「聽訟，吾猶人也。必也，使無訟乎。」❻儒家之理想，不在於證定刑罰之爲道德地合理，而在於希冀這世上根本不需要有刑罰。[7] 人施加刑罰於人，乃是對或表示人之尊嚴之貶抑。這卽是說，我們作爲道德主體之人，仍須要有刑罰設置，乃是人本身一種的道德的降格（morally degrading）。在道德的理想下，孔子反對刑罰之存在，他說：

> 道之以政，齊之以刑，民免而無恥。道之以德，齊之以禮，有恥且格。[8]

刑罰之有需要使用，預設了人之墮落，才至於有需要被罰。站在人類之觀點看，此並非人類自己光榮的事。再者，在刑罰之下，被罰者之自尊，必被壓抑，甚至於被破壞，故孔子說「民免而無恥」，人被降格爲他律的，被主宰、被制約的自然動物，此與儒家視人爲自律自主的道德主體之理想，剛好相反。孔子及整個儒家之理想，乃在敎化，以使人實現爲一個個的自律自主的道德主體，而刑罰再無存在之需要。相反於功利主義及報復論，儒家認爲刑罰之存在，正是一種道德的不光榮的事（moral disgrace），我們不應去證定它，而應設法去消除它。儒學追求一個「無懲的世界（A World With No Punishment）」，此也許是烏托邦，但也是道德的理想。[9]

在孟子，刑罰亦不被正面地肯定。例如孟子說：「如施仁政於民，省刑罰……」；[10]「若民則無恆產，因無恆心；苟無恆心，放辟邪侈，無不爲已，及陷於罪，然後從而刑之，是罔民也……」。⑪總的來說，儒家所追求者，根本地不在於刑罰之公平，也不在於刑罰之有效，而在刑罰之消失——無處可用。就此理想言，儒學之刑罰觀大異於功利主義及報復論。

在道德的基礎上，孔孟雖不積極地肯定刑法，但此也並非說刑法可以立刻消除。事實與理想，仍有很遠距離。事實就是：人人雖可爲堯舜，但事實上未成堯舜。在此現實的世界中，刑法仍有其存在之需要。「蓋孔子雖有天下歸仁之理想，而亦深明人類天賦不齊之事實……天下之民不能率教而同化者殆不在少數。卽此一端論之，已足見國家不可廢法令刑賞之事。」⑫孟子說：

> 今有仁心仁聞，而民不被其澤，不可法於後世者，不行先王之道也。故曰：徒善不足以為政，徒法不能以自行……聖人旣竭助馬，繼之以規矩準繩，以為方員平直。」⑬

仁政德教，是政治之基本原則；但只靠仁政德教，在現實上亦有所不足不行，而需要刑法輔助。因而，刑法有現實上之需要。

但我們要注意到，刑法之重新被肯定，並不是在道德之基礎上，而是在實效的（pragmatic）基礎上。儒學所給予刑法者，不是道德理由，而是實效理由。在此，我們要分辨「道德的」和「實效的」之不同。此「實效的」，不是指皮爾士（C. S. Pierce）或詹姆士(William James）之所言，而是依據康德，如下：

> 一些制裁之稱為實效（pragmatic），……不是指由國家的自然權所引出之必然法律，而是指基於全體福利之預見而誕生者。⑭

我們把這個「實效的」的意義，放入這裏的脉絡（context），作一解釋，如下：刑法之存在，乃是基於現實之需要及基於全體利益之考慮而誕生的。這裏所給予刑法的，是實效理由，不是道德理由。在儒學的標準下，仁心及由仁心直接發生的，方稱爲「道德的」。仁心所直接發生的，乃是不忍人之心、辭讓之心、羞惡之心等，而不可能是報復或懲罰之心。作爲懲罰或報復工具之刑法，不可能直接以仁心爲根據。換言之，刑法之存在理由，不是道德（儒家的）理由；而其存在，乃只基於實效理由。

孔子和孟子了解到刑罰之功利價值，而在這一點上，予以「暫時的」肯定。所謂「暫時」，意思乃是：刑罰在理想上最終都要被廢除。儒學會同意功利主義對刑罰之證定，但這是一種權宜的、暫時的同意，也是一種有保留的、有限度的同意。

所謂有保留、有限度的同意，乃在於儒學並不同意功利主義之完全依賴於刑罰以作阻嚇之用。在儒家觀點看來，刑罰之阻嚇，只是在教化週邊的輔助位置，而不能在主位，教化才是主位。功利主義之刑罰論，並不排除嚴刑峻法之可能性；只要有所需要，功利主義會容許施行嚴刑峻法，以收阻嚇之效，但這是儒家所徹底反對的一種措施。

在法律之執行時，儒家採取一種寬容的態度。此寬容態度，不作功利之計算，亦不是「以牙還牙」的報復主義。這種態度，表達在孔子以下一段話：

或曰：以德報怨，何如？子曰：何以報德。以直報怨，以德報德。⑮

若依照報復論的公式，則孔子就要說以怨報怨，即是以等價的懲罰，以回報惡行。孔子之語，其意在處理人與人之間的恩怨，但從中也可以發掘出一關於執法的態度。「以直報怨」是典型的儒家思想。消極地說，「以直報怨」就是不必以怨報怨——惡行不必即以等價的懲罰回報。積極地說，「以直報怨」容許三個可能，即一、以怨報怨；二、以德報怨；三、以減弱的怨報怨。用現代的語言說便是，一、以等價的懲罰回報惡行；二、寬恕此惡行；三、對惡行作相對地輕的懲罰。在實踐上又如何取捨？此就是以仁心之所安、仁心之決定而作取捨，此就是以「直」報怨。孔子並不贊成當下即以德報怨，也不斷言以怨報怨，究竟何者，由仁心作具體的決定。此態度之所以為寬容，乃在於它對惡行者留出餘地，使惡行者有被寬恕或被減輕刑罰之可能。根據報復論的嚴格公式，惡行者不被容許有這些可能，因為「公平的天秤」必要以等價的懲罰回報惡行，才取得平衡。寬恕或減輕刑罰，為報復論所不容。

最後，我們考慮儒家對死刑的看法。依儒家的仁心哲學，似不會贊成死刑。但在一限度的意義下，儒家又容許死刑的存在——至少在理論上的存在。孟子說：

康誥曰：殺越人於貨，閔不畏死。凡民罔不譈，是不待教而誅者也。⑯

又說：

賊仁者，謂之賊；賊義者，謂之殘。殘賊之人，謂之一夫。聞誅一夫紂矣，未聞弒君也。⑰

在一個情況之下，死刑是有其需要的。對殺人越貨，閔不畏死者，及殘賊之夫，我們有理由把其「除去（eliminate）」。以下我們試圖建構一個儒家的論證，以證定死刑之可存在。

在儒學中，人之為人，以其仁心仁性來界定。故當一人埋沒其仁心仁性，以至不可救藥，則此「人」便失去其為人的資格，而稱為「非人」。孟子說：「無惻隱之心，非人也。無羞惡之心，非人也。無辭讓之心，非人也。無是非之心，非人也。」⑱「人」的定義是：有道德本心本性的自然動物。如果缺失了此道德本心本性，則只是一自然動物。當一「人」以其自己之行動，顯明其本心本性之湮沒無光，則此「人」便降格為僅是自然動物。

作為自然動物，亦不必立即要被除去。但如果此自然動物，變成是人（humanity）的矛盾項的話，則此自然動物就要被除去。在邏輯上及事實上，自然動物與人之彼此關係，有三個，即一、此自然動物有利於人；二、此自然動物與人可以互相容納，不必有利，但亦無害；三、此自然動物有害於人，而成人的矛盾項。在此第三種關係下，人有邏輯之理由，把此矛盾項除去。因爲在邏輯上，兩個互相矛盾的項目，不能共存。我們站在人自己的立場，當然沒有理由把自己除去，以保存人自己的矛盾項，故只能將此矛盾項除去。今設使有一「人」，通過其行爲，證明其爲人之矛盾項，則我們作爲人，有理由將之除去。

「人的矛盾項」是一邏輯概念，在實際上，此概念需要被解釋，即要被賦予一個行爲／動機定義（behavioral / motivational definition）。此定義將指明什麼的行爲及動機，就構成「人的矛盾項」。此定義之作出可能是困難的事，亦可能出現不同的意見。但無論怎樣，皆不影響我們的論證，即至少在理論上，儒學同意對「人的矛盾項」施行死刑。

附註

❶ 以韓非、李斯爲首的法家理論，並無道德根據，也不合乎我們現代的立法之道德目的，因爲其理論本質地是一種帝王術，縱使其有效果，但其目的及根據，缺乏道德之支持。

❷ Jeremy Bentham, *An Introduction to the Principles of Morals and Legislation* ,reprinted in W. T. Jones, Frederick Sontag, & other,ed., *Approaches to Ethics*, 3rd edition (New York: McGraw-Hill , 1977), p.251。

❸ 參考Kant, *The Philosophy of Law* ,trans. by W. Hastie (Edingburgh : T.&T. Clarke,1887), p.196。 Cf. Kant, *The Metaphysical Principles of Virtue* ,trans. by James Ellington (New York : Bobbs-Merrill, The Library of Liberal Arts Edition,1964),p.125。

❹ 參考Kant, *The Metaphysical Elements of Justice* ,trans. by John Ladd (Indianapolis,1965), p.100。

❺ Kant, *Philosophy of Law* ,p.196。

❻ 論語，顏淵，第十三章。

❼ 蕭公權謂：「孔子之治術傾向於擴大教化之效用，縮小刑政之範圍。」中國政治思想史，上，聯經出版公司，一九八二年，六十七頁。

❽ 論語，爲政，第三章。

❾ "A World with No Punishment"借自Ariel Yoav, "A World with No Punishment," *Bulletin of the Chiness Philosophical Association* ,Vol. 3 (June , 1985), Taipei ,pp. 737 - 54. 在此文中，歐永福（Ariel Yoav）同情地討論儒家之法律（刑罰）觀，而稱儒家之刑罰論爲「烏托邦」——一個價值地模稜兩可的名字。

❿ 孟子，梁惠王，上，第五章。

⓫ 同上，第七章。

⓬ 蕭公權語。見中國政治思想史，同上，頁六十七。

⓭ 孟子，離婁上，第一章。

⓮ Kant, *Groundwork of the Metaphysics of Morals* , trans. by H. J. Paton (New York : Harper & Row,Torchbook edition , 1964), p.84 : 417 note ; Cf .p .57 : vi .

⓯ 論語，憲問篇，第三十六章。

⓰ 孟子，萬章下，第四章。

⓱ 同上，梁惠王，下，第八章。

⓲ 同上，公孫丑，上，第六章。

第七章　儒學與教育

一、教育的內容和方法

教育是人自求改善及改進目前現實以期未來能合乎一目標或理想的行動；它是人企圖引導及塑造其「明日之自己」的努力。教育是有向性的；它必包含一個自覺的、或遠或近、或明白或隱蔽之目的。具體的教育，就是爲求達到某教育目的之行動。顯然，教育必包含目的與活動兩部分。

教育活動最少可分成兩個部分來研究，此即內容和方法。教育內容乃是針對「教什麼？」這問題而言；我們所具的學校課程，亦是教育內容的一部分。一個完整的教育歷程，至少應包括護養、約束（Discipline）、知力（知識）培養、品格培養四階段，但事實上，很多的教育都只是（或只能）集中力量於某一方面，例如知識之傳授。就教育內容之重點或其特性而言，教育就有各種類型，比如通才教育、語文教育、社會教育、文藝教育（Literal Education）、職業教育、專業教育、道德教育、宗教教育、軍事教育、體能教育、知能教育、實用教育、文化教育（Cultural Education）、公民教育、情感教育（Emotional, Conative Education）等。教育之種類愈多，顯示出教育內容之週全性愈大；然而，由於實際環境、教育哲學、及其他因素的影響，某些教育類型會受到重視而某些則被忽略。

教育內容之制定或選取，所要考慮的因素及所受的限制甚多，例如經濟、政治、師資、社會需求、教育概念等。但教育內容之釐定，亦有若干基本原則可供依循，我們可討論兩條，分別稱之爲一致性原則（Principle of Consistency）和最佳效益原則（Principle of Optimum Benefit）。積極地說，一致性原則要求教育內容爲達致教育目的之最有效手段；內容與目的有明顯密切的正面之連繫；消極地說，此原則排拒與教育目的矛盾或不相干的內容或課程。一致性原則可表述如下：教育內容是正面進取或達成教育目的之手段。最佳效益原則要求教育內容與現實有積極性、建設性的連繫；此「現實」乃包括學生個人、社會、及國家，換言之，最佳效益原則要求教育內容對學生之個人、或社會、或國家、或共同三者能提供最大的好處和利益——此將包括精神的與實質的、迹近的或長遠的。我們了解到，教育對個人、社會、和國家而言，都是一項投資，此包括精力、時間、和金錢，我們自然地意欲這項投資帶來最大的回報。❶

教育方法有很多，而且可不斷創新。一切教育方法之基本原則，乃在尋求一些最有效的方法，以使受教者（即學生）收納最多、最優良之教育內容，而成爲其思想、或體能、或性格、或能力的構成部分，而同時又使受教者本身所蘊藏之優良品質獲得發展和生長。傳統的教育方法主要依賴講授、灌輸、强迫、示範、和練習等，這是以教師和權威爲中心的、單向的教育方式。如果我們以洛克之認識論的假定爲基礎，則這種方式在理論上應該是最有效的，因爲洛克認爲人心智如一張「白紙」，可接受任何的印象輸入。現代對教育方法和教育心理學的研究，衝破了傳統的方式，也放棄了洛克式的假定。新的教育方法的概念，是以學生爲中心，而承認人的知覺有其主動性和選擇力，亦有其個別的內容。新的技巧包括引導、啓發、討論、參與、和實踐等。通過柏士德羅兹（Johann Heinrich Pestallozzi）、賀伯特（Johann Friedrich Herbart）、何雅（Stanley Hall）、詹姆士（William James）、及桑第格（Edward Lee Thorndike）等人的努力，教育方法學獲得了關於教育方法之若干基本原則，此卽（學生）自動原則、動機原則、統覺原則、個別化原則、和群體化原則。這些原則分別使我們肯定及注意到學生方面之反應、興趣及動機之所在、過去及現目之個人經驗、個別能力之不同、及其在社會或同儕中之自覺和需要。

我們對課程及方法的研究，就是企圖尋求對「敎什麼？」和「怎樣去敎？」這兩問題的最佳答案；而這種努力是繼續不斷的，因爲沒有人能合理地肯定某些答案爲「最終答案」，新的發現或理論經常都可能存在於我們前面。

二、教育目的

教育內容和教育方法是教育活動的主要部分，但我們不能忘記它們仍只是一種工具，它們的存在和重要性，乃是從教育目的申引出來的；實際課程及方法之設計，須要與目的有最大最緊密之聯繫；沒有一個特定的教育內容或方法是普遍必然的，它們乃是相對於目的而有效。如果我們以禪家的「禪頭」和「公案」式的頓悟方法來教學生物理學，而目的在希望他們成爲出色的運動員，那我們大概會有很大的失望。

教育目的對教育活動有理論上和實踐上之先在性。它是活動之目的因；我們依之而了解及證成某教育活動之發生和存在的理由；卽使就最原始的教育活動言，例如燧人氏教人鑽木取火，也有其本能的、生物學的目的。教育目的在實踐上亦是一指導原則；它作爲一參考體系（Reference frame）而對教育內容及方法之選取與設計，有約束性及（或）指引性的作用。教育目的同時亦是一協調者（Co-ordinator）；在一高度精緻工巧的教育系統中，目的能把此系統中的雜多部份和程序協調聯絡起來，而使之成爲一連續及融貫的整體，例如學校教育之程序及其各科目之配合，就須要統屬一共同目的之下。教育目的亦是衡量教育成果的指標；教育成果之滿意與否、或成功或失敗，乃是對照於目的而言，成果與目的之差距，可以顯示教育成敗之程度。

目的之釐定在整個教育設計中，是爲首重要的一環。無論一間學校或一個國家，若有「適當」之教育目的，則個人以至社會都會獲得好處；如果我們粗心大意地處理這問題，則教育之第一步可能已是失敗之教育的種子。如何方爲「適當之教育目的」，正是教育工作者、哲學家、政治家、社會學家、心理學家等所要仔細考究之問題。我們亦了解到，此問題並無先驗地普遍的答案；對「適當性」之決定，乃是實踐識智（Practical Intelligence）與經驗研究（Empirical

Researches）結合之成果。以下我們將討論教育目的之種類及教育目的之理想性與現實性，而希望對教育目的之釐定及對我們之可以合理地期望於教育者，能作若干幫助。

教育目的之種類，可依其性質來劃分，但此劃分卻不必是清晰明確的，而亦無此需要；有時，一目的會含有多種性質。下列之範疇，可有助於我們掌握通常之教育目的之性格，此卽實用性、人文（文化）性、道德性、宗教性、和學術性五種。這些範疇並無奧義，故今以實例而略加說明。

㈠實用性之教育目的，是現代最普遍、最流行之一型態，此反映出現代教育之趨向。實用主義的教育有很長遠的歷史；古羅馬之教育的目的，乃在訓練優良的公民、士兵、和工人；中國的墨家教育，亦是典型的實用型態。培根（Francis Bacon）認爲教育之最終目的，乃在於通過知識之應用，以加强人的力量以主宰自然；純粹理論科學要爲應用科學鋪路。以實用爲目的之教育，並不着重所謂精神價值或純粹知識之內在性質（Intrinsic quality），而是以解決現實生活之問題、改進生活之內容及質素、應付社會或個人之實際需要，及獲得具體可見之成果爲依歸。實用主義教育並不排除諸如人文或文化教育，而是在效用（Utility）的基礎上接受或檢定它。現代對實用主義教育給予最有力之哲學詮釋的，要以穆勒、斯賓塞、及杜威爲首。實用主義教育有利於工藝、技術、應用科學、實務知識、專業知識等之發展。

㈡人文教育亦可稱爲文化教育（Cultural Education）。如果實用主義教育是一種硬性的、外向的教育，則人文教育可說是一種軟性的、內向的教育。此種教育注重個人人格之全面及和諧的發展，此中包括身體與心靈（指知、情、意）之均衡。我們所希冀之五德，卽德、知、體、群、美，乃是人文教育所指向之目的；古希臘以柏拉圖爲設計師的通才教育，理想於身心之和諧發展，亦是人文教育之目的。但最典型的例子，乃是文藝復興期在意大利流行之人文主義教育；它一方面重提古希臘通才教育之理想，另一方面亦强調個體人格之充份發展、自我實現、與自由表達，以創造一美好、充實、及豐盈之人生。此種教育着重於古典經籍、語文、文學、藝術、哲學、數學、及修辭學等之研習。一個完滿的人格模型，理想地應具有深博之知慧、優良之品德、敏銳之審美力、活潑之創造力、以至均衡健美之軀體、斯文典雅之儀容談吐等。此乃是人文主義教育所指向之目標。

㈢道德的教育目的，可以說是普遍的、共同的目的；幾乎任何類型的教育，都含有或輕或重的道德課程；但重點地、突出地標明一道德理想爲教育之目的者，則似乎在中國才有。此種教育以孔子及宋明儒者所推行者爲典型。宋明儒設立書院，教人通過各種修養工夫，例如正心誠意、用敬主靜、格物致知等，以求復原其本心、天性之本體而實現天理。此種教育之目的，就在追求道德自我之挺立以進至道德人格之全幅完成。此是「成德之教」，其內容是教「德性之知」。除了宋明儒以外，孔子的教育，亦是以一道德理想爲目標。但孔子之教育，卻並非與宋明儒之教育，完全地屬同一類型。孔子之教育，含有明顯的人文教育成份；其教，包括禮、樂、射、御、書、數六藝及文、行、忠、信四教。孔子同時强調，人之外在行爲或成就，包括詩、書、禮、樂之教，皆應以一道德實體爲底子，此卽仁。孔子的教育，是全人教育，顧及個人之知性、德性、美感、身體、以及儀容行止等之平衡發展，此正是人文主義教育之目的；但孔子又把這種圓型人格之發展，緊扣於一個更基本的道德之目的，就此而言，孔子之教育，落於歐洲人文主義教育之模型。爲顯示孔子教育之特徵，我們將稱之爲一種道德的人文主義教育。

㈣概括地說，宗教性之教育目的，就是對神聖（Divinity）的服從及服務。以此種目的而行之教育，在西方及回教國家有悠久的傳統。中世紀的歐洲教育，卽完全由教會主持；早期的基督教，以靈魂之救贖和「現世——罪惡——肉體」之解脫爲目的；十八世紀初期美國的哈佛、耶魯、和達摩（Dartmouth）等學院，仍明白地以神職和公職人員之培養，及基教化（Christianize）印第安人爲宗旨。宗教性之教育，當然以貫切（Perpetuate）及推廣某一信仰爲基本目的，但它亦含有强烈而顯明的道德教育。無論天主教或基督教，其教育之內容，總包含條列式的道德訓誨或守則，此如寶山十誡以至清教徒的嚴格之生活規律；中國民間的通俗佛教，有如生死輪迴、因果報應等具恐嚇性之道德訓誡，亦有如慈悲濟世、樂善好施等積極性之群體道德教誨。在基督教及回教主持下之教育，雖然以一宗教信仰爲依歸，但其內容亦並不局限於宗教或道德材料，其課程亦包含甚多「俗世」知識與技能，例如軍事訓練、職業訓練、或傳統之七藝（文法、修辭、辯證、算術、幾何、天文、和音樂）以至醫藥、法律、自然科學等。不過，現代之神學院，其教育重心則完全在神職人員之訓練及對宗教經典之研讀與解釋。

㈤學術性之教育目的，卽是以純粹學術趣味及知識之追求爲宗旨的教育。此種教育始於十九世紀初期德國的若干高等學府。不過，其源頭可回溯至古希臘人純爲知慧而研究之求知態度中找到。德國之若干大學，如柏林、波恩、慕尼黑、海德堡等，打破了傳統的「敎育下一代」的觀念之束縛，轉而强調獨立、自由、始創的學術研究，以擴大和加深人類各方面知識之廣度和强度。根據這概念，大學敎授及研究生可以在各知識領域內，就其興趣，盡其所能地尋根究底而不受外來之干預，如政治、宗敎、經濟、道德等之干預；換言之，他們在受到保護或隔離之「象牙塔」內，有最大的獨立與自由以進行其研究，其唯首目標，就是本行知識之極至。這個概念使德國獲得極高之學術成就而成爲當時歐洲學術界的領袖；美國研究院制度之里程碑，卽約翰鶴健士（Johns Hopkins）之成立，也是仿襲德國之大學而來。中國古代亦有類似的現象，此卽佛敎中之大和尙，深處廟院中專心無擾地鑽研經典，其成績就是洋洋大觀的大藏經。嚴格地說，這種純粹以知識爲目的之敎育，已不是敎育，至少不是一般所了解的敎育，而是一種追求。但是，任何敎育都必包含學術趣味，因爲敎育的一大部份，就是發掘知識和傳授知識；沒有了知識，也沒有敎育可言，因爲沒有東西可敎了。

以上之分類，並不窮盡，亦只是簡化的、方法上之分類。敎育除了可有以上之目的之外，仍可有政治、經濟、軍事、以至私人的目的；事實上，敎育目的之複雜及變化之程度，非我們於此所能論及。但有一點必須指出，卽敎育可同時具有多個目的；換言之，敎育可同時負上多方面的任務及產生多方面的功能。如果我們對敎育目的作過份單純的了解，則我們亦不能掌握到敎育之全面意義及其牽涉之範圍。

三、教育的理想性與現實性

事實上，教育與其他人類活動一樣，並非亦不能自己孤立地獨成一家；它當然有其自己運行之內部法則與規律，但它同時亦是存在於一個更大的網羅之中，這個網羅就是界定教育的全面意義及牽涉範圍之基礎，亦就是教育所生存於其中的現實；教育無法、亦無理由脫離這個網羅、這個現實。但很弔詭地，教育又不能安詳自滿地求存於這網羅或現實中，因爲教育乃是人自覺地要求改進及改善當下現實的努力。如果它沉溺於現實之底，則它不但失去其存在之理由，且會在不知不覺中使其所依存的網羅或現實，腐朽、退化、而至瓦解。教育就是處於這個弔詭的境況中（Paradoxical Situation）。但它必須要處於此境況中，這是它的適當地位，因爲它必須具有中介性格及中介性的功能；它一方面存在於當下，但另一方面又要趨向將來；它一方面要知覺、了解，及感受到現實之需求及狀況，另一方面它又要給予現實以新的靈感、新的啓發；它一方面依此現實而生存及受其束縛並要承認此種依存和束縛，但另一方面又要領導此現實及爭取更大的自主。

教育目的之釐定，必須反映教育之此種中介性格。如果教育目的不能做到這一點，則其所引導之教育活動，亦將不能產生中介的功能。要反映教育之中介性，教育目的必須具有兩種性質，即現實性與理想性。

所謂現實，乃是由各種力量所構成的錯綜複雜的結構（Structure），這是一動態的、機體的（Organic）存在。要窮盡地列擧這些構成力量乃是不可能的，但我們可以指出與教育有顯著關係之若干勢力，此卽政治結構（狀況）、經濟結構（狀況）、社會結構（狀況）、傳統及宗教之活力、現實環境之需要、教育和知識界之水平、特殊個人之理想及努力、外來或偶發之力量等。教育乃要在此種環境中生存，亦要受此多方面力量之影響。

教育目的之現實性，卽由這些力量所界定；教育目的無可避免地要反映由環境而來的因素。今擧兩個例子來說明此點。在二次大戰初期，美國教育界感受到民主政制之受到威脅（卽來自亞洲之軍國主義及歐洲之共產主義、法西斯主義、和納粹主義之威脅），乃有一個以柏格利（William Bagley）為首的所謂本質運動（Essentialist Movement）。本質主義者强調學生基本能力之訓練，此卽閱讀、寫作、語文、數學、及紀律等。這些基本能力，乃是學生用以發展及吸收進一步知識、精巧技能（術）、及作正確判斷的心靈力量；而此又是了解民主政治和保衞民主制度之所必要的——此正是本質主義之最終教育目的。

經濟型態及狀況對教育的影響，更是無可避免，此特別以工商業為基礎的經濟結構而然。經濟與教育之關連，可有兩個極端，其一是經濟目的與教育目的不相為謀甚或互相衝突，另一則是教育目的完全隸屬於經濟目的之下而為其附庸。兩個極端都會造成很大的害處。擧例來說，在古代中國的農業社會中，經濟目的與教育目的並無配合；農業經濟得不到教育之「反哺」及提携，此見於農耕技術之得不到改進及農村之知識文化水平低落等現象。教育是一種經濟消費，而此消費在那時代歸根究底乃是由農業成果所支付；而另一方面，敎育成果（及目的）並沒有「反哺地」給農業經濟帶來好處，無論有多少個進士或狀元，村夫愚婦仍是村夫愚婦，忠實地依祖傳秘方耕田，虔誠地祈求免於天災蟲害。更弔詭的是，如果人要脫離農村，其最佳辦法乃是受更多的敎育。然而在一以工商業爲基礎之經濟結構中，工商業之價値觀，例如實用主義、成本與利益之分析、效率與效果之衡量、專業性（Professionalism）與技能之重視等，會强大得足以淹蓋敎育之其他目的；敎育與受敎育之目的，最終地都化約爲經濟目的。在此種情況下，所謂人文敎育或完人敎育，是沒有地位的。

以上只是就兩個極端而言，經濟與敎育之關係，不必卽爲二者之一，而可以是一互相依賴互相溝通的共利關係。

除了政治與經濟之外，社會狀況、傳統及宗敎、環境之需要等等，對敎育都有其一定的影響力；敎育目的事實上無法不考慮到現實之各種要求。在理論上，敎育亦沒有理由不照顧到現實之需要或要求，因爲敎育是人自求改善現實的努力，它必要與現實有緊密的聯結；脫離現實的敎育，對現實之個人或現實之社會，毫無好處。總結地說，敎育必須了解到、感受到、知覺到其自身所處之現實，而同情之、照顧之、提携之；敎育目的必須包含或考慮到政治、經濟、社會、傳統、個人、及環境等之需要而有所感應。

敎育之中介功能，一方面由其與現實之關聯而界定，另一方面則必須依賴其本身之理想性而得穩定。所謂敎育目的之理想性，是指敎育必須維持或保有一種追求完善（Excellency）的慾望。能夠以此追求完善的慾望爲底子、爲動機之教育目的，就是有理想性的教育目的；換過來說，一缺乏理想之教育，就是「沒有慾望去追求完善」之教育。這是一定義。

「完善」本身只是一普遍的形式概念，可定義爲「最佳極限」。其實質內容，要層層落實於具體的指定（Specifications）中，才可給予。我們可以有政治之完善、經濟之完善、道德之完善、社會之完善，以至組織之完善、管理之完善、工藝之完善、技巧之完善、身體之完善等等。總而言之，人之每一活動、每一從事、每一行業、每一學問、每一思想行爲等，都可有「完善」可言，卽有其自身之最佳極限。最佳極限之準則，只有在其指定的範圍內給予，而只亦在其範圍內有意義；完善管理之準則，與完善身體之準則，並不一樣。

如果人之任何一項活動或從事，都可有其完善之境，那麼，我們就任何一項從事，都可有追求其完善的慾望，則就教育而言，又有何特殊的意義？

我們了解教育爲人自求改善或改進當下現實的一種努力。就個人而言，當其自己感到或知到自身之缺憾時，他（她）將求受教於別人，亦可以自我教育，以求消除其自身之缺憾。假定某個人在開始時，認爲其不懂音樂爲一缺憾，則他可接受音樂教育，而終於熟識音樂。就此個人之始終而比較，顯然其「受教後之我」比「受教前之我」有所改善。以此例子作爲一模型，我們可有如此之理論：教育前之任何個人，有一組特徵，稱爲始格（Initial Characteristics），例如不懂音樂、認字五百、只懂加減數等等；教育後之同一個人，有改善了的同組特徵，此時稱爲終格（Final Characteristics），例如熟識音樂、認字五千、懂加減乘除數等等。此時，我們將說，這個人之終格特徵比其始格特徵爲可欲，這個人得教育而有所改善。此理論可擴大以指涉到一群人、一族人、或一國人。例如說，就某國之全國人口言，能夠閱讀的佔百分之十，此是其始格特徵；在教育之後，有百分之九十能閱讀，此是終格特徵，而是所欲者。顯然，這國人得教育而有所改善。

無論何種類型教育，人文教育、軍事教育、職業教育、情感教育等等，縱使其內容、方法、表明的目的等都互相不同，但只要它們能稱爲教育，它們都有一共同的因子（Common Denominator），此就是改善其當下現實之慾求，就是追求完善之慾望。它們之不同，只在選取其始格特徵爲改善之對象而言，有所不同；但就其追求完善之慾望言，它們都一樣。

追求完善乃是教育之本質目的（Essential End），是教育之爲教育的要素；如果沒有了追求完善的慾望，則此教育已失去其自己。就其他從事或活動言，追求完善可以爲一責任，而不必爲其要素；如在道德範圍內，我們有責任去追求自身道德之完善，但若我們能安心於爲一賢者而無欲於成一聖者，我們仍可固執賢者之德而不自相矛盾。但就教育而言，則追求完善不僅爲一責任，且爲其自身存在之要素；教育而無欲於追求完善，乃是一自我否定，此時，它再不能合理地稱爲教育。

因而，任何教育目的，如果缺乏理想性，亦即放棄追求完善之慾望，亦即背離教育之本質目的，則它將不成爲教育目的而可化約爲其他諸如政治、經濟、宗教等之目的。此時之教育，只有現實性而無理想性；它對現實之任何方面，並不能作恒久之貢獻。

教育處於現實與理想之界線上，其目的亦必須在此界線上取得危微之平衡；一個泥於現實或一個迷於幻想之目的，只能引導我們進入更深之假象，因爲二者皆不能實質地成就什麼，但它們都能夠給予我們一種表面的安慰。

四、儒家的教育哲學

孔子所追求和實行的，是道德的人文主義敎育，此種敎育的目的，乃是要塑造個人的圓型人格。此圓型人格的核心部份，就是道德的完善——此亦是終極目的。所謂道德的完善，便是仁心仁性的完全展現，換言之，此即「聖人」之完成。大學說：「大學之道，在明明德，在親民，在止於至善。」這裏說「親民」，可作「新民」解，而所謂「新」民，用現代語言說，便是「敎育」。「明德」就是如詩經所言之「民之秉彝，好是懿德」之天德；天德就是仁心仁性。明「明德」，是啓發開展此仁心仁性。故中庸有說「自明誠謂之敎」，此「明」與大學所言「明」明德之「明」，同一意義，即啓發開展，此就是敎育。因此，儒家敎育之終極目的，乃是仁心仁性的完全展現；敎育之活動，乃是在啓發開展此本有之仁心仁性。以上所言，仍只是就個人之完成而言敎育目的，但儒家之敎育目的，亦並不只限於個人而言。

在一更大的範圍來說，敎育亦是要完成社會或世界之「至善」。儒家的道德追求，並不只限於個人，而要由個人以始，而推及於所有人。因而，敎育之目的，廣義地，乃是社會或世界之達於道德的「至善」，此亦即「天下平」或「大同世界」的意思。要追求社會人羣之達於至善，就並不是每個人關起門來「修自已的心、養自己的性」可以達到，此根本不是儒家的精神。因此，教育之目的，必須「推出去」以客觀化其自己，而關連到社會——視整個社會爲一個要受教育的對象。我們了解到，教育是一種追求完善之努力；若我們把社會視爲一整個體，則教育便是要提撕此現實之個體，以使其完善。我們再回頭考究大學所謂「止於至善」之意義。我們可問：誰的至善？依照儒學的道理，此當然是每個人的至善。但此又可分解成兩種相關連的意義，此即一、個人之至善，二、所有個人之至善。在這第二種意義，我們就可總括來說，是社會全體之至善。社會全體之至善，雖與個人之至善，互相關連，但並不等同。個人之至善，可以由「仁心仁性之完全開展」加以界定，但社會全體之至善，包含此個人之至善，然又有更多的意義。社會雖由個人所組成，但它不等於每個人加起來的總和，卽是說，社會此一個體，有很多品質，爲每個人所沒有的。借用一個心理學的名辭說，社會有其不屬於任何個人的型態品質（gestalt qualities）。因此，就個人而言敎育目的，與就社會全體而言敎育目的，有相關但不相等的意義。

那末，我們就要問，社會之「止於至善」是什麼意思？此包含兩方面，其一是每個人皆止於至善；其二是社會之一切運作或品質，皆止於至善（完善）。就個人而言之「至善」，是道德的內在價值（intrinsic value），就社會而言之「至善」，是道德的工具價值（instrument al value）。工具價值是在其成全內在價值而有。換言之，社會之至善，乃在其成全個人之至善而有，它雖是工具，但卻是必要之工具。我們可以這樣設想：如果社會政治腐敗、經濟貧困、秩序混亂、知識低落等，則個人之仁心仁性是否能「安」？此顯然不能者。儒家之教育，並不專限於「修心養性」一回事，此是根本，但不是全部。孔子亦教人六藝，就不是專只教人修心養性。社會之「止於至善」包含個人內在德性之完成及外在工具之完善化。那末，這些作爲道德實踐之工具是什麼？那就是道德善（moral good）以下的一切其他「善」，此包括科學知識、經濟、政治、藝術、體育、等所能達到的「完善」。

王陽明有以下一段話，可表示儒家的教育思想：

> 蓋性分之所固有，而非有假於外者，則人亦孰不能之乎？學校之中，惟以成德為事；而才能之異，或有長於禮樂，長於政教，長於水土播植者，則就其成德，而因使益精其能於學校之中。❷

教育之終極目的，乃在成德，而其他才能（工具），要亦使之「益精」。王陽明沒有否認工具善之價值，但他似乎未能給予工具善更明顯更重要的地位。他說：

> 〔聖人〕教之大端，則堯、舜、禹之相授受……而其節目，則舜之命契，所謂「父子有親，君臣有義，夫婦有別，長幼有序，朋友有信」五者而已。唐、虞、三代之世，

教者惟以此爲教，而學者惟以此爲學。❸

這是儒家教育的終極目的，也是其根本。但我們不能以此卽爲教育之全部。道德教育固是一切其他教育之目的及基礎，但道德教育不能是唯一的教育。以道德教育爲唯一的教育，則只有「內聖」之學而沒有「外王」之學，雖然內聖是外王之根本，但光是內聖，則有不足。圓滿的儒家教育，應是兼「內聖」及「外王」之教、之學。

附註

❶ 拉丁美洲國家的「大學教育，歷史悠久，學校甚多，學生數目龐大；國家及社會對大學教育的投資，極其驚人。但是大學教育一直到今天，一百餘年，都沒能達成大學教育的效果。」此報告根據梅可望，《大學教育與國家建設》收於中國文化論文集，第四冊，東海大學，1982年初版，p.300。此種失敗，顯然可用最佳效益原則予以理解：他們的教育，違背了此原則。

❷ 王陽明，傳習錄，中，答顧東橋書，pp.130—1。

❸ 同上，p.130。

第八章　儒學與藝術

一、道德與藝術之表面衝突

徐復觀對中國哲學與藝術的關係之研究，獲得了如下的結論：「中國文化中的藝術精神，窮究到底，只有由孔子和莊子所顯出的兩個典型。由孔子所顯出的仁與音樂合一的典型，這是道德與藝術在窮極之地的統一，由莊子所顯出的典型，澈底是純藝術精神的性格，而主要又是結實在繪畫上面。」❶一個中國文學史家亦作出相同的判斷：「中國之文學批評，不是論得太切實，講文以載道，便是講得太虛玄，論文之神味；前者是儒家思想之發揮，後者是道家思想之影響。」❷這是一個歷史的判斷，即傳統的藝術，是以儒、道二家爲基底而開出。

黃友棣在一篇名爲「以中國正統文化精神救治現代音樂的沈疴」的文章這樣評論說：「中國的音樂乃是愛生活的音樂——歌頌自然，歌頌和諧與愛。這種生活音樂，以人性爲本……生活音樂，是內心的德性表現，可以與各種宗教音樂相融和而無衝突；這是中國音樂的特點。」❸他更進一步說：「中國的藝術觀點，眞、善、美，皆建立在道德基礎上。與道德脫節的藝術，根本不成藝術。」❹這裏所要表達的一個觀點是：現代的中國藝術應該以中國儒或道家之精神爲基底。

這裏便產生一個問題，儘管傳統的藝術是以儒或道二家爲其哲學基礎，但有何理由現代的藝術仍應以儒家或道家爲其哲學基礎？如果有人認爲此是理所當然的，但問題正是此理何在。如果有人以文化或傳統的延續爲理由而對現代的藝術作如此之要求，則現代的藝術可以有一個通常的反駁：時代已經變遷，現代的社會、政治及經濟結構都已改變，西方的文明包括科學、宗教、哲學及藝術等已大大改變了中國傳統文化之外型；現代的藝術也需要因應這個新世界、新時代和現代人的生活和心態；所以傳統藝術的哲學基礎，再不能適用而能生存於當今。再者又可有另一個反駁說：藝術，是爲藝術而藝術，它必須有絕對的自由和自主而不能爲傳統的道德所束縛，否則藝術便要乾枯而無創新。還有第三個反駁：藝術是要反映現實的，現實是如此，則藝術也要反映如此的現實，這才顯出藝術的獨特性；傳統或過去的思想和感情，如果在現實中沒有，則藝術亦不必泥着於那些回憶之中。這三個反辯，並非是沒有理由的；它們都有一定程度的有效性。它們所要堅持的乃是藝術之時代性、藝術之區域獨特性和藝術之自主性。沒有人能否認藝術有這些權利，也沒有了解藝術的人會認爲這些性質不當有。那末，「現代藝術應以儒、道二家爲其哲學基礎」這個哲學對藝術之要求，與藝術自己之時代性、區域獨特性及自主性之要求，是否互相矛盾或互不相容，有何理由要求藝術以儒、道二家之哲學爲基礎？這有什麼涵義？

以下討論這些問題。討論的焦點集中在儒家與現代藝術所應有之關連。以此爲焦點並不反映作者對道家以至佛家有任何排斥的態度。這一方面是基於本書的性質而然；另一方面，儒家是中國哲學之主流部份的事實，亦並非不是考慮因素之一。但最具決定性的考慮，乃是儒家的藝術觀及由此而開出的藝術，答覆了一個歷史悠久且經常被提出的要求，此即「藝術應符合於道德之目的」。事實上，這個論題所牽涉的範圍和所包含的複雜性，遠遠超乎它在表面上所給予的印象，因爲它必然地連結到一個更大的問題，此即道德與藝術之合理的關係之問題。

「藝術要符合道德之目的」這要求，已有很長遠的歷史，亦連綿不斷地被提出。柏拉圖、托爾斯泰、韓愈，以至現代的桑塔耶拿（George Santayana）都持有類似的觀點。柏拉圖以道德之理由而要禁止荷馬（Homer）及希斯鶚（Hesiod）的詩，並建議立法者「說服」甚至「强迫」藝術家去表頌公正（justice）、勇敢、節制等之品德而不准其强調或誇張那些腐敗人心的感情[5]。托爾斯泰亦要求藝術家朝向一人文的目的而傳遞那些「高尚的感情」[6]。桑塔耶拿亦說：「要把藝術從紀律(discipline)與法理解放出來的人，不僅是在藝術中且在一切存在中企圖逃避理性（rationality）。」[7]哲學家及道德家所特別關心的，乃是藝術所產生的教育效果；他們要求藝術產生好的影響而防止其產生壞的影響。孔子對於詩經，讚揚爲「思無邪」，而對於鄭國的音樂，則批評爲「淫」而要「放」。藝術之所以特別被注意，其中一個原因，乃是藝術之感動力比任何其他的教育形式顯得强。荀子在樂論中這樣說：「夫聲樂之入人也深，其化人也速。」又說：「其感人深，其移風易俗易。故先王導之以禮樂而民和睦。」藝術在表面上所顯出之感動力，是使哲學家對它特別戒愼之主要因素。

關於這一點，柏拉圖有很精緻的描述：

> 聽着和反省！當我們聽到荷馬或其他悲劇作家在模仿那些英雄的哀痛時——他們在慟哭中詳詳細説或在哼出孤單的調子，搥胸而歌——我想你都知道，即使我們之中最好的一個，也會感到一種快感，而失去我們自己、投入地熱切地追隨這些表演而流往，最後我們更讚揚那些能這樣强烈地感動我們的詩人為好詩人。❽

柏拉圖並非在稱譽這些詩人的偉大，而是在對詩人的感動力提出警惕，因爲他們使人不自覺地在現實生活中模仿那劇中人的行爲和感情，誤認那劇中人的行爲和感情就是眞實和應該的。站在道德立場去看待藝術，自然的反應便是對藝術作道德之要求；更具體的説，就是對藝術作道德檢查（moral censorship）。在這方面，柏拉圖和托爾斯泰都是典型的例子。柏拉圖這樣建議：

> 同樣地，一個眞正的立法者會説服——但如果游説失敗，則會强迫——那有藝術天才的人去製作其所應該之製作，去使用其高尚而和諧典雅的辭藻而以節奏來表象那些純潔、勇敢，總之，是好的人之堅毅品質，或以旋律來表象他們的奮發精神。❾

柏拉圖又很耐心地從荷馬及希斯鶚（Hesiod）的作品中，一條一條地把不能容許的詩行抽出來而要淸除之。❿托爾斯泰亦有相類似的做法，他的檢查標準執行得更嚴刻，其準則是：

> 那些傳遞依宗教知覺（religious perception）而真實流露的感情之藝術，應受選取、承受及給予高度之評價和鼓勵；而那些傳遞違反宗教知覺的感情之藝術，則應受譴責和鄙視。⓫

在這個標準衡量之下，蘇科奇里斯（Sophocles）、雨葉彼特斯（Euripides）、阿基羅斯（Aeschylus）等之希臘作家之作品，以至其同時代的但丁（Dante）、他索（Tasso）、米爾頓（Milton）之作品，加上華菲爾（Raphael）、安基羅（Michael Angelo）、巴哈、貝多芬、華格納等等之若干作品，都要被譴責和鄙視。道德檢查進一步便是法律檢查（legal censorship），這就是把道德的要求制度化而成法律。換言之，關於藝術的管制法律，大體上是建立在道德之根據上。⓬

要合理地處理這種道德與藝術間之衝突並不容易，這裏牽涉到一個實際上的問題和一個理論上的問題。在實際上有些藝術家並不以道德爲其創作之考慮之一。他們所考慮的，乃是藝術作品之爲藝術作品所需具有的品質，例如表達力（expressiveness）、獨特性、時代性、原創性、感動力等等；說壞的一點，藝術家有時亦考慮到其作品之市場價值及觀衆的口味。亦有些藝術家抱着浪漫主義的唯美思想（aestheticism）。此種思想認爲美和藝術的生活，乃是至高無上的人生價值；其他之價值不能比之更崇高；美和藝術是當下的、自足的、自我完成的，而與其他事物——不管善惡好壞——毫不相干；而美和藝術，又主要在於原始感情之充份和自由的向外表達。在這種思想下，道德必要被排除於藝術活動之外。⑬再者，藝術品之合乎道德與不合乎道德之分界線，在現實上要具體地界定出來，亦並不容易。

然而，除了此實際的問題之外，道德對藝術之要求在理論上亦遇到反抗。這關乎到藝術之性質之討論上。藝術是一種自由自發的活動；它的創造，是一種純粹無待（disinterested）的創造，其觀賞亦是一種純粹無待的觀照⑭；藝術活動不需預設任何決定的概念或目的爲其根據。在康德說來「欣趣（taste）是一種藉着無目的之快感或不快感而對一對象或其表象之模式作品鑑（estimate）的能力。」⑮相對地，道德判斷、知性判斷及感性判斷都預設了一個既定之概念或目的爲其根據；它們都有一定的法則可循。康德又說：「在道德律作指令的場合中，我們客觀地就並無自由選擇的餘地去做什麼或不做什麼。」⑯意思是說，我們就是必然地依循道德律的指令去做。藝術創作或純粹的鑑賞却不是在這種情況下所產生的活動。徐復觀在解釋莊子的藝術精神時，亦同意此關於藝術的性質之見解。他說：「道德地無限，有道德的目的性。藝術地無限乃由理論與實踐之擺脫而來，以無目的爲目的，故『芒乎何適』？無限包羅萬物，但既不要求爲萬物所歸，亦無目的爲萬物所歸，故『莫足以歸』。」⑰藝術之此種自由、無目的、純粹無待的性質，就是徐復觀用以解釋莊子爲是「中國藝術精神主體之呈現」的根據。藝術之此種性質，是爲一般哲學家、美學家及藝術家（除了少數例外）所接受。但設使藝術之此種性質被認許，則問題便產生，此卽：道德再有何根據或理由對藝術作出要求？就藝術之最佳本質而言，它理論上是要排除道德之插入，否則它便不成純粹的藝術。因此，站在藝術之立場而言，道德所作之要求似乎是不合乎藝術本身之邏輯的。

我們要疏解一個現實上的困離，此卽令藝術家信服道德要求之爲合法，此在於說明道德要求對藝術之創作，不單無妨礙而且有幫助；而要疏解這個困難，在很大程度上又依於第二個更大之困難——理論上的困難——之能否得到可接受之疏解。這個困難在於藝術之性質與道德之目的似乎有一個先天的間隔，這至少在表面上爲如此。要決定二者之關係，並非由單方面之考慮而可合理地獲致。設使道德要强力地伸延它的主宰性以進入藝術的範圍，如柏拉圖及托爾斯泰所作之建議；若如此，則將只有一種藝術可以生存，卽誨誡藝術（didactic art），也許一些「規規矩矩」的藝術也可被容忍。但設使道德完全撤出藝術的範圍而讓其有放任的自由和自主，則有三種可能的情況出現：有些藝術會與道德的目的一致；有些無相干；有些會與道德的目的背道而馳。此第三種情況正是托爾斯泰所猛烈批評的那些不負責任、不羈和浪蕩的頹廢藝術（decadent art）；在第二種情況中會出現如竹林七賢式的與世無干的藝術生命或作品。要消融藝術與道德在表面上之間隔，而又要同時成全道德之目的及藝術之自主性，柏拉圖或托爾斯泰甚或韓愈式的解決辦法，並不可行，因爲這些辦法是直截了當地把藝術置於道德律直接管制之下。這種做法所要付出的代價，就是有很大部份的、可鑒賞的藝術要被犧牲；柏拉圖和托爾斯泰都已列出一張要清除的藝術品的清單，但很少人願意見到這種情形眞正成為事實。對於道德與藝術間之實質關係，儒家又會是如何地處理？它是否可提供一條更合理之途徑？所謂合理，乃是一方面藝術之本質能被保存，而另一方面，道德的要求亦能獲得滿足。以下我們將尋求一個兩全其美之道。

二、至善之優先性 (Priority)

在這裏我們企圖證定「藝術應以道德為基礎」這個要求，並界定這個要求的意義。至善，是指一切道德善（moral good）的理想極限；至美，是指自然美及藝術美之可能達到的極限。二者的實質意義，我們在此可不必詳究；我們所要關心的，乃是二者的形式關係。首先要分辨清楚的，乃是至善與至美並非為兩個等同的理念（或說「東西」），二者至少在概念上是可以清楚區分的。區分的途徑有很多，我們只說一條便夠了。這就是：至善之理念必然地、當下地連結於意志自由的理念；至美的理念並不當下地連結於意志自由，而是連結於想像力之自由。如果我們缺乏意志之自由，則至善乃是先天地不可能的；如果我們缺乏想像力之自由，則至美乃是先天地不可能的。意志與想像力乃是兩個不同的心之機能；而「自由」對兩者而言亦有不同的意義。意志自由是指意志之自主自律、自給法則，而獨立於自然因果律的約束以外；想像力之自由是指想像力之自發自動性，而有法度地免於理性和感性對它的直接主宰。因此，就其所依賴的心之機能及條件而言，至善與至美便被區別開來。當我們聽到善與美之統一、或善與美之合一的說法，我們不必認定其爲錯誤，但我們必定了解此種所謂統一或合一，是要預設了二者之分辨的。確定了至善與至美之爲兩個不同之理念，我們才可談及它們之間的某種對待關係。

下面的一個論證，乃是要確定至善對至美而言，恒有其實踐的優先性。我們首先設定這個前提，即：圓善（summum bonum）乃是人文（humanity）的終極目的。所謂圓善，由三個因素構成，此即道德的至善、普遍的幸福，及二者合理的配當。所謂合理的配當，是指人的道德成就，恒有相稱的幸福伴隨。這當然是一終極的理想。換言之，合理的配當，是指道德之成就，應該是獲得幸福之必要和充足條件；無德則應無福，有德則應有福。在現實上我們常有「有德而無福」或「無德而有福」的事例，但這只能視爲是自然的荒謬，而並非是理所當然的事。但無論如何，就圓善之作爲人文之終極目的而言，人之本份天職，乃是追求道德善之實現。所謂終極目的，是指其他一切目的，都或直接或間接、或遠或近地隸屬於此終極目的之下。

這個設定對藝術及其揚言要追求之「美」所具的含義，卻是明顯的。如果美是構成圓善的必要條件之一，則它必不能與道德之善有矛盾；換言之，它最低限度要與道德善一致。但如果有人敢於說美不是圓善之必要條件之一，則人在追求其終極目的之努力上，美之獲取亦可不必要。顯然，這是一個難於辯護的假設，而要放棄。那麼，在圓善之設定下，善與美之形式關係便很確定，即對「美」而言，「善」恒有其實踐上的優先性。換言之，如果藝術活動是人追求終極目的之一種活動，則它不能與此目的所包含的任何條件發生矛盾。如果藝術或其所追求之美——無論「美」作如何之理解——對人文之終極目的（即圓善），有任何成全的作用（conduciveness）的話，則它不能亦不可能對道德之至善，或普遍之幸福，或二者之合理配合成爲一矛盾項。設定「美」乃是人所追求之目的之一，但在圓善之概念下，「美」本身不能成一完全而自足之目的；它的價值，究竟地仍需以圓善之概念作說明。更直截了當地說，至美恒隸屬於至善之下。我們的論證，有如下的含義。第一，如果我們假定道德的最終目的，乃是至善的實現；而藝術的最終目的，乃是至美的實現，則在圓善之概念下，我們必要承認：道德與藝術並非是兩個平行的、等價的、互相獨立的活動範疇；藝術必須具有其自主自由，但此自主自由不能導致道德法則之被破壞；換言之，在不與道德法則矛盾之條件下，藝術有其最大之自主和自由。第二，我們的論證，也否認了一種以爲眞、善、美爲三個平頭等價的價值之想法。在圓善之作爲人文的終極目的之前提下，至善及至眞並不能與至善等量齊觀。就實踐的意義言，至美及至眞必然要隸屬於至善之理念下。第三，在藝術的範圍內，曾有一種「爲藝術而藝術」的想法。如果此種想法認爲藝術及其所追求之美，乃是終極地至高無上、圓滿自足之價值的話，則此種想法是謬誤的。因爲藝術及其所追求之美，並不是人文的終極地至高無上、圓滿自足之價值。

以上的討論，基本上是以道德善對藝術美有優先性之認定而引出。但我們亦注意到而且必需注意到，這個認定乃只是「形式上」對道德與藝術給予一個相對定位（relative location），它只決定二者間的秩序，而並不決定二者關係之實質內容：它決定了藝術終極地應符合或成全道德目的，但它並不決定藝術應如何符合或成全道德目的；它給予藝術一個終極目的，但並不給予藝術一個當下的、直接的、主宰性的目的。道德善對藝術活動而言，乃是一個終極的方向，它使藝術活動具有「方向性」或說「目的性（purposiveness）」，而並不是對個別特殊的藝術活動，給予決定的（determinant）方向或目的。換過來說，藝術必須了解其本身所處的相對位置，而尊重道德的優先性；它必須了解到其本身存在之終極理由，乃是其對圓善具有成全作用（conduciveness）。換言之，在窮極的意義下，藝術及其所追求之美，仍是作爲一手段而獲得其自身的存在理由；藝術所享有的自主自由，乃是一種具有方向性和目的性的自主自由，而並不是一種放任、混亂、無法則（lawlessness）的自主自由——這樣的自主自由，並不能妥當地稱爲自主自由，而是一種混亂（disorder）。總結地說，在以圓善爲人文之終極目的之設定下，藝術應以道德爲基礎；這個意思是說，藝術應以道德之至善爲其究竟的依歸。

三、儒家的藝術理論

我們對儒家的藝術理論都有一些概念，但仍似乎模糊不清、把握不定。例如徐復觀以「道德與藝術在窮極之地的統一」爲儒家藝術精神的典型；郭紹虞則以「論得太切實，講文以載道」來刻劃儒家的藝術理論。劉若愚則直截了當地以「實用理論（Pragmatic Theory）」來標明儒家的藝術理論。所謂「實用理論」，乃是指那些建立在「以文學爲手段以達到政治、社會、道德、或教育目的之概念」上的理論。⑱這些陳述，如果以爲是對儒家藝術理論之片面的描述（partial description），則無可置疑地是正確的。但如果以之爲是一種本質的刻劃（essential characterization），則它們不見得爲中肯與週全。單就孔子來說，他固然對於藝術的政治、社會、道德、及教育的功能，十分重視，但此並非其藝術觀之全部；孔子固然追求藝術與道德的窮極之地的統一，此所謂「統一」，照徐復觀的解析而言，是指聖人在最高境界中二者的統一，但此顯然不能提供任何經驗之線索，以使一般人（未成聖之人）能理解此「窮極之地的統一」的概念。設使我們企圖在既有的原始資料上，建構出較爲完整的儒家美學，則我們首先要尋求一個清楚的表示（articulation），以能把儒家關於藝術之雜多而散列的思想，滙歸於一個程式而凝固下來。我們所根據的，主要是先秦儒——特別是孔子的言辭，因而我們所達致的結論，並不表示就涵蓋了儒家關於藝術的種種思想。

廣泛地說，儒家的藝術觀，就是一種藝術的道德論（Moral Theory of Art）；它的重點，並不在於描述和說明，而在於規範，但這並不表示它毫無說明的能力。如果有一套儒家的美學，它大體上亦會是一種規範性的美學（normative aesthetics）。籠統地說，它是要求藝術與道德之結合；但這句話，卻包含了很多意義。

所謂藝術與道德之結合，一般地是了解爲藝術的道德教育功能；此時，藝術乃是被看成爲一種工具（instrument）而用來促進某種個人或社會之道德目的，此即所謂實用主義（pragmaticism）。儒家的藝術觀很明白的强調這種藝術的道德功能。典型的例子如孔子說：

詩，可以興，可以觀，可以群，可以怨。邇之事父，遠之事君。多識草木鳥獸之名。（論語陽貨）

又說：

誦詩三百，授之以政，不達；使于四方，不能專對，雖多，亦奚以為？（論語子路）

此外，孟子也有「仁言不如仁聲之入人深也」及「與民同樂」的說法。但把藝術之道德功能强調和說得更明白的，乃是荀子。在樂論荀子這樣說：

先王惡其亂也，故制雅頌之聲以導之，使其聲足以樂而不流，使其曲直繁省，廉肉節奏，足以感動人之善心。

又說：

> 樂者，聖人之樂也，而可以善民心。其感人深，其移風易俗易。故先王導之以禮樂而民和睦。

藝術的道德功能，乃是儒家藝術觀所强調的一重點，而成爲一傳統。在孔孟荀以後、在文學與音樂以外，這種觀藝術觀點一樣地被傳承和推廣。例如張彥遠這樣說：

> 夫畫者，成教化，助人倫，窮神變，測幽微，與六籍同功，四時並進，發于天然，非由述作。⑲

事實上，就其强調藝術的道德功能這一點言，儒家並非獨特；西方自柏拉圖以至文藝復興時期，這種藝術觀點一直佔着顯著和首要的位置；所不同者，只在其要推動何種道德而已。

但是儒家的藝術觀，卻包含另一個較爲突出的思想，我們將稱之爲主體道德主義（Subjective Moralism）。這就是一種對藝術主體的道德要求：它要求藝術活動主體應有道德人格爲基礎。換言之，它要求藝術活動或作品應該是個人內在道德修養之一種外在的藝術的表現。孔子對這種要求，表示得最爲眞切。在史記孔子世家有以下的一段記錄：

> 丘已習其曲矣，未得其數也。有問曰：已習其數，可以益矣。孔子曰：丘未得其志

> 志。有問曰：已習其志，可以益矣。孔子曰：丘未得其人也……丘得其為人，黯然而黑，幾然而長，眼如望羊，心如王四國，非文王其誰能為此也。⑳

其中「曲」、「數」、「志」都是藝術作品之構造成素，「志」相當於現今所謂作品之內容部份，「曲」與「數」相當於作品之形式部份。這兩部份都屬於一作品。「文王」乃是在作品以外，而亦是純德之人格化的象徵；詩經有「文王之德之純」之句。孔子對於藝術之美，並不以爲是終極的追求；他不願意就停留在藝術之爲藝術的範圍內，而要進一步地追求藝術所應以由之之道德根據。僅僅之藝術，並無圓足之價值；他要求藝術要有一個道德的根源。徐復觀很中肯地指出：「孔子對音樂的學習，是要由技術以深入於技術後面的精神，更進而要把握到此精神具有者的具體人格……當孔子擊磬時，他的人格是與磬聲融爲一體的。」㉑

禮記樂記更發揮此種觀點：

> 德者，情之端也，樂者德之華也。金石絲竹，樂之器也。詩言其志也，歌詠其聲也，舞動其容也。三者本於心然後樂器從之。是故情深而文明，氣盛而化神；和順積中，而英華外發，唯樂不可以為偽。㉒

樂記所表達之思想是：內在道德修養應爲藝術之「本」或「裏」或「質」；藝術應爲內在道德

修養之「末」或「表」或「文」。這裏有一個次序，即是「和順積中，而英華外發」。孟子這樣說：

仁之實，事親是也；義之實，從兄是也；智之實，知斯二者弗去是也；禮之實，節文斯二者是也；樂之實，樂斯二者是也，樂則生矣；生則惡可已也，惡可已，則不知足之蹈之手之舞之。㉓

儒家理想的藝術，乃是一種根源於內在品德之「充實」而自然流露的藝術；它應是一種道德人格的表達（expression）或顯現（manifestation）。此種對藝術主體的道德人格之重視，在某些現代的美學觀點看來，會被視爲是不相干的、非美感的考慮。但在經典的儒家觀點看來，這是很相干而且是必要的考慮。孔子有一句很强的評論，說：「人而不仁，如樂何？」（論語八佾）這語表明了以孔子爲代表的儒家藝術觀中，是以道德人格爲藝術活動、審美判斷，及藝術鑑賞之必要條件；僅僅的藝術，並非是儒家理想中最佳的藝術；最佳的藝術，必要以仁德爲其創作之源頭。

以上二個儒家的藝術思想，即實用主義及主體道德主義，乃是十分顯著而不會被忽略的。但在儒家的藝術思想中，卻有一個隱而未發的理論，其實際上對傳統藝術的影響和作用，不下於前二者，我們將稱之爲「藝術的道德象徵論（ Moral Symbolism of Art ）。要陳述這個理論，先要說明「象徵」這概念。作為一哲學概念而關乎到藝術的討論上，這概念在不同的系統（或哲學家）有幾乎完全不同的意義。例如在西方中古時代（Byzantine 時代），藝術品被視為是神聖的象徵，是神聖在此世界中的顯體（theophany）；在當代美學家中，朗格（Susanne K. Langer）認為藝術作品，就其形式而言，乃是感情生命的形式之外在象徵。在多個不同的「象徵」概念之中，康德所給予的一個，似乎最適合儒家理論的性格。這個決定固然帶有某程度的獨斷性或直覺性，但其妥當性將可由其說明之融貫性顯出。

四、象徵論

康德認為美乃是道德善之象徵（Symbol）。[24]對於那些理性的理念（ideas），在經驗對象之可能之範圍內，事實上找不到感性直覺之呈現（hypotyposis）。換言之，在經驗的世界內並無理念所界定的東西之感性對象，因為那些理念所要求的對象，在經驗中並無適當（adequate）之對應，即無直接的直覺呈現，例如「上帝」之理念，即是一例。對於這類理念，我們卻可提供一間接的直覺呈現，即是以另一個東西，藉着類比而取代那無法直接呈現的東西。此時，這個直接呈現的東西，就成為那無法直接呈現的東西之象徵，對於那理念而言，這個直接呈現的東西，就是一感性的象徵的呈現（symbolic hypotyposis）。他舉例說，一個君主立憲國家可依類比而表象為一個有生命之有機體——就其法則性而言[25]，此有機體乃為君主立憲國家之概念之象徵。然而，象徵亦有另一類型。此類型的象徵不必是一個直接在直覺中呈現的東西，而可以是任何形式的表象（representation），例如語言。這類象徵依賴於類比，引導我們的反省思維從一個對象到另一個概念或理念去。康德舉出一些例子，如「流出」。㉖「流出」可轉移我們之反省思維至另一概念，例如連續性、或因果性、或某種前後件之關係等。㉗總括而言，一個象徵就是一個給予的東西（或表象），依着類比而呈現另一個理念或引導我們之反省思維以達另一個理念。就康德而言，說美之對象是道德善之象徵，乃是說在審美判斷中，有若干成份，與道德判斷中之若干成份，有可以類比之處；因而美的事物，依藉這些類比之處，間接地呈現道德理念之對象，或引導我們之反省思維以想及道德理念。㉘康德說：「〔美的東西〕激起一些感覺，其中包含某些東西，類比於由道德判斷所產生的心靈狀態之知覺。」㉙

康德的這個理論，我們可以通過美的藝術作品之分析而給予它一種詮釋。除去其藝術媒介之考慮，一個藝術作品通常可分析爲具有兩方面，即形式（form）及內容（content），有時亦稱爲呈現部（presentation）及表象部（representation）。作品之形式是指作品所呈現的組織及結構；由此呈現的組織及結構，可表象出某些東西，此即成爲作品之內容。舉例來說，用墨在畫紙上構畫出一種特殊之形狀，使人判斷它爲「竹」；或用聲音，根據某些原則，就音色、音高、强弱、快慢等安排成具有某種結構及組織之統一體（unity），使人判斷它爲表達「懷念之情」之音樂。此「竹」或「懷念之情」或其他等等，乃就是作品所直接表象之內容。設使這藝術品爲美的藝術品，依象徵論來說，則它必定能象徵某個道德觀念，換言之，它必定能夠與某個道德觀念所要求之直覺對象有可類比之處，或能夠引導人之反省思維以達於某一道德觀念。例如一幅畫「竹」之圖畫，如果它是美的話，則它必定能夠間接地連繫於一道德觀念，例如正直。同理地，一幅美的山水畫，必定能夠成爲某一理念之感性象徵，例如道之恬靜虛容。同樣地，一首美的音樂或雅樂，乃是道德之和諧之感性象徵；它與道德之和諧具有很多可類比之處。總括地說，象徵論認爲美的藝術作品乃是道德善之感性象徵；而所謂象徵，乃是指一個具體給予的東西，藉着類比而（間接地）呈現一個道德理念於經驗界中，或引導我們的反省思維以達到另一個道德理念。現在我們所需做要的，乃是看看在儒家的藝術思想中，是否包含有如上所界定的「象徵」之概念，或近似的思想。

在荀子宥坐篇有如下的一段記載：

> 孔子觀于東流之水。子貢問于孔子曰：君子之所以見大水必觀焉，是何？孔子曰：夫水，大偏與諸生而無爲也，似德。其流也埤下，裾拘必循其理，似義。其洸洸乎不淈盡，似道。若有決行之，其應佚若聲響，其赴百仞之谷不懼，似勇。主量必平，似法。盈不求概，似正。淖約微達，似察。以出以入，以就鮮絜，似善化。其萬折也必東，似志。是故君子見大水必觀焉。

這段文字所包含的意思，對于反省或建構儒家的藝術理論而言，有很重大的意義；因爲它給出了解決道德與藝術之如何結合的問題之提示。我們對這段文字先作如下之分析。關于水之描述有：「大偏無爲」；「流也埤下、裾拘循理」；「洸洸不掘盡」；「決行、應佚若聲響、赴百仞谷不懼」；「主量必平」；「盈不求概」；「淖約微達」；「以出以入、以就鮮絜」；「折也必東」。關于道德的字眼有：「德」；「義」；「道」；「勇」；「法」；「正」；「察」；「善化」；「志」。關于水之描述，乃是關于水之可觀察之行爲及模樣的描述；水乃是作爲一感性對象而呈現。但在另一方面，那些道德字眼所指涉的，乃是道德之理念；它們並非感性對象或性質。但這兩類不同範疇的東西卻被連結起來；其關鍵就在「似」。整段文字所顯現的思想，就其形式而言，乃是：一感官對象之某些性質「似」某些道德理念。但顯然這個思想並不是一個知性判斷，因爲「似」的兩方面事實上並無共同基礎可以作比較而判定似或不似。二者如此之連結，只能在反省思維中而獲得；這種「似」乃是一主觀的類比。這些類比就是：水之遍流而滋生人禽草木類比於仁德之感通無礙、潤物無方之生生之德；水之上下流止之一定規律類比於人事所當該依循之一定之道理（孟子有說：義，人路也）；如此等等。藉着這些類比，水之各式模樣及行爲就成各個道德理念之象徵。總括而言，大水乃成爲君子（仁德之士）之象徵。

在荀子法行篇亦有另一段幾乎是同樣的話：

> 孔子曰：……夫玉者，君子比德焉。溫潤而澤，仁也；栗而理，知也；堅剛而不屈，義也；廉而不劌，行也；折而不撓，勇也；瑕適並見，情也；扣之，其聲清揚而遠

> 聞，其止輟然，辭也。故雖有瑕之雕雕，不若玉之章章。詩曰：曰念君子，溫如其玉。此之謂也。

這裏就明白地說，「夫玉者，君子比德」。玉乃是一感官所對之對象，但就其某些性質而言，可類比於君子之各種品德，而成君子之德之象徵。

以上兩段引文就「水」及「玉」之品質而比擬於君子之德，完全可以順適地以象徵論來說明。縱使「水」與「玉」並非是我們一般所意指的藝術作品，但在類比（by analogy）的意義下，它們很可被視為是自然界的藝術品。同時，「水」及「玉」與君子之比擬，只能在一主觀的反省判斷中給出，而此是一種美感判斷。換言之，孔子就「水」及「玉」以比擬於君子之德，雖然在表面上未直接顯明為藝術之象徵論之實例，但在稍一分析之下，這兩個比擬正是象徵論之實例。這也卽是說，在儒家關於藝術的思想中，已隱含了象徵論。

以下我們再考慮三兩例子，以說明儒家象徵主義，事實上在中國藝術中已有既定的位置。宗炳的畫山水序有如下的一段話：

> 聖人含道應物，賢者澄懷味象，至於山川，質有而趣靈。是以軒轅、堯、孔、廣成、大隗、許由、孤竹之流，必有崆峒、具茨、藐姑、箕首、大蒙之遊。夫聖人以神發道，而賢者通。山水以形媚道，而仁者樂，不亦幾乎？㉚

其中軒轅、堯、孔等名字，是人格化地指謂某些道德理念；而崆峒、具茨、藐姑等，乃是名山，意指繪畫中之山水。這兩個範疇的東西，如何可連結起來？一類是道德的、可思而不可見的理念，另一類是直接呈現於眼前之藝術品之直覺內容。二者連結的關鍵，就在「形媚道」一語。其中「媚」的字面意義是指「供養」㉛，但此所謂「供養」，可合理地解釋為「象徵」，意即在反省的思維下，圖畫中（甚至在現實中）的山水之形跡，與道德理念有類比之處。這種解釋之所以為合理，其一之理由乃在於道與山水，或趣靈與山川之連結，完全不可能在一知性判斷中給予，因為在感性直覺中，完全沒有此種連結的任何根據；此種連結，亦不可能在一道德判斷中給予，因為此連結並無任何之實踐的必然性。換言之，它只可能是由一反省性的審美判斷所給予。如此，道與山水之關係，合理地是象徵的關係。此外，王維有敍畫一篇，其中有說：「以圖畫非止藝，行成當與易象同體……目有所極，故所見不周。於是乎一管之筆，擬太虛之體。」㉜太虛之體或易象之理念，在經驗中並無適當之對象可作為其直接的直覺的呈現；而卽使繪畫，亦不可能直接地把太虛之體直接地表象出來。繪畫可以直接地表象例如樹木或房屋之經驗對象，但不可能直接地表象太虛之體。唯一之可能，乃是給予它一種間接的呈現，此卽通過某一表象而象徵太虛之體，這卽是王維所謂的「擬」。依照同樣的說明方式，孔子所評論之韶樂，謂其盡善盡美，也可給予如下的解釋：韶樂的形式與內容，充份地象徵出至善的境界。其他關於藝術與道德之關係的語言，也可依照此方式去解釋。考慮一個現成的例子。荊浩描述其學習繪畫古松樹的個人經驗，有如下之心得：

> 因成古松贊曰：不凋不容，惟彼貞松。勢高而險，屈節以恭。葉張翠蓋枝盤赤龍。下有蔓草，幽陰蒙茸。如何得生，勢近雲峯。仰其擢，偃舉千重。巍巍溪中，翠暈煙龍。奇枝倒掛，徘徊變通。下接凡木，和而不同。以貴詩賦，君子之風。風清匪歇，幽音凝空。㉝

我們注意的，乃是古松及其所處之環境而構成的一幅景象，成爲多種道德理念的象徵。分別地，明顯地說，這些字眼都是道德的字眼：節、恭、龍（源自易經）、變通（其道德意義也源自易經），和而不同（源自論語）、君子之風。整首贊詞融合起來，又象徵了一個無法直接呈現的道德情境（moral situation）。這，我們將視爲是象徵論典型的例子。

儒家的藝術思想至少包含了這三個特徵，此卽實用主義、主體道德主義，及道德象徵論。此三者當然並非窮盡了儒家所有的藝術思想，因而亦不能視之爲儒家美學之建構之完成；路途仍很遙遠。就上列三個特徵，我們可通過定義的形式，以明確地表達儒家的（部份的）藝術思想，如下；藝術乃是一種自發的活動，它通過某些外在媒介，依藉某些巧妙而獨特的技術安排，把主體的道德理念或道德感情（仁德仁情）自覺地、直接或間接地（象徵地）表達出來，以教化或影響他人。如果這定義被接受的話，則我們可以說，儒家式的藝術，乃是符合於此定義的藝術。

象徵論的最强之處，在於它能在理論上，就道德與藝術之關係而言，能安頓二者於其適當之位置上，而使二者能互相成全。它避免了一般藝術的道德矯正理論（Moralistic Amelioration Theory of Art）所引出的强暴性（violence），也約束了藝術中之浪漫主義所可能產生的流弊。然而，象徵論就其本身而言，在實際上的效力，並非無可質疑。明顯地，它的約束力比不上一般的道德矯正論，因爲它所依賴而成的中心概念「象徵」或「間接地呈現」，乃是一個彈性的概念（elastic concept），其涵蓋的範圍（range），並無明顯而確定的界線。換言之，「象徵」或「間接呈現」之概念，在實際上會被或鬆或緊地解釋。然而，它的彈性必需要容忍。再有進者，象徵論本身並不包含任何實際行動的建議，因爲它並不提出一條確定之道德準則以衡量藝術，但這不等於說它並不給出方向。最後，象徵論之自身，亦無法自我保證其可實現於藝術活動。即是說，設使藝術家或欣賞者並無道德理念，或他們的道德理念非常貧乏，則象徵論之要求將毫無實際意義。因爲設使一個藝術家只知其藝術的行動而不知何謂道德，則象徵論之要求其作品成爲道德之象徵，乃變成毫無現實基礎之要求。照以上之討論，似乎我們要達到一個尷尬的結論，此即：象徵論乃毫無實際用處。當然，它不必即是一無所用，但它的實用性（practicality）確是大有問題。但這種缺憾並非象徵論才有；而它的這種缺憾，亦並非不可克服。其關鍵就在審美力的培養，使之與道德結合。

五、審美力之文化依賴性(Cultural Contingency of Taste)

簡單地說，審美力（欣趣力）是通過美感對一東西作鑑賞或判斷的能力。它的根據是在主體的純粹之美感。換言之，審美判斷乃是一種主觀的判斷，此包含說，我們無法定出一個客觀的審美標準（standard of taste）。但亦正因爲如此，審美力可以培養（culture），此卽是說，一些外在的影響力可以改變人的審美力、可以訓練或引導人對其自身的美感的分辨及品評能力。雖然審美力是主觀的，但此並不包含說每個人的審美基礎——卽美的感覺——都是不同的，因爲作爲一個自然的事實，人有很大程度的相同或相似的感受能力。縱使審美力是主觀的判斷和鑑賞力，但此亦不必包含說審美力是絕對地相對的個別能力：在一個特殊的社會、文化、環境、教育作爲背景之下——亦卽在一個特定的群體（community）之中——總可以找到一些大致地公共的審美準則。這可作爲一個社會學的事實（sociological fact）來看待。然而，我們仍可進一步說，卽，儘管人與人之間具有差異，但我們仍可假定人與人之間有一共感(sensus communis)。簡單地說，這種共感乃是對於相似的對象產生人際間彼此相似的感覺——美感的一種心之性能（disposition）。如果否認這個假定，則感情之可以溝通及傳遞乃是不可能的，但事實上美感是可傳遞及溝通，因而這個「共同的感受力」之假定，必須要承認。如果有共感，則我們亦有根據說在一群體中總可找到一些公共的審美準則。這些準則或規範具有交互主體的客觀性（intersubjective objectivity）。

但這些公共規範依不同的文化體系或群體而又容許差異。休謨（David Hume 1711-1776）在這點上肯定地說：

> 在我們閱覽的過程中，我們對那些圖畫或人物，如果它們相似於在自己國家或時代所見到的，則我們較容易有更大的快感；如果它們是描寫一種不同的風俗的，則我們較不容易有相同的快感……〔同理〕，喜劇（Comedy）並不容易由一個時代或國家轉移到另一時代或國家。一個法國人或英國人對特倫斯的安廸亞（Andria of Terence），或馬基亞夫的奇利斯亞（Clitia of Machiavel）並不感興趣……〔而它們〕較符合於古希臘人及現代意大利人之那種含蓄的幽默。[34]

這裏的意思是：審美的公共規範或準則，有其文化（或時代）的依賴性。這是一個事實。這事實之應該與否，乃是另一問題。在一個特殊的文化體系中，有它一些審美的公共規範。例如在中國的文化體系中，也有一些屬於此文化的審美規範，而這些規範，乃是在繁多的文化因素之影響下形成，例如歷史、政治、宗教、道德、經濟等等。一個文化中之風俗習慣、行爲模式、情感表達之方式、對事物的習慣的反應等因素，亦對審美規範之形成，有極大的影響力。設使一個中國人無法深深地鑑賞但丁神曲，與一個英國人無法鑑賞曹雪芹的紅樓夢，這並不爲奇；

一個中國人讀陳子昂的登幽州台歌會有很深刻的沈思和美感，而一個英國人讀起來，可能只能限於文字上的表面意義而並無美感產生。設使我們不知道美國的歷史及文化及社會背景，我們亦很可能把 *Huckleberry Finn* 看成只是一部驚險刺激的遊記或兩孩童之友誼之描述，而把握不到其中所包含的社會道德意義。審美準則之文化依賴性，其原因主要在於它是文化之產品，它的形成與文化之各種因素有不可分割的關係。此文化依賴性之概念，與比柏（Stephen Pepper）所提出的「累積的社會趣味」（funded social interests）一概念，有很大相通之處，這是指社會的「服飾、儀容、法律、政府形式、習慣、民俗、行爲之本能模式」等以某種方式、或多或少地「進入」一藝術品。[35]換一角度說，這些因素也或多或少地「進入」我們的審美觀。認識此種依賴性，並不包涵說一個在某一文化的人，不可以或不可能鑑賞在另一文化所產生的藝術品；認識此種依賴性，乃是認識一種事實的差別，這種差別不必立刻表示兩種審美規範之精粗、高低等之價值比較，雖然此種比較亦並非不可能。在有些情形下，兩個不同文化之審美觀，的確有精粗、高低等之比較，但在很多情形下，這種差別就只是一種事實的差別。

審美準則之文化依賴性，並不表示人之審美並無普遍性之可能。縱使在現實上，人類普遍的審美準則仍未形成，但在理論上，審美的普遍性乃是可能的。這裏所謂普遍性，是指不同個人之審美判斷能互相同意而在不同時代亦能維持一致。此普遍性之概念，包含了我們日常所謂藝術可超越時空、國界、文化而可爲普遍的鑒賞對象的想法。這在現實上只能是一種期望或是一個理想；它實現的可能性，似乎建立在共感之假定上。然而，縱使共感果眞是現實之存在，它仍不能成為審美之普遍性之所以可能之可靠根據；原因就在它本身亦是現實的自然存在——一種偶然的事實，其改變或消失對人之作為一理性及道德之存有之概念，並無矛盾。但無論如何，共感之假定，仍是審美之普遍性之必要條件，沒有了它，此種普遍性乃失去其現實上之可能性。除了共感以外，審美之普遍性之可能，仍有一個更穩定和必要之條件，此即審美能直接或間接地與道德有某種關連。

審美力與道德理念之關連，乃是給予審美力一個隱定的理性形式，但這並不是把這種能力圈套在道德理念之中，而是通過培養和訓練（culture and discipline），使這種能力趨向於一個方向——此即道德善所指示的方向。設使我們假定道德理性乃是普遍的——而我們亦必須如此假定，否則「普遍之道德律」這概念便成為不可能——則它通過某種方式對審美力提供之方向，不可能與道德理性自相矛盾。換言之，經過培養和訓練而有方向的審美力，不可能作出矛盾的判斷，即其判斷都是在方向上一致的。只有在此種基礎上，我們才有理性上的理由，要求別人之審美判斷與我們自己的判斷一致。所謂審美力與道德有關連，就正是指審美力之同時具有一種道德向性（moral propensity）。它對於與道德有直接或間接連結的事物，有一種由培養和訓練而來的習慣性的敏感；相反地，對於那與道德相違背的事物所引生之快感，它能明辨地不會在此種快感之基礎上判斷該事物為美。在這一點上，康德直接了當地說：「在終極的分析下，審美力乃是一種批判的能力；它對通過感官而使道德理念呈現之事實作出判斷。」㊱我們在這裏的解釋是：審美力乃是一種藉着無待之快感而對作為道德之象徵的事物作出判斷的能力。

六、審美力之培養（Culture of Taste）

藝術之象徵論說明了藝術與道德之如何結合，並引出相應的要求。但此種說明或要求，乃只是就藝術之成果——藝術品——上說。然藝術品之可以成爲道德善之象徵，歸根究底地乃依靠於人。在這一點上，儒家藝術觀之强調人之人格修養，有其無可置疑的正確性。因爲設使藝術家及鑒賞者之審美力並無得到適當的培養而與道德理念或感情不相爲謀、設使藝術活動之主體並無道德之覺識，則我們事實上無法期望其藝術品或藝術活動能與道德相結合。換言之，如果藝術活動之主體並無道德覺識的話，則我們之「藝術應以道德爲基礎」之要求及藝術之道德象徵論，乃實際上是無用之空話。因此，象徵論之實際無用性、道德對藝術之合理要求之懸空性，以及審美觀之差別性，最終必須由審美力之教育及培養加以補足；而審美力之如何培養，則又是由上述各項給予證定。換言之，道德要求及象徵論，必須通過對藝術家及鑒賞者之審美力作相應之培養，才可能實現；反過來，藝術家及鑒賞者之審美力之爲何如此這般地培養，則由道德要求及象徵論給出理由。那麼，審美力應如何培養？藝術教育應如何開始？答案已很明顯，此就是道德人格之建立。康德有這樣一段話：

從事藝術（fine art）的始教原則（propaedeutic），似乎在於一些心靈力量（mental

powers）之培養；這些心靈力量乃由一種健全的、基礎的人文（humaniora）教育所產生。所以謂人文（humanity），乃因其一方面意指普遍的同情之感（feeling of sympathy），而另一方面，它亦意指一種能普遍地溝通傳達我們那深藏的自我之能力。[37]

用我們熟悉的語言來說，學習藝術之第一課程，乃是對我們之「宇宙情懷」及「感通無碍」之仁心仁德之培養。康德又繼續說：「爲審美力奠下基礎之眞正始教原則，乃是道德理念之發展及道德感情之培養。」[38]

設使有人認爲藝術教育之應以道德教育爲始，只是哲學家及道德家之立場，那我們亦可從藝術方面找出一些相同的意見。如果我們小心反省劉彥和文心雕龍的章次編排，會發現一些道理。其編排是：原道第一，徵聖第二，宗經第三，正緯第四。這些「道」、「聖」、「經」、「緯」，也正是一些道德理念之特殊表示，如果一種不嚴格之推論是容許的話，則我們可以認爲劉彥和要說一句話：如果要作文寫詩的話，首先要弄清楚道、聖、經、緯。固然，對道、聖、經、緯之解釋不必泥於其字面的定義，因這樣將令它們變成硬化的標準。他所提出的文章（藝術）法則，是很清楚的；他說：「志足而言文，情信而辭巧，迺含章之玉牒，秉文之金科矣。」[39]又說：「夫文以行立，行以文傳，四教所先，符采相濟，勵德樹聲，莫不師聖，而建言脩辭，鮮克宗經。」[40]簡括地說，詩辭文章之基礎，第一步並不在於文藝技巧之掌握，而在於道德人格之培養。在音樂而言，亦是如此。禮記樂記謂詩、歌、舞「三者本於心然後樂器從之。是故情深而文明，氣盛而化神；和順積中，而英華外發。」[41]這話也不外是說，音樂之根本，在於內心的道德修養，並非在音樂之技巧及形式上。但技巧及形式之精緻，並非不重要，但却需要有道德爲根底。孔子學習音樂，通過曲、數、志，而要追究到其道德之根源。這個學習過程，預設了「音樂以道德爲基本」的道理。就繪畫方面言，宋代郭若虛亦有相同的見解：

> 嘗試論之。竊觀自古奇蹟，多是軒冕才賢，巖穴上士，依仁游藝，探賾鉤深；高雅之情，一寄於畫。人品既已高矣，氣韻不得不高。氣韻既已高矣，生動不得不至。所謂神之又神，而能精焉。[42]

郭若虛指出他所觀察到的事實，即偉大作品（名畫）的作者，大都是有品德的才賢上士。基於此事實，而他更推廣地說，有了人格之基礎，則繪畫藝術所追求之氣韻生動，自然而得。意思又是：藝術要立基於道德修養。內在的道德修養，必先於藝術活動（創作及欣賞）而爲其根據。但我們亦必須注意到，道德之培養只是藝術活動之基礎教育，它是一種始教；它不等於藝術教育，亦不能取代藝術教育之本身。

最後，我們引用兩段話作終結。康德這樣說：

> 當藝術不與道德理念連結……則它們只能作為娛樂消遣，以排解個人心中之不滿；此

種娛樂消遣，我們愈接近它，我們就愈覺需要它；其結果是，我們使自己愈來愈不濟事，愈來愈對自己不滿。㊸

另外，朱炎也有一句很好的話：「正如失去土壤的樹木不能生長，沒有傳統的文學，也必不能久存於世。」㊹這兩段話，各有其獨立的含義，但若我們把二者併合起來而詳加考慮，而問這是什麼道德理念？這是什麼傳統？則結論便會自然躍出。

附註

❶ 徐復觀，中國藝術精神，臺灣學生書局，一九七九年第六版，第五—六頁。

❷ 郭紹虞，中國文學批評史，臺灣明倫書局，一九七四年初版，第十七頁。

❸ 黃友棣，「以中國正統文化精神救治現代音樂的沈病」原載文藝復興月刊，第一二九期。轉載於中華文化復興論叢，第十四集，中華文化復興運動推行委員會出版，一九八二年，p. 279.

❹ 同上，第二九五頁。

❺ 參考Plato, *Republic* Book II: 377d, 378a—e; Book III 395c；又*Laws* Book II: 660e, 661a—d.

❻ Leo Tolstoy, *What Is Art*, in Frank Tillman and Steven Cahn, edited, *Philosophy of Art and Aesthetics* (New York: Harper & Row, 1969), p. 386—7。亦參考本文作者「對托爾斯泰之批評」，東海文藝季刊，第六期（一九八三年一月），p. 18—29.

❼ George Santayana, *The Life of Reason* Volume IV: *Reason in Art*, "Justification in

Art," reprinted in Eliseo Vivas and Murray Krieger, edited, *The Problems of Aesthetics* (New York : Holt, Rinehart and Winston, 1953), p.515.

❽ Plato, *Republic* Book X : 650d.

❾ Plato, *Laws* Book II : 660a.

❿ 參考Plato, *Republic* Book III : 368—393及其他。

⓫ 同註❼。

⓬ 近代西方有三個著名的案件。其一是佛羅柏特(Gustave Flaubert 1821-1880)因其小說保華利夫人(Madame Bovary)而受審。其二是波特利亞(Baudelaire)因其詩集罪惡之花(The Flowers of Evil)而受審。其三是左思(James Joyce)的游離西斯(Ulysses)經過法庭審判之後而最終獲准進入美國(1933)。

⓭ 在十九世紀持此種思想的在法國有佛羅柏特，在英國有柏德(Walter Pater 1834-1849)。在現時的中國作者中，於梨華亦似曾有過此種看法——參考蕭毅虹，生命的喜悅，時報書系五一二，臺北時報文化出版事業有限公司，一九七六年初版，一九八四年再版，p. 246-249.

⓮ 英文"disinterestedness"一辭在中文很難找到恰當的翻譯，此特別當我們考慮到此辭在美學的專門意義爲然。一般常見的翻譯，都各自不同，而常有誤導或累贅，甚或根本錯誤。這辭有其很重要的美學意義；它是傳統美學與現代美學的分水嶺，故我們不能就字面或字典意義而翻譯。如把它譯成爲「無趣味的」或「無興趣的」，則是錯誤。也有把它譯成「純粹無關心地」(見徐復觀，中國藝術精神，p.64)、或「無關心的」(見姚一葦，藝術的奧秘，p. 324)。這兩種翻譯與"no concern"或"care less"之翻譯，分辨不開。朱光潛曾把它翻爲「無所爲而爲的」(見文藝心理學，p.10)，這旣累贅，又不準確，因爲無聊或白痴的行動，也可稱爲「無所爲而爲」。朱光潛後來又把它翻成「不計較利害的」(見西方美學史，下卷，p.11-2)，這同樣累贅，亦不準確，因爲"disinterestedness"不單止意指不計較利害；這翻譯也容易與「不計較利害」

的庸俗意思混淆。總言之，以上之翻譯，都只是就其字面意義而作，而並無顧及此辭之美學專門意義。我把它譯成「無待」或「純粹無待」，源自莊子。但要說明爲何如此譯，則需要一篇獨立的文章，方可交代清楚，因爲這根本不只是翻譯的問題；它是一個哲學概念。

⑮ Kant, *Critique of Judgement*, translated by J. C. Meredith (Oxford : Clarendon Press, first edition 1928 ; second edition 1952 ; reprinted 1978), p.50 : 211.

⑯ 同上，p.50 : 210.

⑰ 徐，中國藝術精神，第一〇一頁。

⑱ James J. Y. Liu, *Chinese Theories of Literature* (Chicago : University of Chicago Press, 1975), p.106.

⑲ 引自徐復觀，中國藝術精神，p. 269.

⑳ 引自徐，p. 5.

㉑ 引自徐，p. 6.

㉒ 引自徐，p. 29.

㉓ 孟子，離婁，上。

㉔ Kant, *Judgment*, Part I, p. 221 : § 59.

㉕ 同上，pp.222-3 § 352。

㉖ 同上，p.223 : § 352。

㉗ 這些解說，乃本文作者所加，非康德所有。

㉘ 參考Kant, *Judgment*, Part I, pp. 224-5 : § 353-4。

㉙ 同上，p.225。

㉚ 引自徐，p. 238。

㉛ 此依徐復觀解釋，見同上。

㉜ 引自徐，p. 244。

㉝ 引自徐，p. 298。

㉞ David Hume, *Essays, Moral, Political and Literary*, edited by T.H.Green and T.H.Grose, Volume I, "of the Standard of Taste," pp. 266—84（London : Longmans, Green & Co., Ltd., 1882）; reprinted in *Philosophy of Art and Aesthetics*, edited by Tillman and Cahn, p. 127.

㉟ Stephen C. Pepper, *Aesthetic Quality: A Contextualistic Theory of Beauty*（New York: Charles Scribner's Son, 1937）, pp. 119—20.

㊱ Kant, *Judgment*, Part I, p. 227 : 356.

㊲ 同上，p.226 : 355.

㊳ 同上，p.227 : 356.

㊴ 劉勰，文心雕龍，王久烈等譯註，弘道文化事業有限公司，一九八一年再版，第十二頁。

㊵ 同上，宗經篇，第二十四頁。

㊶ 引自徐，藝術精神，p.24.

㊷ 同上，p.213—4.

㊸ Kant, *Judgment*, Part I, p.191 : 326.

㊹ 朱炎，「發展文學之我見」，收於中國文化論文集，第三集，臺北幼獅文化事業出版，一九八二年，p.549.

第九章　儒學與經濟

在現今世界中，有很多對抗，而一個牽涉最複雜、影響最深遠的，就是資本主義與共產主義的對抗。此對抗有很多層面，而經濟層面只是其一，此外仍有軍事、政治、現實利益、思想等其他層面。此對抗亦包含很多爭端及爭論，而關乎到道德之爭論，亦只是其一。在此，我們只就此對抗之經濟層面說，而亦只依其經濟之關連到道德而討論。再者，我們亦留意到一個分辨，此卽道德價值與經濟價值之分辨：一個經濟體系可以是道德地好的，但經濟地效率不足；它也可以是經濟地有效率，但道德地不好。這裏有兩種不同的價值標準。

在共產主義與資本主義這對抗上，儒學的經濟觀點不屬於任何一方，而有其自己的一套哲學。嚴格地說，儒學中並無我們所了解的所謂經濟理論，但有關於經濟的哲學觀點。

一、共產經濟的一些主張

馬克斯的共產主義計劃，主要是基於三個認識而作，此卽，他對「人」的了解、他對其時工人疾苦之了解、及他對此疾苦原因之斷症。共產主義儼如一社會病態的醫療計劃。

馬克斯認爲，人完完全全地是自然的部份，沒有超自然的成份；而自然是一個體系的物質存在，因此，人也是一物質個體。人與禽獸之分辨，完全在於其所謂「知覺的」生產活動，人有此知覺（consciousness），禽獸沒有。知覺的生產性乃界定人之爲人。但作爲一物質存有，人亦由物質因素及物質環境所決定。他說：「並不是人的知覺決定其存在，而是相反地，人的社會存在決定其知覺。」❶在各項影響因素之中，經濟狀況是最基本和最具決定性的。經濟狀況之構成，乃在於其生產模式（mode of production）。所謂生產模式，是指一個由生產工具、擁有權（財產權）、勞力、及產品之相互關係而形成的體系。在馬克斯眼中，他所處時代之經濟實況把作爲生產存有的人，置於困扼之中：資本主義社會之制度及機能，促成了資本主義對工人的剝削，而剝削乃在於剩餘價值（surplus value）之被奪取。

馬克斯把這種狀況哲學化，而稱之爲人之疏離（estrangement, alienation）。剩餘價值之被奪取，使㈠人與自己疏離，因爲人之勞力及由勞力而生之成果（產品），一旦被客觀化爲外在對象而以之交換生活必須品，就不再屬於生產者自己所有；㈡人與自然疏離，因爲人之勞力及其產品，乃是人所創造而成自然的一部份，但此部份之自然，被創造出來之後，就立刻變成與生產者（創造者）敵對的現實；㈢人與其他人疏離，即與人「類」疏離，因爲一個人必要獲取其他人之勞力及其成果以維持其個人自己之生存，以致任何他人都是自己的生存工具。總括言之，馬克斯認爲資本主義社會把人「非人化」（dehumanization）。

產生疏離的原因很多，但總的來說，整個資本主義制度就是其原因。資本主義制度，乃是由私有財產、佔有、貨幣、資金與土地、競爭、分工、成本與利益等所構成的體系。疏離亦有很多種，例如經濟的疏離、政治的疏離、宗教的疏離等。馬克斯追求人「從宗教、家庭、國家等回歸到其自己之本質，即，社會生命。」❷

在馬克斯的理解中，疏離的根本原因，是私有財產制。他對「私有財產」這概念作廣義的解釋，以超乎經濟和政治的範圍，例如，婚姻也是「無可爭辯地是一種排斥性的私有財產之形式。」❸如果把私有財產制除去，則所有重要的資本主義項目，例如擁有權、剩餘價值、佔有、利益等，便失去實際意義。因此，馬克斯以爲，要解除資本主義社會的非人化狀況，最根本的做法，便是消除私有財產制，所謂消除私有財產，亦即財產公有化，由社會或國家「公開地、直接地擁有〔一切〕生產力量。」❹

馬克斯的構想，最少有下列幾點，是出問題的。㈠他對人之爲人的了解，過於狹隘和單純。人不僅僅是物質存有，亦非僅僅由經濟活動所決定。㈡他對資本主義社會作了過份機械和靜態的了解。他沒有想到資本主義社會可以有自我調適的主動能力。㈢「疏離」之概念，帶着過於濃厚的價值取向；它在社會學上的科學的說明能力（scientific explanation），有待討論。它爲一個價值概念，多於其爲一個科學概念。㈣馬克斯對人之自然本性了解不足。霍布士的了解是：人的自然本性是自利自保。邊沁（Jeremy Bentham）的了解是：人的自然本性是追求快樂、避免痛苦。人的自然本性是什麼，是事實問題。馬克斯以爲消除私有財產，可讓人回歸到其作爲生產存有（productive being）之自己。但事實就是：若消除私有財產，則人便無動機多作生產，而不但不能回歸到其「自己」，且「失去」其「自己」。

二、資本主義的一些論點

資本主義，或更妥當地說，古典的資本主義，有下列主張。㈠經濟人（economic man）學說：資本主義對人採取一個霍布士式的概念，認爲人基本地是一自利的自我（self-interested ego）。因而，人之追求自我利益，乃是要被承認的事實。以此爲前提，則人可以在法律範圍內自由生產和買賣，以進行其自利活動。「經濟人」基本是指自然個體（natural body），但也可以擴大解釋，以包括財團法人（corporate ego）。㈡利潤動機學說：人既爲如此之經濟人，則追求利潤乃是合法的動機，此不僅在法律上爲合法，在經濟上、社會上、道德上亦然。故而，合法地佔有和積聚財富，乃被視爲是一種權利。再者，此學說認爲人之生產及工作，最强力和最有效的，乃是追求利潤之動機。㈢自由經濟學說：資本主義希冀一個制度，其中包含自由競爭、自由市場，而更重要者，政府之放任政策（laissez faire）。資本主義者認爲，只有在一自由經濟體系之中，發明、改善、及進步，方容易出現。自由經濟是自主的，而且一定要自主，而不能由政府干預；各種經濟問題，例如物價、工資、勞資糾紛、供需關係等，都可由經濟內部解決，不需他力協助。自由經濟有自我調適的能力。㈣私有財產權學說：私有財產權被視爲是基本人權之一，法律及憲法應予保障。所謂私有財產權，乃是一種去擁有、享受、或拋棄個人合法地具有的任何財物或生產手段，包括生產工具及場地、交易票據及貨幣、土地與物業、及一切有關個人追求幸福及保存生命之資具。

以上之學說，是就經濟而言經濟，而並不作其他非經濟的考慮。此是它的局限性。縱使經濟為必要或主要之考慮，但不能就以此為社會建構之藍圖，因為社會、國家、及文化之構造，經濟並非是唯一的；在人之活動中，經濟活動亦非是唯一的。經濟問題可以由經濟的內部法則解決，但經濟活動所產生的社會問題、道德問題、及教育問題等，卻不能由經濟法則解決。資本主義的學說，並不着意考慮或照顧到這些由資本主義經濟引生的「非經濟」問題，而在實際上，這的確出現資本主義式的不負責任（irresponsibility），此就是資本家或財團對其經濟活動所引生的問題，不多加照顧。因為根據資本主義理論，人的根本動機及活動目的，乃是追求利潤，依此而言，無利潤的、或負面利潤的，人便可避而不談，經濟人就是如此。資本主義把經濟目的和經濟價值提升到最高的「唯我獨尊」的位置，相對地貶抑了其他目的和其他價值。如果站在社會、國家、及文化全體之觀點看，資本主義的唯經濟是尚的傾向，使它不能、亦不當負起經濟以外的其他任務，而顯然，除經濟富裕之外，人及社會仍有很多其他的活動範疇和價值。

三、儒學關於經濟之思想

儒學的經濟哲學，我們將稱之為經濟的道德目的論（Moral Teleology of Economics）。就儒家觀點看來，個人及國家的經濟繁榮，是可欲之好事。但經濟富裕本身並非目的，而是作為有助於道德之手段。經濟行為應受引導，以使之能創造一有利於道德發展之物質環境。積極地說，經濟之富裕應直接對道德目的有所幫助；消極地說，經濟之富裕可使人之物質生命之維持，不成一負擔。孔子說，「行有餘力，則以學文」。「餘力」對個人之道德人格及文化之發展，有一定的積極意義。人之免於匱乏、免於生活之壓迫，縱使不必即表示道德人格有所長進，但至少在經濟上獲得自由，便少了一種阻力。儒學的經濟哲學，可歸納成下面一語：獲取經濟自由，以便於道德之發展。詳細地說，儒家的經濟思想，有下列三重點。

第一，道德之優越性學說（Doctrine of Moral Primacy）：此學說授與道德價值與經濟價值一個相對位置，而給予道德價值一個無可爭議的優越地位。此即孟子的義利之辨。此有兩個含義。第一，經濟活動的最終目的，不在經濟範圍內，而是在道德範圍內。利益之追求，本身不成目的，而必須由一道德目的予以證定。換言之，經濟利益是為達乎一道德目的的手段。第二，當道德價值與經濟價值發生衝突時，道德價值恆有優先性。孟子說：「苟為後義而先利，不奪不饜。未有仁而遺其親者也，未有義而後其君者也」❺儒家認為，經濟富裕固可有助於道德發展，但此並無必然。設使追求利益之經濟活動，不受道德約束的話，則經濟富裕反而對道德有害處，因為利益之追求可挑起更多慾望，以致「見利忘義」。利益之追求，不僅可能傷害個人道德，亦可能傷害國家或社會道德。因為利益之追求，若無道德之限制，則它能彌漫於人與人之間的關係，亦彌漫於人民與政府之間的關係。換言之，社會關係便要建立在利害之基礎上，若如此，利益衝突乃是無可避免的。關於此點，孟子說：

王曰：何以利吾國？大夫曰：何以利吾家？士庶人曰：何以利吾身？上下交征利，而國危矣。❻

儒家所希冀的社會，是以道德關係而不是以利害或商業關係爲其構成之基礎；人與人之間，應以道義相交而不應僅以利害相接。

第二，私有財產說（Doctrine of Private Property）：私有財產能給予一般人實際上及心理上之穩定，而對一般人而言，生活之安穩，乃是其進德修業所需的物質條件。縱使生活安穩並不保證人之能進德修業，但至少能減少其做壞事之可能性。就社會全體而言，人人生活有依靠，則由貧困而生之社會動亂，亦可消除。故孟子說：

民之為道也，有恒產者，有恒心，無恒產者，無恒心；放僻邪侈，無不為已。❼

孟子似乎把「恆產」與「恆心」的因果關係，過份强調，以「恆產」是「恆心」的充足及必要條件。但事實並不儘然，有恆產而無恆心者，乃常有之事。然至少我們仍可說，生活之安定，對個人及對社會之道德，提供了消極性的助力，此即，減少了由貧困而生的放僻。漢書食貨志說：「飢寒至身，不顧廉恥。」❽又說：「食足貨通，然後國實民富，而教化成。」❾在此意義下，私有財產至少有其消極的道德功能。

第三，政府參與學說：在經濟事務上，政府不應完全控制，因爲政府不是大企業機構；但也不能完全放任，因爲政府要保證經濟活動之有利於全體大衆。儒學中並無集中經濟之觀念，亦無放任經濟之思想。政府乃是一個調節者、引導者、及在一定程度上，是約束者。經濟政策應是一種「有節度的自由經濟政策」。孟子以下一段話，顯示其自由經濟之觀念：

> 市，廛而不征，法而不廛，則天下之商，皆悅而願藏於其市矣。關，譏而不征，則天下之旅，皆悅而願出於其路矣。耕者，助而不悅，則天下之農，皆悅而願耕於其野矣。廛，無夫里之布，則天下之民，皆悅而願為之氓矣。❿

用現代的語言說，政府之管制愈少，則經濟活動愈蓬勃，而更有活力。但孟子亦並不贊同完全放任的經濟政策，因爲此將導致財富過份集中，商賈魚肉平民，因而政府要設立軌道，以對經濟活動有約束及指導。孟子說：

> 人亦孰不欲富貴，而獨於富貴之中，有私壟斷焉。古之為市者，以其所有，易其所無

者，有司者治之耳。有賤丈夫焉，必求壟斷而登之，以左右望，而罔市利，人皆以為賤，故從而征之。征商，自此賤丈夫始矣。⑪

此雖以故事之方式陳述，但其意義則可推廣，而成一論點，此即，經濟活動若不加以約束，則財富會過度集中於少數人手中，壟斷亦起。漢書批評秦孝公用商鞅的政策，造成「庶人之富者累鉅萬，而貧者食糟糠；有國彊者兼州域，而弱者喪社稷。」⑫依此而言，政府必須作合理的調適，以使財富合理分配。

總括地說，儒家的經濟哲學，不贊成集體主義的共產經濟，也不贊成放任的資本主義經濟，而主張一種有節度的自由經濟——鼓勵私有財產及自由貿易，但反對財富過份集中。整個經濟活動，應有一更高的道德目的，此即「成教化」；因而，經濟活動亦應在道德軌道內進行。此是經濟的道德目的論。

附註

❶ Karl Marx, *A Contribution to the Critique of Political Philosophy*, tran. by N.I. Stone (Chicago: Charles H. Kerr and Co., 1904); reprinted in W. T. Jones, etc., ed., *Approaches to Ethics*, 3rd edition (New York: McGraw-Hill, 1977), pp. 313-4. 引文中的「知覺」(consciousness)，有時亦可譯爲「意識」。

❷ Marx, *Private Property and Communism*, reprinted in W.T. Jones, p.322.

❸ 見同上，p.320。

❹ Marx, *Socialism : Utopian and Scientific* , trans. by E. Aveling (New York : Scribner's Son and Co., 1892) , p.43。

❺ 孟子，梁惠王，上，第一章。

❻ 同上。

❼ 孟子，滕文公，上，第三章。

❽ 漢書，卷廿四，食貨志第四，上。台北，洪氏出版社，p.1131。

❾ 同上，p.1117。

❿ 孟子，公孫丑，上，第五章。

⓫ 同上，公孫丑，下，第一〇章。

⓬ 漢書，卷二四，食貨志，p.1126。

第十章　儒學與科學

一、引　言

十九世紀中葉以來，滿清王朝領導著中國接受了一連串喪權辱國的事，例如英法聯軍入北京；南京條約、中俄伊犂條約、中法安南條約、中英緬甸條約、中日和約、辛丑和約等的簽訂；及租界、礦權、關稅權、治外法權、郵電權等主權之喪失，不單使立國的實質條件日漸消失，更而使文化之自信從根地動搖。縱使民國建立之後，文化自信和自尊，亦無法挽回，此顯現在五四運動打倒孔家店之主張、陳李等人要以馬列主義救中國之主張、胡適之之敦促國人承認自己百事不如人，以及無數對傳統文化——特別是對儒家的破毀性批評。時至今日，無論在臺灣、大陸、及海外，對中國文化（特別是儒家）抱持輕視或否定態度的，仍大不乏人，例如宣稱「孔夫子已經死去」的劉再復及林崗❶及《河觴》的作者蘇曉康等人。

對中國文化有所不安，大體是基於與西方文化成就對比下而產生。在中西對比之下，中國文化呈現出兩個明顯的「缺憾」（也許對某些人，會呈現更多），其一是民主政治沒有開出，另一是科學科技之落後；這是百年來吾人共同體認的事實。但如何面對這兩項事實，在態度上卻有很大差別。一種態度是，承認中國文化在這兩方面的缺憾，但力求改進和補救，冀求在固有文化之根基上，吸收西方文化成素以自我創發和突破。另一態度是，承認中國文化在這兩方面的缺憾，且進而認爲中國文化在本質上、根底裏必然有此缺憾，亦卽認爲在固有文化的根基上，不可能發展出民主政治和科學，因此，只有把它替換掉，民主和科學才可能出現。

上陳兩種態度，只是大體上的模型化區分，實際上會有程度的差別，也會有重點和細節上的不同。在這裏，我們把中國文化與民主政治一方的問題，遮撥開去不加討論，而只就中國儒家文化與科學這方面作考慮。在這方面，有一種見解認爲：中國文化沒有科學；且以儒家爲核心的這種文化，本質上對科學的發展有禁制性。持有這種見解的，中、外學者都有，也曾是（或許仍是）一種十分流行的看法。

吾人首要批判這種見解。所謂「批判」，是在於分析這種見解的性質、根據和思考邏輯，以決定其意義；次要討論儒家與科學究應有何相干性。

首先分析一下這種見解的邏輯。它其實由兩個謚句組成，第一個是「事實謚句（statement of fact）」，它企圖陳謚一項事實，卽中國文化缺乏科學成就這一「事實」。可模型化地寫成這樣：「中國文化沒有科學」。當然，實際上學者們所說出來的，不必就是這樣的模型化，亦未必是明顯地說，但只要其所說或顯或隱地表達一等同意義的命題，都可把其歸入此模型語句之一類。做爲一事實謚句，其成立與否，是根據其是否符合事實；它的眞假，由事實決定，不是由先驗推理決定。

另一個是「說明述句（statement of explanation）」，它亦可模型化的表示成這樣：「中國儒家文化本質上禁制科學的發展」。它的功能是在說明原因，卽針對上項「事實」，說明其爲何如此（卽爲何沒有科學）。其中「本質」與「禁制（inhibit）」的意義彈性很大，「本質」將包含「決定性的」，「主要的」、「關鍵性的」及其他類似意義；而「禁制」則包含「扼殺」、「妨礙」、「不利於」、「壓抑」等強度不同的意義。又當然，實際所說的，可能長篇大論，亦可有不同的表達方式。

此「說明述句」之可否接受，不是由事實決定，而是在於其是否能充分地（sufficiently）說明其所要說明的事實。但必須注意到它的曖昧性格，因爲它似乎又是一個事實述句；它似乎陳述儒家文化之具有一種或一些性質，這些性質禁制了科學的發展。例如有人認爲，儒家是以道德爲價值取向的，此種道德取向，壓抑了科學的求知精神，造成科學不發達。儒家以道德善爲人生之最高價值，的確是事實，故「儒家是以道德爲價值取向」一語，亦是一事實述句。但它仍然是一說明述句，因爲它所提的事實，是做爲「原因」而被安立。

以上兩述句間有如下的邏輯關係：如果該事實述句不成立，則那些說明述句亦失去其該有的意義；因爲若並無一事實作爲「果」，則所謂的「因」亦不成原因；又設若該事實述句成立，但相應的說明述句，亦並非必然成立，因爲它可能陳述了一個誤因（false cause）；換言之，縱有此「果」，亦未必卽是由所指的所謂「因」造成，很可以另有原因。以上分析，並未窮盡二者的一切邏輯關係，但已足夠所需。

二、認為「儒家妨礙了科學」的意見

以下陳述並分析四位學者的見解，作爲例證。馮友蘭在一篇名爲〈爲何中國沒有科學？〉論文中，這樣說：

中國一直都沒有科學，因為照其價值標準，中國一直無需求任何科學……中國哲學家亦無需要科學的確定性，因他們所欲求知悉的，就是他們自己；所以，同理地，他們亦無需要科學的力量，因為他們所欲求征服的，就是他們自己。❷

馮友蘭首先陳述了一項他所認知到的「事實」，此卽中國（文化）沒有科學。然後針對此項事實，提出了一個主要的說明，此卽：中國的價值標準，無需科學。然則這個價值標準爲何？他用迂廻的方式，表示了這個意思，卽，中國文化的價值標準，就在於內省和克己，以完成道德的自內我，亦就是「內聖」的價值追求。

此外，馮氏在別處亦提出更多的說明。他在其鉅著《中國哲學史》中批評道，中國哲學家只「重『是什麼』而不重『有什麼』，故不重知識」❸。其意是指中國哲學家不重視對事物作內部的分析和量化，而只在粗糙的經驗層以決定事物之爲何物，便以此爲足。再者，「中國哲學亦未以……知識問題爲哲學中之重要問題」❹，故作爲科學理論基礎的知識論、邏輯程序和方法，皆得不到發展。中國哲學之未以知識問題爲中心，其原因一在於中國哲學家未了解到知識本有其自身價值，「故不爲知識而求知識」❺；又一在於中國哲學未把人與自然宇宙截然區分，亦卽未把主觀的「我」與客觀的「非我」世界區別開來，以致對客觀世界不求甚解❻。

馮友蘭在中國文化與科學這論題上，其見解可重構如下。事實述句：中國文化沒有科學。說明述句（理由或原因之提出）：一、中國文化專注內在道德價值；二、中國哲學家不重「有什麼」；三、中國哲學家未能了解到知識自身價值；四、中國哲學沒有把人與自然區分和對立起來。實際上，四項理由都是互通、互相關連的；不過，第一項理由似乎最爲根本，因爲它可以導引出其他三項。必須注意到，馮氏所提出的理由，完全是在中國哲學的範圍內發掘出來。質言之，馮氏是就中國哲學的一般性質，藉以說明中國文化沒有科學之事實。

接著考察韋政通的見解。韋氏在其《儒家與現代化》一書，認爲傳統文化有四項因素與科學精神相違，今簡述如後。

第一，不重效用。韋氏說：「就思想表達方式看，傳統文化與近代科學，最大的殊異處，一是採取『內向觀點』，一是採取『外向觀點』。後者重印證、重懷疑、重實效；前者則否。所以止於『內向觀點』的思想，也就是中國未能產生科學的原因之一」❼。所謂「內向觀點」，他引早川（S. Hayakawa）的解釋，謂「只根據言辭，而不根據言辭所代表的事實行動的習慣」❽。他認爲中國文化遺產，絕大部份屬於「內向觀點」，卽二千多年來的學術文化，無非都在維護那儒家的「常道」、堅守那「不可冒犯的天條」❾而無視於事實的驗證，「因此一切思想就只能詮釋這個永恆的道……我們只看到一個個的儒者們，在義理方面，經過一生的苦思與發展，結果仍毫無例外地回到原來的出發點上去」❿，此則有礙科學的發展。

第二、輕視經驗知識。韋氏看來，儒家的人生思想，「可以完全不以知識為基礎」⓫。儒家之輕視知識，實自孔子開始，經孟子以迄宋明的陸王，知識問題就被「處了死刑」⓬；儒家注重的德性之知，實與經驗隔離。更甚者，宋明儒者把「見聞之知」（即經驗知識）與「德性之知」視為相反對立，然後一味追求那與科學相反、靠大徹大悟而得的絕對眞理和無上智慧；但「丟了具體的物理，去求那『一旦豁然貫通』的大徹大悟，決沒有科學」⓭。韋氏歸結說，「在中國傳統文化中，『道德』與『知識』已無法並存」⓮。

第三，毫無懷疑地信古。韋政通認為中國文化傳統對古代文物制度信守不移，崇拜追懷，「自始就缺乏懷疑精神，（如此），則中國科學不發達，實是非常自然的一個結果」⓯。他據顧頡剛的研究，謂中國古史，特別在種族、政治、倫理和學術四方面，都充滿了虛構的故事和被塑造的偶像，而這大都「只是孔孟及其從徒」的傑作，後世儒者又毫不懷疑地信奉。韋氏斷言，「沒有懷疑，就不會有近代文明……我們孔聖人的一生卻在頌揚堯舜，追懷周文……即此一端，或許已可解釋科學所以在西方文化中發達，而不能在中國文化中發達之故」⓰。

第四，文字性質的限制。韋政通認為中國文字本質地是「詩的語言」，帶著濃厚的「情感與外表的美」⓱，但這種語言文字卻不宜於記述經驗和說明事實之用，故科學亦因而受到中國文字性質所限制。

韋氏的見解，可以重表如下。他用不同的方式，表達了同一個事實述句，中國沒有科學。這些方式是：「中國未能產生科學」、「決沒有科學」及「科學……不能在中國文化中發達」三者。針對這項事實，他提出了四項說明，分別是一、儒家文化不重視經驗的實證；二、儒家輕視經驗知識（見聞之知）；三、儒家文化缺乏懷疑精神；四、中國文字性質不合乎科學之使用要求。韋氏所提之四項理由，前三項皆是直對儒家而發；韋氏是就其所了解到儒家的三種性質，藉以說明中國沒有科學之事實。關於第四項，不擬討論；但必須說，它是荒謬和違反事實的⑱。

以下陳述傅偉勳的看法。傅氏在其論文〈儒家思想的時代課題及其解決線索〉⑲，批評了其所謂儒家的知識論。傅偉勳認爲儒家知識論有三個基本特色，此卽㈠「德性之知」與「見聞之知」之區分；㈡「德性之知優先於聞見之知」；㈢「站在儒家泛道德主義立場，『知』本身並沒有獨立的存在意義與價值，它只是爲了『行』的目的而存在」⑳。

傅氏斷定，「儒家建立知識兩橛觀的目的是在標榜儒家的泛道德主義（pan-moralism），這就是說，德性之知優於聞見之知，前者是本，後者是末」㉑；而就在這裏，儒家便犯了「泛道德主義的偏差」㉒。照傅氏的論證，以德性之知爲優於聞見之知，卽是使聞見之知變成德性之知的附庸，把經驗知識變成是「行」（卽道德實踐）的工具；他舉例說：「程朱所云『道問學』或格物致知，根本用意還是在『義理』（仁義禮智等道德性理）的知解……儒家大儒之中對於自然經驗的外在經驗最表關心的荀子，都突破不了泛道德主義的『行是知的目的』立場」㉓。簡言之，聞見之知的自身價値被德性之知所掩蓋、抹殺了。

傅氏又指出，以德性之知爲優於聞見之知的泛道德主義，其結果是：

> 不但容易忽視聞見之知的獨立性與重要性，也很容易動輒混淆道德價値問題與經驗事實問題，由是產生嚴密科學研究態度的奇缺，邏輯思考能力的薄弱，哲學論辯程序的過份簡易化，論點證立上的過失或不充份等理論知性的蔽塞或幼稚。㉔

傅氏舉孟告之辯爲例，指孟子犯了種種論證或邏輯的錯誤；而朱熹、司馬遷、王夫之等人，也常混淆了道德判斷與事實判斷，走不出泛道德主義的框架，故而中國文化「開拓不出西方人所擅長的純粹知性探求之路」㉕。

傅偉勳的論證是這樣的：中國沒有科學知識的成就（事實述句）；其原因是科學態度和邏輯方法沒有發展出來，而此又是由儒家以德性之知優於聞見之知的泛道德主義所造成。必須注意，傅氏又是從儒家那裏找到某種性質（此，他了解爲泛道德主義），藉以說明中國科學不發達的原因。可惜的是，傅氏論證的邏輯和語言的使用，剛巧呈現了他所指稱的「嚴密科學研究態度的奇缺，邏輯思考的薄弱，哲學論辯程序的過份簡化，論點證立上的過失或不充份等理論知性的蔽塞或幼稚」㉖。

最後要舉的例證，是一位西方學者李雲信的見解。

李雲信（Joseph R. Levenson）著了一部三冊的書，名爲《儒家中國及其現代命限》（*Confucian China and Its Modern Fate*）。該書就明清迄毛澤東時代中國的文化與政治情況，以解釋中國文明（意卽儒家文明）的性質及其在西方文明沖擊下而致的沒落，亦分析了中國人面對這歷史情境所生的心理矛盾[27]。李氏的結論，亦卽其全書所要建立的歷史判斷，可以歸結爲一句話，此卽，孔子已死而且不能不死。（在李氏的使用中，「孔子」是比喻辭（metaphor），其意思包含「傳統中國」、「中國文化文明」、「儒家文化文明」等義）。

李氏說：「孔子及現存於新近中國的傳統價值，可以說是活在符合〔進入〕博物館的一切條件中」[28]；它有「歷史意義（historical significance）」[29]，可以作爲歷史學或考古學研究的對象，可以供任何人觀賞（「只要有護照及簽證許可」[30]）。對中國近代的變遷和事件，李氏說：「在中國演出的戲劇（drama），那悲劇的歷史，就是儒家中國慢慢消磨至只留下歷史意義〔的過程〕」；〔此場景〕的標記之一，就是『漢學（sinology）』，這是西方對中國文明的興趣之全部」[31]。

傳統中國文明文化已死去，但是否如古埃及文明一樣地「在時間中消失？」[32]李氏認爲不至如此，但亦不是說儒家文明可以不朽。埃及文明與中國文明的命運和結局，有同有不同。李氏說：

> 古埃及文化，包括木乃伊及其他等等，也已填滿了各大博物館，而外國人（包括阿拉

> 伯語的非象形語系的埃及人）就是館長。於此，就是法老王們跟孔子的不同：中國人對傳統文化有其自己的博物館方式，他們保存自己的延續而不排拒變化。他們的現代革命（按：指共產革命）——對抗世界以期能加入此世界，對抗他們的過去以期能保有它為專屬於自己的過去——就是一個長久的奮鬥去建立屬於他們自己的博物館。他們要與歷史交代，往後面拋出一條新的繩子，然後抓緊它，而卻面向十分相反的方向㉝。

李雲信的意思是，埃及人乾淨俐落地把他們的木乃伊放在歷史博物館，做為世界古代文明遺跡，供世人觀賞和作學術研究；而「孔子」亦是歷史遺跡，但中國人卻仍不願乾脆地放手交出來，以便封在世界歷史的博物館裏。李氏認為儒家中國已與世界歷史脫節；它已不活在世界歷史的潮流中。

李雲信斷定儒家中國已沒落以至死亡，但為何如此？他問道：「為何儒家會凋萎以致（與世界）離異？為什麼歐洲，而非中國，能維持其做為歷史創造者的自我形象而與世界共榮——至少在文化上而不管其政治起伏而言？」㉞

李雲信提出其解答，認為儒家在現代世界沒落，其部份原因是儒家文化與科學不相容、不相配。李氏說：

> 儒家文明是業餘（amateur）（精神）的聖化，而現時代的天才（不管是好是壞），卻是

專門化的……儒家教育冀求創造出高層文化的非專業性自由個體；它不必涉身於單純的操作系統。依此，中國科層體制的光采固由其本質上是美感的、自身圓足的、文化的仕人考試內容反映出來，但這種體制堵塞了專業（知識）方面的發展。在這些情況下，儒家對專門化的貶抑，亦就涵蘊了對科學、理性化抽象化的法政經濟網絡、及歷史演進觀念的貶抑（和剝除）……。㉟

李雲信的意思是：儒家所追求的，是一種美感的、不涉「世俗」事務事功、優游自在的精緻文化（李氏稱爲業餘的理想），這種文化追求，具體地反映在仕人考試的內容中。但這種追求，恰與西方的專業化追求背道而馳，因而中國的儒家體制實有礙於科學、資本主義經濟及歷史的發展。照李雲信看來，「孔子」的未來，就是「博物館化」，或說已經博物館化；「一種〔世界〕共同科技的擴展……可能在現實上創造出黑格爾的狂想——一個世界精神（World-Spirit），那時，中國仍跟蘇俄、英國爲不同，但此並不是儒家文明與基督文明之不同，而是在保持其自己的歷史人物上，國與國之間的不同。然而，各國皆共同存在於一個多色彩、不限於國家民族的單一文明之中」㊱。李雲信斷定，「孔子」將無可能在由歐洲主導的科技的世界文明中繼續生存；不過，卻可以在博物館中存放著，如同埃及的法老一樣。

李雲信關於「孔子」的議論，十分「有趣」，正因其「有趣」，我們把它引述進來；而又因爲它「只是有趣」，我們不予以討論。然而，李雲信關於儒家與科學發展之關係的論點，卻是引述之目的所在。在這論題上，李雲信的論證是這樣的：中國文化（儒家文化）已沒落死亡（這是他對「事實」的陳述）；部份原因，是儒家文明與科學不相容（換言之，有儒家就不可能有科學，要有科學，就不能有儒家）；其所以不相容，又是在於儒家本質上是感性的，業餘性的，而科學則是追求理性化和專業化的。簡單地說，李雲信認為儒家的感性和業餘性格，妨礙了科學的進展。

以上陳述和分析了馮友蘭、韋政通、傅偉勳和李雲信的見解。事實上，持有相同或類似看法的學者，在臺灣、中國大陸、及海外都為數不少；他們如梁漱溟、胡適之、殷海光、韋爾特（Mary Wright）、韋伯（Max Weber）、羅斯洛（F.S.C. Northrop），以至晚近的金觀濤、陳忠信、張廣達、耿雲志等，都認為中國文化之沒有科學或開展不出科學，是儒家之某種性格所造成或與之有關。他們批評的著力點，縱或有所差別，但大體上都是環繞著儒家之凸顯道德價值這一特性，發掘出其所認為造成科學落後的原因。用一句很粗糙籠統的話來說，這些學者就是斷定：中國的儒家禁制了中國科學發展。這個斷定，自然有其含義；其一是，若儒家繼續存在，或客氣一點地說，若儒家繼續為文化之主流核心，則科學將繼續不可能發展起來；其二是，如果有人企圖從儒家理論體系「開出」科學，那是絕無可能的；其三是，若儒家繼續存在或繼續強大地影響著文化價值，則現代化將被阻礙，因為科學是現代化的必要成素。當然，有更多的含義，但不必贅述。

認爲儒家妨礙了中國古代科學的發展，這思考方向或見解必須加以批判，好讓我們對儒家與科學發展間的關係，能重新開展出一些新的、較健全的探討方向和空間。事實上有很多學者，特別是那些「先進的」、「批判性強的」文化工作者、思想家、和哲學家，對儒家作批評似乎是其學術生命之全部；而其批評的內容，又已成公式化，例如「泛道德主義」、「保守復古」、「天（自然）人無對」、「權威主義」、「輕視經驗知識和實務」、「輕視邏輯和理論」等，都是標準的評語。如果這些評語全都被接受爲正確；又如果這些評語所指的儒家特性，皆被認定爲可充份說明中國古代科學發展的落後原因，則馮友蘭及其他甚多學者所關心的歷史問題——爲何中國沒有科學？——便已獲得解答，而科學史家、歷史學家、和科學社會學家亦不必再費精力去探究這問題了。但事實就只是如馮友蘭所言「中國沒有科學」或韋政通所言「決沒有科學」這樣簡單嗎？他們未曾詳細地把事實告訴我們。當他們指證說儒家的這個或那個特性造成中國科學未能發展出來，卻沒有同時證明古代中國的經濟型態、軍事需要、地理環境、宗教信仰、政治狀況、國際交往等，皆不是主要原因。再者，他們亦沒有指出科學發展的一般規律是什麼、科學發展的充份條件及必要條件有那些。然而，更大的缺憾，乃是他們根本誤認（misconceive）了事實；進而誤構（misconstrue）了問題，以致其說明變成無意義。此詳下文。

三、「儒家妨礙了科學」做爲原因說明之無意義（Non-Sense）

學者們從儒家那裏找到形形色色的原因，用以說明中國文化爲何沒有科學。但此所有的說明，先不問其是否中肯正確，它們首先必須是「有意義的」。所謂「有意義」是指它們最少有可能對一個事實或事件指出其原因或理由；它可能正確也可能不正確。但如果一個所謂「說明」連正確或不正確的可能性都無從說起，則這所謂「說明」，便是「無意義的」（Non-sensical）。此正確或不正確的可能性，必須預設一個眞的存在命題（existential proposition），此卽：這被說明的「事實」是存在的。如果有一項說明，其存在預設是假的（卽其所要說明的「事實」是根本沒有那回事），則該所謂說明便無所謂正確或不正確；因爲若無相應的事實，則該所謂說明，乃不可能成爲一項「說明」，故亦無從說它是正確或不正確；此時，此所謂「說明」，便只是「無意義」。舉例說，警官甲認爲張三是被謀殺致死，警官乙則認爲張三是自殺而死；此時，有可能甲、乙二者皆不正確（卽當張三是意外而死的話），也有可能甲、乙二者之一爲正確、另一爲不正確；但這些「正確」或「不正確」的可能性，只有在一個眞實之情況下，才可成立，此卽張三確實已死。今我們若發現張三並沒有死亡，則警官甲和警官乙的「說明」，都變成廢話——無意義。

上文列舉對中國爲何沒有科學的種種說明，以及一切同類的說明，皆是無意義，正因爲它們事實述句所表達之存在預設是假的；換言之，中國科學不發達或中國文化沒有科學，並非事實。學者們在儒家那裏找出種種原因，以說明一個並不存在的「事」，那是完全白費心思的「哲學幻想（philosophical fiction）」。李約瑟（Joseph Needham）對馮友蘭之論〈中國爲何沒有科學?〉，評之爲「年幼的悲觀」(youthful pessimism)[37]，意思是不成熟的悲觀看法。李氏指出，「中國人並非如馮友蘭所斷言的對外界自然無興趣」[38]。

有一個以訛傳訛的看法，認爲中國文化只長於所謂「精神文明」，而「物質文明」(特指科學和工具技術)卻是一片空白。姑不論此精神與物質文明的區分是否適當，這種看法是不符事實的；因爲中國過去的「非精神文明」，卽科技文明，亦是在人類文化中有過高度的發展和成就。這個歷史事實的揭露，必須感謝李約瑟所完成的艱苦工作，他的鉅著《中國的科學與文明》，把中國過去的科技理論和發明的資料，都收集整理起來，改變了人們對中國文化史的很多看法，亦引起了很多中國學者對中國科技史的研究興趣。今吾人在此要證明「中國科學不發達」或「中國文化沒有科學」這類意見之不符事實，最好的辦法自然是把正面的事實陳述列舉出來；李約瑟的研究成果，卽陳述了中國科技的成就，吾人固不可能複述一遍，但仍可主要地依據李約瑟，概括地指出以下事實。

第一，在第五至第十五世紀的一千年間，「中國的科層封建體制，比歐洲以奴隸爲基礎的貴族封建系統或奴隸主的古典文化，更爲有效地應用自然知識。中國的生活水準通常較高，故無怪乎馬哥孛羅認爲杭州是一天堂……事實上，〔中國的〕科層精神似乎在很多方面有助於應用科學」[39]；在這段時期內，中國事實上是科技文明的輸出國。馬哥孛羅帶回歐洲關於中國的報告，引起極大震撼；哥倫布亦獲有一份，並小心地加以評注[40]。自十六世紀至十八世紀末，中國這個國家及文化，仍然是一個可敬可畏的實體：利瑪竇一五八三～一六一〇遊中國的紀事，他認爲「也許是比任何歷史書刊對十七世紀歐洲的文學和科學、哲學和宗教有更大影響的〔一份報告〕」㊶。至十八世紀末期，牟托斯（T. R. Malthus）在一七九八年出版的《人口首論》（*First Essay on Population*）一書中，仍宣稱中國是世界上最富有的國家㊷。幾乎同時，英國一個爵士史道頓（Sir George Staunton）亦寫道，「在其自然及人工產物；其政府的劃一性和政策；其人民的語言、儀表、和見地；其道德規範和民間制度；及其國家之總體經濟和〔社會〕安定等各方面，它〔按：指中國〕都是人類思考和研究的最偉大之整體對象」㊸。我們所注意的，並不是過去的光榮成就，而是一個歷史事實，此即，中國及其文化（特別是所謂物質文明），最少在十八世紀以前，仍是一個相對地「先進」的國家和文化。

第二，中國改變歐洲文化面貌的科技輸出，一般說是四大發明（羅盤、火藥、印刷、造紙），但李約瑟指出，此其實不止四種，事實是一十、二十、三十，以至更多。他在一篇文章〈科學及中國對世界的影響〉（"Science and China's Influence on the World"）中寫道：「這一章的適當題目應是〈震驚世界的十個（或二十或三十個）發現（或發明）〉」㊹。在這篇文章，李約瑟追溯了從第四世紀至十八世紀，由中國傳至歐洲而對歐洲社會產生「震撼效果」㊺的科學發明和觀念。重要的例如：手搖織布機，韁馬肚帶（4-6A. D.）；馬鐙懸吊架（8A. D.）；馬的頜韁，投石機（一種攻城武器）（10A. D.）；磁性羅盤、船尾方向舵、造紙術、風車、獨輪手推車、平行力投石攻城器（12A. D.）；火藥、紡絲機、時鐘、半拱橋、鍊鐵用風箱、活版印刷（13 A. D.–14 A. D.）；風輪、（直升機頂的）螺旋、水平型風車、球鏈式飛輪、運河水閘（15 A. D.）；

風箏、赤道計、無限空間學說、鐵索吊橋、水陸兩用車、把脈法（醫學）、聲學的調率法（16 A. D.）；牛痘防疫法、製瓷技術、旋轉式脫糠機、航海的不透水倉房，以及醫療體操和公家考試制度（18 A. D.）等等㊻。以上是李約瑟認爲一些較顯著由中國傳至歐洲的科技發明，此外仍有甚多。

第三，中國文化是否只有感性表現之成就而無知性理論方面之成就？我們舉一些事實來回答這個問題。惠施及公孫龍之名理之學；《墨辯》的邏輯；計算的十進制；《黃帝內經》；《管子水地篇》有說，「水者何也？萬物之本原，諸生之宗室也」（宇宙論）；《易經》的六十四卦；尸佼（400 B.C.）提出了時空座標，說「上下四方曰宇，往來古今曰宙」，合稱宇宙；漢初的陰陽五行說；漢代有所謂蓋天說及渾天說之爭論（天圓地方V.S. 地球中心說）；《九章算術》中有幾何、分數、比例、負數、及聯立一次方程式等數學概念；《神農本草經》；沈括《夢溪筆談》；宋元數學四大家——秦九韶、李治、楊輝、朱世傑；周濂溪《太極圖說》等等。以上所舉事例，並不是證明中國已有完整的現代科學，而是要證明，中國文化並非只是感性文化，其中實有極豐富的理論知識。一些西方學者如李雲信及羅斯洛（F. S. C. Northrop）等人，認爲中國文化本質上是感性文化㊼，李約瑟評論說：「我們深怕，如此的觀點〔按：指中國文化爲感性的這觀點〕被本書〔按：《中國的科學與文明》〕所搜集的幾乎所有資料所否證」㊽。中國傳統文化，固以儒家之道德價值爲重心，但事實上，它卻並非如殷海光及傅偉勳等學者所構想被儒家「泛道德主義」所淹沒而無「非道德」的知識出現㊾。

第四，據李約瑟的研究，中國古代及中古科學和技術，在很多方面都比同時的歐洲先進。在機械工程方面，中國鍊鋼和鑄鐵技術比歐洲早了十五個世紀；機械鐘最早出現在唐代（7A.D.－10A.D.），歐洲則在文藝復興（14A.D.－16A.D.）早期才有。在軍事技術方面，中國在第十世紀中期已廣泛使用火藥和火鎗，而歐洲最早的火炮乃是在第十三世紀初；此外，紡織技術、圓週運動與直線運動之互相轉換、磁的應用等，皆源自中國。在農業生物方面，中國首先使用生物除蟲法來對治農業害蟲，此見於《南方草木狀》（約340A.D.）。在醫藥方面，中國的成就「需要好幾個小時才能說完」[50]，針灸治療法是衆所週知的；除此，《本草綱目》包含了植物治療、礦物治療及動物治療諸法，而歐洲醫藥界在十六、十七世紀前，仍未敢確認由礦物和動物提煉醫療藥品的效用。此外，滑尺、數學方程式解、天象圖、日月蝕及星體運動紀錄和預測、渾天儀及地震儀等等，皆最早在中國出現，而不是在歐洲[51]。事實上，中國中古科技領先歐洲的，固不止上列所舉；且必須注意到，任何一項科技成就，決不是單一孤立的，它實包含了更多相關的技術和理論。一個研究中國科學發展史的學者劉青峰，統計了自公元前六世紀到十九世紀的二千五百年中西方近二千項科技成就，指出「十五世紀中國技術遠高於西方同期水平，西方的技術只是在工業革命後才超過中國的」[52]。

上列的種種事實和證辭，顯示了中國文化並非沒有科學和技術，也證明了中國的科技文明並非打從孔子開始便落在西方之後。不過，若就學術和科學的嚴格態度而言，光是上列事實和證辭，顯然未能被視爲是「充份」的證據，但它們仍然可作爲本文論證的根據，因爲，事實上已存在了甚多十分完整的中國科學史史料和著作，提供了足夠的科學史實，李約瑟的《中國的科學與文明》自是最完整和權威的一套，此外亦有《中國科學文明史》（作者不詳）、藪內清的《中國之數學》及《中國、科學、文明》、茅以昇的《中國古代科技成就》等，皆能提供更豐富的史實。劉青峰指出：「統計分析表明，歷史上並不存在中國古代科學技術停滯倒退（具體學科可能存在停滯和倒退），十七世紀後，中國科學技術之所以落後西方，實際上是因爲西方科學技術出現了加速發展的結果」[53]。

如果吾人已成功地否認了「中國文化沒有科學」這一命題，則一切針對「中國文化沒有科學」這假事實（pseudo-fact）的說明，皆是無意義的；換言之，一些學者從儒家找出某些其所認定的性質或性格，藉以說明中國文化爲何沒有科學成就，是無意義的；我們的結論，終結了這一類型的聯想和哲學的先驗推論。

四、正確問題之提出及種種假說（Hypothesis）

我們是否含蘊說中國科學的發展或不發展，一皆與儒家無干？完全沒有這樣的含義；事實上，這個議題是我們及其他學者所關切的。但它卻不是一個簡單的問題，也不容易獲得終極的、確定的答案，因爲它實在是一個大問題之下的次問題。這個大問題李約瑟視爲是一個謎（enigma），即是，「爲什麼現代科學，那伽里略時代的『新的或實驗的』哲學，只在歐洲文化產生而沒有在中國或印度產生(?)」[54]問題之如此被提出，是以多項事實之認知爲背景，此卽，第一，中國文化曾有輝煌科技成就；但第二，中國文化沒有發展出「現代科學」；第三，「現代科學」是歐洲在十七世紀伽里略時期所發展出的新科學。顯然，對這樣的問題，不可能單從儒家或《論語》那裏獲得完整的解答，因爲在十七世紀新科學出現之前，儒家已存在和影響了中國文化近二千年；而在這段歷史時期，中國文化裏的科技成就卻是世界之冠。一個日本學者藪內清，在相同的事實認知下，也提出相同的問題，他說：

> 日本人卻忘記了中國曾經在科學技術方面取得過無數創造性的成就，並一直對世界文明有所貢獻這一歷史事實。我們的祖先在科學技術方面一直蒙受中國的恩惠……如果追溯至江戶時代的話，則可以說日本的科學技術幾乎都是中國引進的。[55]

但令人困惑的是，「爲什麼中國近代科學技術沒有發展起來？要回答這個問題是不容易的」[56]。我們所面對的事實，不是中國文化沒有科學，而是中國文化沒有突破傳統科學而發展出「現代科學」——一種由經驗和技術結合了數學和理論的新科學——的事實，前者是一個全稱的單一命題，它把中國文化文明籠統地一體而觀，淹沒了其中歷史發展的階段性差異。後者是一個有限制的偏稱命題，它特指某一階段的歷史發展和事實。對前者的說明，不能夠說明後者的特殊性。眞正的問題，是爲何中國傳統科技沒有發展出現代科學，卽沒有發現到工藝與理論結合這一科學方法。面對這個「謎」，目前唯一的共識，或說已成立了的結論，就是，借藪內清之語，「其原因不是單一的」[57]；黃仁宇亦陳述其研究心得，如是說：「要解釋何以現代的科技產生於西方，而不產生於中國。多年摸索之後，才知道這問題不能局部解答，而解答也應由兩方社會的組織與運動間找到線索」[58]。

科學之能有突破或沒有突破、有進展或沒有進展，是由很多複雜的原因結（nexus）所造成，其中有內在因素、外在因素、和偶然因素；每一方面的因素，亦可能有複雜的內部結構，而三方面又結合在一起。

所謂內在因素，是指內在於科技範圍的發展機制。據劉青峰的研究，近代科學的加速發展，是由於兩個良性循環結合而造成。其一是「理論——實驗——理論」的循環，另一是「技術——理論——技術」的循環。這兩個循環又互相關聯和配合而形成了一個動態的有機結構；只有在此條件下，三者（做為一整體）才能加速發展[59]。根據這樣的科學發展理論，劉青峰指出，「中國古代技術雖然發達，發達的技術背景當然也在一定程度上促進了科學，但這種循環關係不存在。〔其中〕技術、科學理論、實驗……互相隔裂……它們各自地孤立發展，連續而緩慢」[60]。

這當然不是唯一可能的說法。如果我們應用孔恩（Thomas S. Kuhn）的某些概念，亦可對中國古代科學之進步緩慢，作出一個可能的說明。照孔恩看來，科學的進步，是見於其「對自然之了解的細膩和精緻程度不斷增加」[61]，也就是它的精巧（articulation）和專門（specialization）程度的增加[62]。更具體而言，科學的進步，是見於其所能解答之問題數量及其所提的解答之精確度之成長[63]。在前典範（pre-paradigm）時期，科學難於見到進步；「只有在常規科學（normal science）的時期中，科學才有明顯和確定的進步」[64]。（按：所謂常規科學，是指科學研究已有一典範，且依循這典範所給予的指引、規準、和預測以進行研究，而其結果能反過來精巧化那典範、擴大那典範的預測能力，及實現那典範所作的預測）[65]。但進步又有兩種方式，其一是在一特定典範主導下，點滴累進；另一則是由另一新典範取代舊典範，此就是孔恩所謂的科學革命；之所以要發生這樣的革命，乃由於有大量嶄新事物（novelties）被發現。對那現行（舊）典範而言，這些嶄新事物是「異常事物（anomalies）」，因爲它們竟然不在現行典範的預測和說明範圍內。大量或關鍵性的異常事物，使現行典範出現危機；又如果現行典範無法修改或補充自己以至能吸納這些異常事物於其運作機制中，則它已有隨時被取代的可能；一旦當有一個能容舊納新的新典範出現，科學界會產生激烈的辯論，舊典範便被新典範所取代、或吸納、或限制於特定範圍內而失去其原有的普遍性。

然而，嶄新事物並非隨手可得，通常它們「只對那能精確知悉何所預期且有能辨認事物出錯的人而冒出」[66]；外行人或平庸的科學家很少機會發現所謂嶄新事物。再者，「愈是精確和深遠的典範，愈能提供更敏感的指標以顯示異常事物（之出現），因而更能提供典範變換的機會」[67]，愈粗淺不精的典範，愈遲鈍於感覺到事物的異常，因而亦愈能維持自己的地位。但異常事物之出現，並不表示新典範必理所當然地應運而生，一個新的理論或觀點，甚多時候是像「雷電一閃」[68]地被發明，科學家常有「靈機一觸」或在睡夢中產生新觀念而解決了異常事物所造成的種種難題[69]。換言之，科學家個人的偶有機緣，亦是造成科學革命的偶然原因之一。

孔恩對科學革命和科學進步的理解，對中國古代科學之發展情況，有何相干？有幾點是可以考慮和值得研究的。首先，科學大抵只能在進入典範時期之後才有顯著的進步，而孔恩亦沒有(或不能)解釋科學由前典範期轉入典範期的規律。基於此，我們自然考慮到中國古代的各門科學，有多少是已進入典範期，又有多少根本仍處於前典範期？設使中國古代科學有很大比例仍處於前典範期，則整體而言，中國古代科學未見顯著的進步，依孔恩的理論來看，是理所當然的。

其次，縱使單就那些已被決定爲「常規」的科學而言，我們仍必須考慮到它們典範之精確程度。設使其典範容許太大的彈性和含糊性，以致幾乎什麼都可以被它說明和預測，則所謂「異常」也難於被指認爲「異常」，故該典範被挑戰的機會亦愈少，亦卽新典範出現的機緣亦愈少，進步自然遲緩。中國古代「常規」科學，又有多大比例是依賴那些不夠精確的典範運作的？例如，我們或可考慮到中國醫學所使用的「陰陽二氣」之概念，它究竟何所指？

此外，關心這個問題的科學界學者如劉君燦、郭正昭等，也提出一些可能的解釋。例如劉君燦認爲，「中國人相當強調科技的經驗與實用層面……這種『卽物致用』的觀念本是無可厚非……但對『卽時之用』卻太過強調了……並且整體、有機(的自然觀)使得變數太多，分析很難，以致中國科技欠缺數學理論化的架構，這某種程度使得中國若孤立發展，無法產生近代形式的科學」[70]。換言之，中國古代科技的發展，大都朝著「致用」而進行，爲的是要解決現實生活眼前所見到的實用和實利需求。科學最終的目的固仍是「致用」以「厚生」，但太強調或只看到「即時」的、眼前的利用，便自然忽視甚或排斥那些眼前未見何用的理論性研究，而「理論」卻正是現代科學之所以為「現代」的決定性特徵之一。

藪內清也持幾乎相同的看法。他認為「在中國的文明中，工匠的傳統比較強，而學者的傳統比較弱」[71]。其所謂「學者的傳統」，就是理論性研究的傳統，而「工匠傳統」就是器物製造和經世致用的應用技藝傳統。「在中國科學中，理論性的成份少……。」[72]

以上種種考慮和意見，不是哲學的先驗推理（a priori reasoning）或文學的自由聯想就能斷定；我們在此無意、更無充份的根據可作合理推斷。但這些考慮和意見之可以被提出，卻足以支持如下一個論旨，即，中國古代科學之未有突破、未發展出「現代科學」，可能有很多原因，其中有些亦可能是內在於中國古代科技傳統中的。

對於中國古代科學發展為何緩慢這問題，事實上亦可以從另一方面入手探討，此即外在因素方面。一本中國科學史斷言說，「科學發展的迅速和滯緩，從長遠的時間和整個社會的範圍來觀察，起決定性作用的，依然是社會的經濟和政治制度。這是古往今來世界各國科學技術發展的歷史所反覆證明了的；中國科學技術發展的歷史也充份證明了這一點」[73]。它總共列出了六個原因，此即重農輕商的經濟型態、專制的思想統治、文人學者脫離生產和實際的經驗觀察、科技和大型生產事業由官方辦理、帝王對科技的輕視和干預、以及固步自封的閉關政策等[74]。藪內清更說「甚至可以說就連中國所處的自然環境也是其中原因之一」[75]；當然，也不要忘記韋政通等學者認爲中國文字的性格也是造成科學不前的原因之一[76]；更不能不知道韋伯（Max Weber）曾暗示說，中國的藝術界沒有爲中國的科學界提供「實驗精神」，而西方文藝復興時的藝術界，卻爲歐洲的科學界提供了這一要素[77]。

以上列舉的原因，牽涉到一個文化的各主要部份，包括政治、社會、經濟、文字、地理、藝術等等；我們當然可以在其他部份，「想出」或「找出」更多的原因，例如民間宗教的迷信成份、思考方式之重直覺型和聯想型等。一位歷史學家郭廷以且更具體的認爲，雍正乾隆的禁教令，甚至西方列強（特別是英國）之「未曾善盡其道」[79]，也是造成中國近二百年來科學落後的原因之一。

這些陳列出來的原因，那一個或那些是「眞正的原因」或是「充份原因」？那些又是「主要原因」？那些是「原因之一」？又再有沒有別的原因是學者們所未及想到的？我們在此無任何根據（事實或理論）可以答覆這些疑問，換言之，它們仍都只能是連串「似乎說得過去」的臆測，因爲科學史家或科學社會學家或科學哲學家仍未能找出一些有關科學發展與整個文化系統的關聯之一般規律，而只有當這樣的規律被發明和證成之後，我們才有依據來衡量各種臆測的正確性。但縱使如此，這些臆測之被提出，卽可支持了如下的一個論旨，卽，中國古代科學之未有突破、未發展出「現代科學」，可能有很多原因，其中有些亦可能是外在於科技界的外在原因。

除上文所提的內在因素和外在因素外，我們仍要考慮偶然的個人因素在科學發明上的份位。事實上，人類很多偉大成就，是完成於某一個人剎那的機緣上：釋迦牟尼菩提證道、六祖惠能之悟道、王陽明天泉證道、哥德之寫出《少年維特的煩惱》、貝多芬之作出「月光奏鳴曲」、牛頓之領悟地心吸力原理、及伽里略之解釋擺錘現象等，都是耳熟能詳的傳記故事情節。我們也有多種方式來指稱此種創發的剎那機緣，例如頓悟、靈機一觸，靈感，直覺之閃光等等。它的存在多見於宗教、科學、藝術和中國哲學的範圍；柏拉圖和尼采用一神秘的力量來說明，而弗洛依特心理學則企圖把「它」納入「潛意識」的概念中；目前無法完全解釋它發生的規律（一旦能解釋，它便再不成「靈感」了），因而，它之出現與否，固可視之爲偶然機緣。

學者們企圖說明科學發展的外在條件或原因，大都從政治、經濟、社會、哲學等方面找尋他們所認爲的條件或原因。在這類研究中，科學發展之與政經社會等方面存有某種因果關係，有時做爲其前提有時做爲其結論而出現。今不管其是前提或是結論，我們所能列出社會政經的條件或原因（假定所列出者一皆完備），仍然不能充份地說明科學（及藝術等）發展中某些關鍵性的突破發明，因爲那發明者本身亦必是原因之一。發明者那個人的思考方式或內容，以及其獨有的偶然靈機，很多時候是關鍵的因素。

這種屬於獨特個人的偶然因素，不管我們如何稱謂，靈感也好，天才也好，創發力也好，穎悟也好，直覺也好，甚至純然運氣也好，其在人類文明發展上所佔的重要份位，是無可否認的。否認了它，也就否認了「個人」在歷史和文明裏的重要性，因爲此時，一切事件之發生皆原則上可由「非個人」的外在因素所完全說明；也否認了有所謂歷史的機緣和所謂歷史的創造，因爲此時，一切事件之發生皆原則上可納入理性的充足原理下；在這原理下，「突創」、「創造」、「創發」等概念，將失去眞實的意義。如果歷史說明——哲學史、科技史、藝術史、政治史、以及一般通史等——剔除了「個人」這一項，則它的說明形式將最終會化約爲這樣：「某事的發生或不發生，完全是甲、乙、丙、丁等因素造成」，其中甲、乙、丙、丁等亦是「事」。但是，當我們眞的使用，例如，春秋戰國時代的政治、經濟、社會等混亂及戰爭情事，試圖說明莊子爲何有其如此之哲學思想時，我們又將很難解釋政經社會的因素與莊子獨特的思想內容間，有如何的因果關係，而事實上在相同的政經社會情況下，有更多人沒有如莊子的思想。

又有一種哲學認爲「存在決定意識」，專科化之後，就有經濟決定論、社會決定論、歷史決定論、心理決定論以至生物決定論等之構思，它們最有自信、最「言之鑿鑿」的時候，就是當它們能夠提出豐富的「事後」因果說明的時候，但當它們要對未來事件（卽「果」）作預測時，卻有很多保留，因爲此時它們發覺到它們所有的知識，不足以決定未來事件之當爲如何。不過，此種「無能」不足以證明它們的前提爲錯誤，但卻足以證明它們仍未完成自己以爲一門可靠可信的常規科學。當種種決定論能確立之時，也就是我們放棄「偶然的獨特個人力量」這假說的時候；但現時仍無充份理由放棄。

以上關於偶然因素的認取和論辯，最低限使我們有理由提出如下的一個議題，卽，中國科技發展出二千年的輝煌成就，卻未能突破它那純靠經驗累積而進步的傳統，卽未能革命性地發現具體經驗與抽象理論結合的科學方法，其原因（或原因之一），就在於未出現一個「獨特的個人」有能作出如此革命性的突破。但請注意，我們並無蘊含說那「獨特的個人」是充足原因。

五、結　論

對於中國古代科學之未能發展出「現代科學」這一問題，中外學者們在許多不同的領域進行探索，亦從許多不同的角度去思考。中國古代的政治體制、經濟型態、社會結構、價值觀、宗教特色、文字性格、思考方式、地理環境、科技傳統、歷史事件、以至個人偶然因素等，都曾或輕或重的被提及到或考慮到，當然，「儒家」之全部或某些性質，也不會被忘記提名於此原因清單之上。

當這些可能的原因被考慮到和列出來之後，我們立刻面對三種可能性：第一，它們全部都正確，每一都是原因之一；第二，其中有些不正確，只有某些才是眞正的原因；第三，全部都不正確，沒有一個是眞正的原因。如果是第一種情況，則我們對那問題，已獲致相當滿意的線索，至少我們大體找出了種種原因所在的諸多領域，但此亦並非表示問題已圓滿解答，因爲我們仍要更精密的說明每一原因如何起了什麼程度的作用，且更重要的，是說明此種種原因如何結合起來而造成古代科學無突破發展這一結果。如果是第二種情況，則我們需要進一步證明或說明那些是正確、那些又是不正確，又爲何不正確。換言之，某些學者將需要爲其自己的主張辯護並同時否證其他的主張。第三種情況是不太可能的，因爲這將意味這麼多學者的這麼多努力和思考完全白費，我們很難想像這麼多學者的整體智慧落空。但是，這第三種情況亦並非絕對地不可能；當康德告訴他無數的前人，他們二千年來對某些形上問題的思考和探索，是白費心思的；當哥白尼告訴無數的中古科學家和神學家，地球不是宇宙的中心時，那不太可能的可能性，卻變成事實。不過，要能發現這第三種可能情況果是眞實情況，卻只有等待一位「獨特的個人」。

當我們重新認知到中國古代科學有歷時二千年的先進成就；當我們列出了一張長長幾乎無所不包的可能的原因清單，以企圖說明爲何這二千年的科技發展未能作出突破而產生現代科學；當我們要處理這張清單之三種可能命運，但現時卻仍未有足夠知識去實行處理；之後，我們必須重新思考「儒家」在這樣的一個歷史所扮演的角色。在某些學者眼中，它被認定爲是反角、是原因。但這些學者有時把「儒家」的角色過份誇張，把「儒家」看成是最根本、最主要的原因。這固是可能，但這些學者卻沒有提及或衡量其他可能原因的份位。在缺乏一種全面地對各種因素作考量的情況下，就片面地凸出或強調某一因素，這將使他們的判斷和意見冒上很大的錯誤風險，最低限度，我們對其判斷和意見的正確性或妥當性將保持懷疑，因爲有太多的變數仍未固定下來。此外，有些學者甚而把儒家做爲原因「寶藏」，在那裏他們發現了各種「主要原因」，用來說明了他們想像中的事實——「中國文化一直沒有科學」，其說明亦不是冷靜（dispassionate）的科學說明，而是帶著「春秋大義」般的是非褒貶和強烈的愛恨交織情緒；

在他們那裏，造成中國文化沒有科學的原因（卽指儒家）不僅是一個「原因」，而且是一條「罪名」；在那些貌似客觀學術的對儒家之批判之本身，我們也發現了那些被指責的「儒家」的毛病，卻找不到科學的謹愼、準確、冷靜、和方法，連所要說明的事實也弄錯了。

要對中國古代科學發展作出說明時所面對的問題，不是「爲何中國沒有科學？」，而是「累積了二千年先進的中國古代科技傳統，爲何沒有發生伽里略式的突破而轉型爲現代科學」？這不是一個簡單的問題，也不是一個全稱式的問題；這個問題且有另外一面，此卽：爲何伽里略式的科學突破只在歐洲而不在阿拉伯或印度發生？又爲何要等待到十六世紀後期文藝復興時才發生？這個複雜的、獨特的、一體兩面的問題，並不是拿出「儒家」這個萬能法寶便可以一筆解決的。「儒家」與這獨特的科學歷史事件之發生或不發生，有如何的、什麼程度的相干性，仍是一連串待決的次問題（sub-problem）之其中一個。

最後，我們引李約瑟一段話作總結：

今天已經很明顯，〔世界上〕沒有〔一國一族〕人曾壟斷哲學的神秘主義、科學思想、或技術能力……歐洲人並非如湯恩比所說的那樣富創造力和發明性……如果我們把科學只界定為現代科學，則不錯，它是始源於十六、十七世紀文藝復興後期的西歐；伽里略的一生，劃出了轉捩點。但這〔現代科學〕並不卽就等於科學之全體，因為在世界各處的人們，古代的及中古的，都不斷為這要樹立起的偉大建築奠下基礎……我們要記得，很多個世紀的努力，是在此（現代科學）突破之前。⑳

要佩服李約瑟，不只是在他對中國科技史作出了史無前例的研究，更是在他胸襟識見。他不是狹隘地從一時、一地、一國來衡量科學的成就，他能從「人類科學文明發展」這樣的整體觀，來看待不同時期、不同種族文化對人類科學進展的貢獻。對比之下，很多中國學者因中國科學之一時落後而對自我文化之全盤否定，很多西方學者賴現時之科學領先而以爲西方文化是整體地、從古到今地優越，李約瑟的心靈和識見，更顯得廣大恢宏。如果李約瑟的觀點是對的，則無人敢保證，人類科學文明不可能有一次「超現代」的突破；也無人能預測，這突破必在何時何處發生。

後記

若有以爲本章之目的僅僅是爲儒家辯護、僅僅只有派別的（partisan）或保守的目的，則這並不是高明的卓見。因爲第一，爲儒家辯護，並無不對，正如我們爲別人或自己被不公地指控而辯護一樣，是正當和合理的。第二，設使我們要爲中國文化之現代化而用心、或只是要客觀地科學地說明一個歷史事件，又或爲著科學本身的發展，無論何者，我們都要求正確地掌握到古代科學未能突破的種種原因，才能「對症下藥」。如果我們作了「誤診」，即把非爲原因的事物誤認爲原因，則我們下的「藥」會徒然白費，或會把那「無辜的」甚或有益的事物破壞掉，而且更重要的，是對科學之未來發展毫無助益。「斷症」是極爲重要的關節，斷症錯誤所付出的代價，可能難以彌補。因此，不管是站在儒家或「反儒家」的立場，只要有共同的文化或學術責任感，都必須小心謹愼而「科學地」處理這個問題。

附註

❶ 見林崗、劉再復〈論五四時期思想文化界對國民性的反思〉，收於《中國傳統文化再檢討》下册，臺灣新店，谷風出版社，一九八七年版，p.115.

❷ 引譯自Joseph Needham, "Science and China's Influence on The World," 收於Raymond Dawson ed., *The Legacy of China*, 1964, p.301.

❸ 馮友蘭，《中國哲學史》，香港，太平洋圖書公司，一九七二年版，p.10.

❹ 同上。

❺ 同上，p.8－9.

❻ 同上，p.10－11.

❼ 韋政通，《儒家與現代化》，臺北，水牛出版社，一九八九年再版，p.146.

❽ 同上。

❾ 同上。

❿ 同上。

⓫ 同上。

⓬ 同上，p.150.

⑬ 韋氏引胡適語，同上，p.150 — 151.

⑭ 同上，p.151.

⑮ 同上，p.152.

⑯ 同上。

⑰ 同上。

⑱ 有不少的西方學者，亦持近似的意見，例如波德麥（F.Bodmer）說：「中國人不得不使用十七世紀的語文來吸收現代科學的概念，他們不可能獲得成功」；斯圖泰琬（E.H.Stutevant）主張，「中國人只有放棄他們的表意文字，才有希望在科學、技術和學術上與歐洲人競爭」。轉引自《中國科學文明史》，作者不詳，臺北，木鐸出版社，一九八三年初版，p.750. 又，北溟在一篇名為〈從中國語言構造上看中國哲學〉的文章，認為中文的主、謂辭分別不明朗，造成思想上「主體」與「本體」概念不發達，及造成沒有邏輯「辭句」（proposition）等後果，由此而斷定「中國人的心思根本是『非亞里士多德的』」；他又認為「西方的科學完全是西方哲學所啖示的」。如此，他含蓄地說明了中國科學思想不發達的緣由。該文收於項維新、劉福增編，《中國哲學思想論集——總論篇》，臺北，牧童出版社，一九七七年再版，p.49 — 68. 認為中國文字不利於科學發展這一意見是荒謬和違反事實的。因為，第一，中國文字語法，有極大的擴張能力，每一個字，固有其字義，但兩三個字，亦可組成一辭，在這點，中文同樣具有如歐洲文字的字母組合機能；第二，白話文是現代活生生的中文文體，它能夠清楚、準確地表達一思想，我們沒理由以二千年前的文體作為批評的對象；第三，如果中文無法達成科學的表達目的，則科學文獻的中文翻譯將是不可能的，但事實上已有無數的中譯科學著作，也有以中文寫作的科學論著；第四，日本在吸收西方科學之時，大體上仍是以漢字為表達和思考媒體，而日本成功地吸收和發展了西方科學。因此，上述學者的意見，是荒謬和違反事實的。

⑲ 此文收於杜念中、楊君實編，《儒家倫理與經濟發展》，臺北，允晨文化實業有限公司，一九八九年再版，p.1 — 44.

⑳ 同上，p.6－7.

㉑ 同上。

㉒ 同上，p.9.

㉓ 同上，p.8.

㉔ 同上，p.9.

㉕ 同上，p.10.

㉖ 傅偉勳的論證，似乎正犯上了他指稱儒家所產生的缺失，此卽邏輯思考能力薄弱，論辯程序過份簡易化，論點證立上的過失或不充份。傅氏說「儒家建立知識兩橛觀的目的是在標榜儒家的泛道德主義（panmoralism）立場」。但張載之區分聞見之知與德性之知，我們沒有證據或論證以可決定其「目的」是在「標榜泛道德主義」，我們也找不到其他儒者的言論，其區分聞見之知與德性之知，是以「標榜泛道德主義」為「目的」的。又設若純以哲學辯解而觀，聞見之知與德性之知的區分，不單止不能「標榜泛道德主義」，且相反地，此區分正好限制了泛道德主義，因為它確立了一種「非德性之知」的知識的地位。傅偉勳引張橫渠說：「見聞之知乃物交而知，非德性所知」，這不正是說，有些東西是非道德嗎？傅氏似乎把「泛道德主義」暴虐地（violently）讀進去那正好是對抗泛道德主義的一個哲學區分中。再者，傅氏把「德性之知」的優先性與泛道德主義關連起來，也許更妥當地說，等同起來。傅氏說：「儒家建立知識兩橛觀的目的是在標榜儒家的泛道德主義（panmoralism）立場，這就是說，德性之知優於聞見之知……」，這是十分令人困惑不解的，因為主張德性知識之優先性，並不等於、亦不含蘊泛道德主義，這個主張不僅預設而且確立了一個非道德的知識領域（卽經驗知識領域），我們實不知傅氏依何種邏輯或據什麼事實，能把德行優先性之主張與泛道德主義關連甚至等同起來，然後對「儒家知識論」展開批評。傅氏的批評，最少犯了「稻草人謬誤」（Strawman Fallacy）。

㉗ 李氏完全知悉近代中國傳統派與西化派的爭執，亦了解國共的衝突。對這些爭執和衝突，李氏解釋為是中國人歷史意識（Historical Conciousness）中的自我矛盾：就一方面來說，中國人力圖重建及維護那自以為獨

特的、有價值的歷史傳統——儒家文明，但又希望在由西方文明主導的世界歷史中佔一席位，這是一種矛盾。就另一方面言，中國人企圖吸收及移植西方文明以強化自己來與西方文明抗衡，但心底裏又捨不得那「中國的」歷史傳統，這又成另一個矛盾。前一方面，代表了所謂「右派」的歷史意識；後一方面，代表了所謂「左派」的歷史意識。這裏，就有「右派」與「左派」的衝突。而且，在各自中，又有其內在矛盾。總言之，中國近代史中出現的種種事件，就是那歷史意識的內在衝突與矛盾的外顯（Manifestations）。我們先不問李雲信對中國文明的其他見解是否正確，事實上他對中國文明的論述似乎帶著若干程度的輕蔑和惡意，但他對中國近代史的哲學解釋（如上述），卻是十分深刻的。

㉘ Joseph R. Levenson, *Confucian China and Its Modern Fate* (Los Angeles, California: University of California Press, 1965; Combined Edition, 1972), Vol. Ⅲ, p.115.

㉙ 同上，p.85.

㉚ 同上，p.124.

㉛ 同上，p.118.

㉜ 同上，p.123.

㉝ 同上，p.124.

㉞ 同上，p.108.

㉟ 同上，pp.108 — 9.

㊱ 同上，p.123.

㊲ Joseph Needham, "Science and China's Influence on The World" in Raymond Dawson ed. *The Legacy of China* (Oxford, 1964), p.301.

㊳ 同上，p.302.

㊴ 同上，p.303.

㊵ Raymond Dawson, " Introduction to *The Legacy of China* " in ibid, p.6.

㊶ 轉引自 Raymond Dawson, " Introduction ", 同上, p.9.

㊷ 同上, p.7.

㊸ 同上。

㊹ Needham, " Science and China's Influence on The World " in Dawson, p.241.

㊺ 同上。

㊻ 同上, pp.299 — 300.

㊼ 此觀點以羅斯洛為最佳代表，他認為東方文化本質上是建立在一「感性連續體」(aesthetic continuum) 的文化，它缺乏理論或邏輯結構。羅斯洛之名著《東西之會合》，即要論證此一觀點。參考F.S.C.Northrop, *The Meeting of East and West* (New York: Macmillan, 1946; Collier Books Edition, 1966), pp.394 ～ 404; p.322; p.294 ～ 300 等。

㊽ Joseph Needham, *Science and Civilization in China*, Vol.4 (Cambr idge: Cambridge University Press, 1970), p.579.

㊾ 參考前文關於傅偉勳一節，及註㉑至㉕；另殷海光亦認為中國文化的「泛道德主義」犧牲了「是什麼就說什麼」的科學原則，以至「人間就不可能有外於道德的事物」。見殷海光，《中國文化的展望》，pp.484 — 487.

㊿ Joseph Needham, *Science in Traditional China: A Comparative Perspective* (Taipei: Linking Publishing Co., Ltd. 1st printing, 1982; 2nd printing, 1985), p.13.

51 參考李約瑟，同上，pp.9 — 22.

52 劉青峰，《讓科學的光芒照亮自己》，臺灣新店，谷風出版社，一九八八年臺一版，p.4 及 p.20.

53 同上，p.6.

54 Needham, *Science in Traditional China*, p.3.

55 藪內清著，梁策及趙煒宏譯，《中國・科學・文明》，臺北，淑馨出版社，一九八九年版，p.1.
56 同上，p.3.
57 同上。
58 黃仁宇，〈我對資本主義的認識〉，收於《中國傳統文化再檢討》下冊，p.202.
59 以上之簡述，根據劉青峰，《讓科學的光芒照亮自己》，第一章，pp.3 — 32.
60 同上，p.20.
61 Thomas S. Kuhn, *The Structure of Scientific Revolutions*（Chicago: University of Chicago Press, Second Edition, 1970), p.170.
62 同上，p.172.
63 參考同上，p.169 及 p.170.
64 同上，p.163.
65 參考同上，pp.23 — 4.
66 同上，p.65.
67 同上。
68 同上，p.122.
69 同上，p.123.
70 劉君燦，《科技史與文化》，臺北，華世出版社，一九八三年版，p.46.
71 藪內清《中國・科學・文明》，p.3.
72 同上，p.23.
73 《中國科學文明史》，p.750.
74 同上，pp.746 — 749.

⑮ 藪內清，《中國・科學・文明》，p.3.

⑯ 參見前文，及註⑱。

⑰ Max Weber, *The Religion of China*, tr. & ed. by Hans H. Gerth; introduction by C. K. Yang (New York: The Free Press, 1951), pp.150～151.

⑱ 郭廷以，〈中國現代化的延誤〉，收於彭懷恩、朱雲漢編《中國現代化的歷程》，臺北，時報文化事業公司，一九八〇年初版，pp.132－5.

⑲ 參考同上，p.151.

⑳ Needham, " Science and China's Influence on The World, " in Dawson, p.302.

附編　儒學與女權

當今世界流行很多人權運動，例如種族運動（racial movement）、性解放運動、民族運動（ethnic movement）等。每一個別的人權運動，都有其獨特的動機、特色、及歷史與文化背景。因而，每一個別的運動，都需要個別地處理。在本章，我們只討論人權運動的其中一個——女權運動（feminism）或稱婦女解放運動。我們之目的，一方在表明儒家對婦女地位之看法，另一方則顯示儒學對人權運動之可循之處理方式——卽根據儒學原則而決定立場。

雖然各個人權運動皆有其獨特性，但也有其共同處，此反映在其常用之共同概念上。我們首先把這些共同使用之概念，作一界定。一個「人權運動」乃是一爭取平等的自由（equal liberty）的集體努力。所謂「平等的自由」乃是指對人間幸福及達致幸福之工具所具有的平等權利。❶一個權利之稱爲平等，就是，至少在理論上，此權利開放於每一個在相干方面都是相等或相類的人。我們必須注意到，這個定義並不是說每一權利開放於每一任何人，而是說某一權利，開放於在相干方面相等或相類的人。舉例說，平等的選舉權就是：（例如）凡年滿二十，神智清醒而能自主的國民，皆有選舉之權利。那末，在這些相干方面相等或相類的人，皆可選舉；顯然，「非國民」的人不能享有此選舉權。「非國民」之沒有選舉權，不能稱之爲不平等，因爲「非國民」就是在相干方面不相等或不相類的人。

平等權利的相反，稱爲壓迫（oppression），此亦是人權運動所針對的對象。壓迫就是一種在行動上或在理論上，剝奪某一特定個人或某一特指的一羣人之某些權利，而此一剝奪乃是專門針對此特指個人或人羣所具有的特性而作。但必須注意到，並非凡剝奪權利都稱爲壓迫。壓迫之產生，是在於：基於不相干之考慮或理由，剝奪了在相干方面相等或相類的個人或人羣之某些權利。舉例說，凡年滿二十等等之國民，皆有選舉權，但皮膚有某種顏色者，沒有選舉權。此就構成壓迫，因爲這是基於不相干之理由，剝奪一羣在相干方面相等或相類的人之權利。歧視（discrimination-against）是溫和的、不配以力量的壓迫；極端的、積極的、配以力量的歧視，則稱爲壓迫。

一、性別歧視與女權運動

性別歧視（Sexism）乃是指一種基於性別之異差而作之歧視。在理論上，可以有女性歧視男性，或男性歧視女性兩個可能；但在事實上，多是男性歧視女性。極端的歧視，一般稱爲大男人沙文主義（male chauvinism）。女權運動（或稱婦女運動）乃是婦女針對於男性以爭取平等的自由的集體行動。在實際的推行上，女權運動內部分成兩派，一是溫和派，另一是極端派。溫和派爭取在社會、政治、教育、經濟等方面的機會之平等權利；在家庭事務方面，則要爭取與男性平等責任。溫和派並不否認有某些職份，由女性或男性擔任，較爲適合，例如撫育兒女，女性比男性較適合，而在戰爭中作戰鬥，男性比女性較爲適合。溫和派承認這些職份的差別。因而，她們亦不謀求徹底更換現行之文化及制度傳統。極端派則主張一種文化及制度上之徹底革命，以把男女性之一切差別——包括先天的性別差異——齊一起來。極端派認爲，男女要有平等的權利，則一切人爲的（artificial）及自然的（natural）的差別，都要消除。要做到這樣，她們認爲要把傳統的婚姻制度、家庭制度、國家制度、及貨幣制度等取消，因爲這些制度置婦女於不利地位；而男女先天的在性別上的差異，可通過醫藥及科技予以消除。持有此種極端思想的，有彭斯旦（Margaret Bengsten）及懷施彤（Shulamith Firestone）等人。❷簡言之，極端派構想一個世界，其中「男」、「女」兩個字，再無實際用途。

在另一方面，所謂性別歧視，乃是指一系統的信仰、態度、行爲、習慣、制度、及行事（practices）等，對兩性作不相干的分別，而把利益及特權付諸男性。性別歧視亦有不同的程度，由溫和的男性自我中心到極端的大男性沙文主義。男性自我中心主義者對女性維持一定程度的尊重，但在觀念上及在行動上，視女性爲男性之輔佐，而以自己及自己之事務爲主、爲標準。大男性沙文主義者，則對女性帶着蔑視的態度；他們視女性爲「次等存有」甚或「低劣存有」，認爲女性在知力及道德方面，有較大缺憾；在意志力及體力方面薄弱；而在情緒及慾望方面過份。大男性沙文主義者因而認爲女性是天生下來是爲男性服務的，而她們一定要被好好「照顧」。

在西方，對女性之歧視有其歷史及文化之淵源，此是其文化中的一個信仰，認爲女性是次等的低劣存有（inferior being）。這個信仰是公開地推行而被認定是合理的。偉大的哲學家包括柏拉圖、亞里士多德、黑格爾、叔本華等，都明白表示此信仰而不以爲不合理。亞里士多德對女性有如下之描述：

> 女性較之男性是：較缺乏精神……性情較軟弱……更惡作劇，更不單純，更衝動……事實就是，男人本性更圓融和完整，因而，上文所指的那些性質或能力，在男性中有其完美（perfection）。依此而言，女人是……更善嫉，更好發牢騷，更善於咒罵和攻擊……更傾向於沮喪而少希望……更無恥或無自尊，更多謊言，更欺詐……更畏縮，更難起而行動。[3]

亞里士多德的描述，並非是偶然的個人的對女性的態度，我們在柏拉圖，也可察覺出類似的態度。柏拉圖有以下一段話：

> 〔我們並不預期〕那些要證明其為好人的男人，作為一男人，去涉入女人的事務，去模仿年青或年老女人之與其丈夫爭纏不休、違抗天意、大聲吹噓，或其自誇之徼幸〔達到〕、或其處於不幸而被哀傷和哭泣所佔有——更不能模仿一個在病痛中、在愛

戀中、或在生育中的女人。[4]

柏拉圖是在對藝術作批評，而在其討論藝術時，表露他對女性的態度。

在儒學，孔子亦有過一句話，可作爭議：「唯女子與小人爲難養也，近之則不遜，遠之則怨。」此語一般之了解是：女子和小人很難相處，因爲與之太接近，他（她）們便不懂維持一點尊重，與之太疏遠，他（她）們又生怨懟。設使此語是這樣了解，但此是否即足以顯示孔子對女性之爲女性有歧視？這似乎不足以顯示爲如此。因爲此語是就一特定的生活中事而言，並不是就女性之爲女性而言。假設與女子交往眞的很微妙，太疏遠不行、太接近也不行（假言如此），但此並不表示女性就因此而比男性低劣。就一件生活中事上說，我們可以有很多同樣的話，例如：與上司交往也是很難的，太順從則受輕視，太直言則易犯怒，又如，與老人家相處也是很難的，太聽話，他（她）們就無所不管，太剛硬，他（她）們就視爲不恭不敬；又如，與未婚男子相處是很難的，太接近，他們就一廂情願的想入非非，太遙遠，他們又怨歎高不可攀。這些話都是就日常生活中之事而說，而這些亦是生活中常有之事實。說這些話，顯然不是對人或就人而有歧視。孔子之語，是就生活上彼此相處之事而說，並不是就女子之爲女子而說，此是對事，不是對人。我們只要把孔子之語，與上引亞里士多德對女性之描述，作一對照，便可瞭然此對事與對人之分辨。我們依日常語言的邏輯看，從「某人（或某些人）很難與之相處」一語，不能推論出「某人（或某些人）是低劣的存有」一含義。在我們日常之談話中，前一語常常出現，但說話者可並無任何就人之爲人有歧視之意。

二、儒家的陰陽相成論

我們必須承認，男女地位之不平等，是事實。但此事實，不僅在中國文化社會中存在，而幾乎在所有的文化和社會中都存在。例如，在中國古代社會中，女子被要求「三從」（卽，在家從父、出嫁從夫、夫死從子），直截地說，女的一生都在「從」男的。以男性爲中心，是中外傳統社會的事實。然而，有此事實，並不表示此事實卽合理；儒學之學理，並沒有把此事實合理化。我們可以這樣說，此社會上之事實，並不符合儒家道理，而可依儒家道理，予以糾正。

在這個問題上，儒學之理論，我們稱之爲「陰陽相成」論。此有其形上學之根據。在易學中，宇宙之生化歷程，是以陰陽交迭之方式而進行。「陰」、「陽」分別象徵二種作用，宇宙事物之生成及變化，依賴乎此二種作用之互相摩盪，互相成全，單陰不能成，獨陽不能生。陰陽交迭，相輔相成，事物乃生。易繫辭說：「乾知大始，坤作成物。乾以易知，坤以簡能……易簡，而天下之理得矣。天下之理得，而成位乎其中矣。」天道生化，以「一陰一陽」之形式進行，故說「一陰一陽之謂道」。對於自然界及人事之生成變化，就是以此「一陰一陽」的相成原則予以了解，簡稱之爲陰陽相成原則。

陰陽相成原則所斷定的，乃是在成就事物上，有或要有兩種作用或力量互補。「陰」代表一方的作用，「陽」代表另一方。易繫辭上傳說：「乾知大始，坤作成物。乾以易知，坤以簡能。易則易知，簡則易從。易知則有親，易從則有功。有親則可久，有功則可大。」又說：「夫乾，其靜也專，其動也直，是以大生焉。夫坤，其靜也翕，其動也闢，是以廣生焉。」這表示，在宇宙（包括自然及人事）生成變化中，陰、陽（即乾坤）二者，分別為兩種作用，彼此相輔地作出貢獻。陰、陽之區分並不包含價值高低或重要不重要的分別。在易經及傳中，從未有表示或暗示二者之一更有價值或更為重要；對事物之生成，二者同等重要而有不可減弱的同等價值。易坤彖說：「至哉坤元，萬物資生，乃順承天。坤厚載物，德合無疆。含弘光大，品物咸亨。」易乾彖又說：「大哉乾元，萬物資始，乃統天。雲行雨施，品物流行。大明終始，六位時成。」此是對陰、陽之作用，作宇宙論的描述。陰、陽乃不同之作用，而負起不同之責任，以達一共同之目的；在此意義下，二者之價值與地位，平等相對。

陰陽相成原則，是一條形上學的原則，它統一地說明自然現象及人事生成變化之規律。此原則應用到具體個別的事物上，便把雜多的具體個別事物，劃分為兩個範疇，例如，屬「陰」的，包括受納性、情感、溫順、柔和、被動性、內向性、忍耐、慈祥、謙讓、凝聚等屬於人的品質；相對地，屬「陽」的，包括進取性、理智、剛直、爽朗、主動性、外向性、急速、嚴峻、自負、發散等品質。在人事上，又可有夫婦、雇主與員工、政府與人民等的區分。在自然界中，又有寒暑、日月、陰晴、生死、冷暖、雌雄等區分。但依陰陽相成原則，這些區分並不構成，亦不應構成，鬥爭性的對立，而是或應是相反相成。所謂相反相成的意思是：一件事物之完成，需要有兩種不同的力量或作用，互相配合而可。這原則之重要意義就是：一、要成就任何事物，需要有兩種不同而等價的力量或作用；二、此二者要維持彼此平衡之不同；三、此不同之二者要互相配合。因此，單獨的力量或作用不能成事；其一之力量或作用，同化或吞沒或掩蓋或壓抑了另一者而使之作用不彰，不能成事；二者不能配合，亦不能成事。在易中所表示之陰陽相成原則，不僅是描述性的，而且是規範性（normative）的；即它不僅是描述自然人事之實爲如此，且亦是規範自然人事之應爲如此，否則萬事不成、萬物不生。設使我們接受此陰陽相成原則，就要注意此原則之上列三點意義。

我們舉一個簡單的實例，以說明此陰陽相成原則之應用及具體意義。例如我們作爲人要好好地走路，即要完成此「走路」之事。根據陰陽相成原則，我們就需要，第一，有左右兩腿，「左」、「右」就表示不同的兩個力量；第二，左右兩腿要維持平衡的不同，所謂「平衡（balance）」，就是相反而相當，設使一腿比另一腿長或一腿比另一腿大，便不能好好地走路；第三，左右兩腿要互相配合，以達到一共同目的——好好地走路；設使彼此互不配合，亦不能好好地走路。這個例子似乎很簡單甚至近乎膚淺，但它要說明之陰陽相成原則，卻有深義。今又舉另一個「較高層次」的例子。設使我們要建立一個美滿家庭（如何才稱爲「美滿」，可有不同的個人意見）根據陰陽相成原則，我們就需要，第一，一夫一婦；顯然，無夫不成婦、無婦不成夫，又，一夫二婦或二夫一婦，都很難達成「美滿」家庭，事實如此。第二，夫婦要能相互維持平衡的不同；如果一方把另一方壓抑下來，以至其失去本身之作用或力量，則此家庭亦難得美滿——此家庭之缺憾可以是，家庭之一主要成員恆有被壓抑感而不歡暢、或家庭之一方變成「附屬存有」而無法無力提供積極力量以支持此家庭。第三，代表兩個平衡而不同的力量之夫、婦，要能互相配合以達成一共同目的——建立一「美滿」家庭；設使二者力量不能被彼此相互適應、相互配合，則家庭會分裂，而不能有美滿可言。這個例子，根本是常識；但此常識之背後，是一條形上原理。

三、儒家對女權運動之立場

根據陰陽相成原則，儒家會反對男性中心之理論及行動。男性中心論認爲在價值之關涉上（reference）及在事務上，男性所認定之價值及取決，是女性認定價值及取決之根據。此構成歧視，因爲價值之認定，乃是依合理不合理或高低作認定之準則，在此，性別是不相干的。又，事情之取決，是依合理不合理或成敗作準則，性別也是不相干的。陰陽相成原則，並不以陽爲中心，亦不以陰爲中心，而是互爲中心，或說，共成一體，以成功事物。所謂「互爲中心」，亦是「陰陽交迭」的另一說法，這是一種動態的平衡。若單純地以男性爲中心，則失去了平衡，亦即違反了陰陽相成原則之第二點意義。

大男性沙文主義，更違反陰陽相成原則。因爲，第一，大男性沙文主義壓抑了女性，此即陽性作用淹蓋了陰性作用而令之近乎無作用。在此情形下，整體便失去平衡。陰性作用被壓抑，即等於陽性力量在單獨作用；若如此，事物有生而無成。第二，大男性沙文主義以女性爲劣等存有，而帶一種輕視的態度。陰陽相成原則是以陰陽爲等價之二作用，而並不以任何一方爲更優。對陰性作用之輕視，實則是陽性作用之自我否定，因爲陽性作用之任何性質或功能，若無陰性作用之對照，就變成不存在。無「柔」，亦無「剛」；無「被動性」，亦無「主動性」；無「靜」，亦無「動」。陰陽是處於一互爲依存之關係中。就其彼此相對而存在而言，價值同等。因此，大男性沙文主義違反陰陽相成原則。

對於女權運動，儒學會反對極端份子之主張消除男女間之一切差別，包括自然的與人爲的。在儒家倫理中，男女各有份位，而各有不同的責任。此份位不必是「男主外、女主內」的定然劃分，但「內、外」卻是有形上根據之劃分——此即陰、陽二功能的特殊表現。男性不必就是要主「外」，女性亦不必就要主「內」，此「男外女內」的配置，只是偶然的事實。但內外之分及有人主外、有人主內，卻有形上學的必然性。換言之，在一切人事活動中，陰陽之兩種力量或份位，必然而有。若要泯除此種份位之分別，亦即泯除陰陽之分別，此違反了天道的運行方式，也即是根本地違反陰陽相成原則。極端的女權主義者忽視了陰性作用對全體之無可取代之貢獻，而誤解「平等」爲「齊一化」。她（他）們之主張，無異於主張把一切陰性作用陽性化；使女性泯除女性之爲女性的一切品質，無異於消滅「女性」自己。極端女權主義，與大男性沙文主義一樣，若一致地貫徹下去，其結果就是自我否定。因爲依我們的形上原則，陰陽任何一方之消退，亦導致另一方相應的消退。因此，極端女權主義與大男性沙文主義，都是自毀的（self-defeating）——其所追求之目的，剛剛依此理論否定。

針對於現實上男女之不平等，儒學會贊同溫和的女權運動——設使此運動是要重新肯定女性之自尊、自信、及價值平等的話。儒家對女性之爲女性，及對女性所負起之任務和所產生之作用，並不抱持輕視或貶抑之態度。男女所分別負擔之工作，乃只是工作之分辨，並不是男女性高低、優劣之分辨；是工作不同，但價值平等，此是陰陽相成原則的其一含義。一個一致的儒者，不能亦不應對女性之爲女性抱持貶抑之態度，亦不能對女性之任務存輕視之心。再就儒學之人性論看，人之要素與及人之全部價值，乃在其仁心仁性，而不在其爲男性或爲女性。性別對於人之要素及價值，毫不相干。仁心仁性是普遍的，人人皆同，「人人皆可爲堯舜」，不能說女子除外。如果這樣說，則儒學要全部改寫——即全部倒塌。一個在理論上一致的儒者，必須承認「男女價值平等」這觀念；一個言行一致的儒者，必須在實踐上男女「一視同人」，也是「一視同仁」。

依陰陽相成原則，在具體的工作分配上，並不以男性之爲男性或女性之爲女性作分配準則，而是以「妥當性」爲分配準則。有些工作，要以陰性能力達成；那末，「具有陰性能力的人」便適合這些工作。同理，有些工作要以陽性能力進行；那末，「具有陽性能力的人」便適合這些工作。有些工作，二者皆可，則二者皆可稱適合。我們注意到，這工作之分配，是以能力之妥當性作準，並非以性別作準。舉例說，設使我們要達成「懷孕」此項工作，則自然的事實是：女性有能力負擔這任務，而男性則沒有，依此而論，女性較男性適合於做這項工作。同理，如果我們要做「搏鬥」這工作，則我們便要尋找有適當能力的人，而有適當能力作搏鬥的人，偶然的事實是：大都爲男性。什麼工作由誰做，並無先天原理可作具體的限定，而是由經驗與事實作根據。從陰陽相成原則，無法推論出，例如，「男人不可入厨洗碗」這特殊結論，亦無法推論出，例如，「女人不可當皇帝」這特殊結論。換言之，男性該做什麼、不該做什麼；或，女性該做什麼、不該做什麼，並無先天（*a priori*）的規定；但，「有陽性能力的人該做陽性工作」及「具陰性能力的人該做陰性工作」卻是先天地有效，因爲此可從陰陽相成原則推論出來。什麼人具陽性能力、什麼人具陰性能力、什麼工作是陽性工作、什麼工作是陰性工作，則是事實與經驗問題，而必須由事實與經驗決定。

總括地說，儒家會堅持陰陽職份（role）的劃分，男女二性各有其特徵及能力，以分別適應此兩種職份；男女有其不同，但此是就其功能及作用上說不同，男女對工作與利益之分配，具平等的自由。就其功能之價值及就其道德的內在價值（intrinsic worth），二者亦完全平等。這種觀點，可被稱爲元始的性別論（primitive sexism），❺因爲它是根據一形上原則而來。

附註

❶這個「自由」的概念，乃建基於羅斯（John Rawls）的公平理論，但並非與之完全吻合。參考 John Rawls, *A Theory of Justice*（Cambridge, Mass.: Harvard University Press, 1971）, pp. 202-4。

② 參考William T. Blackstone, "Freedom and Women," in Jan Narveson, ed., *Moral Issues* (Toronto: Oxford University Press, 1983), pp. 326-7.

③ Aristotle, *History of Animals*, Book ix, Chapter 1 (608 b), trans. by D'Arcy Wentworth Thompson, included in *The Great Books of the Western World*, Vol. 9, ed. by Robert Maynard Hutchins (Chicago: Encyclopedia Britannica, Inc., 1971), p.133-34.

④ Plato, *Republici* Book Ⅲ, 395e; in Edith Hamilland Huntington Cairns, ed., *Plato: The Collected Dialogues* (Princeton: Princeton University Press, 1973), p.640.

⑤ 此名來自Marilyn Frye。根據Frye，元始性別論者堅持某些關於性別差異之先天原則，或形上原則。元始性別論「在其概念格局中含藏了一種價值意味的雌雄二元論。」見Marilyn Frye, "Male Chauvinism," in Jan Narveson, ed., *Moral Issues* (Toronto: Oxford University Press, 1983), p.334.
我們取用此名時，是把「價值意味」解釋成「同等價值」之條件下而取用。

參考書目

甲、參考經典

詩經
易經、傳
論語
孟子
中庸
大學
荀子
漢書

乙、中文參考書

王陽明《王陽明全集》。臺北，河洛出版社，一九七八年初版。

《傳習錄》。臺北，臺務印書館人人文庫，一九八二年七版。

王中田〈儒家倫理與近代日本〉收於《中國文化月刊》第一三三期，一九九〇年十一月。

王邦雄，曾昭旭，楊祖漢《孟子義理疏解》。中華文化復興運動委員會臺灣省分會，一九八二年版。

《論語義理疏解》。中華文化復興運動委員會臺灣省分會，一九八二年版。

方克立〈現代新儒家的發展歷程〉收於《南開學報》，一九九〇年，第六期。

朱　熹《朱子語類》。臺北，漢京文化事業公司，一九八〇年版。

朱　炎〈發展文學之我見〉收於《中國文化論文集》第三集，臺北，幼獅文化事業出版公司，一九八二年版。

成中英《中國哲學的現代化與世界化》。臺北，聯經出版事業公司，一九八五年版。

朱光潛《文藝心理學》。臺北，開明書局，一九八五年第十七版。

《西方美學史》。臺北，漢京文化事業公司，一九八三年版。

羊滌生 〈中國傳統思維方式與科學〉收於《中國文化月刊》第一二五期，一九九〇年三月版。

牟宗三 《圓善論》。臺北，學生書局，一九八五年版。

《從陸象山到劉蕺山》。臺北，學生書局，一九七九年版。

《名家與荀子》。臺北，學生書局，一九七九年版。

《現象與物自身》。臺北，學生書局，一九七六年二版。

《智的直覺與中國哲學》。臺北，商務印書館，一九七一年版。

《心體與性體》，三冊。臺北，正中書局，一九六八年版。

《才性與玄理》。香港，人生出版社，一九六三年版。

《中國哲學的特質》。臺北，學生書局，一九六四年臺一版。

《政道與治道》。臺北，學生書局。

《歷史哲學》。臺北，學生書局，一九八四年版。

《政道與治道》。臺北，廣文書局，一九七四年修訂再版。

李明輝 《儒家與康德》。臺北，聯經出版公司，一九九〇年版。

李澤厚、劉綱紀 《中國美學史》二卷。臺北，谷風出版社，一九八六年再版。

李澤厚等 《中國傳統文化再檢討》二冊。臺灣新店，谷風出版社，一九八七年版。

余　雄 《中國哲學概論》。臺北，源成文化圖書供應社，一九七七年版。

余英時 《中國近世宗教倫理與商人精神》。臺北，聯經出版事業公司，一九八七年初版。

杜念中、楊君實編《儒家倫理與經濟發展》。臺北，允晨文化公司，一九八七年版。

宋應星《天工開物》。臺北，金楓出版有限公司，一九八七年版。

沈青松《物理之後——形上學的發展》。臺北，牛頓出版社，一九八七年版。

吳　康〈孔子之教育哲學〉收於《孔孟學報》第六期。

徐復觀《中國人性論史》。臺北，商務印書館，一九八二年六版。

《中國思想史論集》。臺北，學生書局，一九六五年四版。

《中國藝術精神》。臺北，學生書局，一九七九年六版。

〈孔子德治思想發微〉收於《民主評論》十七卷第九期。

金耀基等《中國現代化的歷程》。臺北，時報文化出版有限公司，一九八〇年初版。

黃友棣〈以中國正統文化精神救治現代音樂的沈疴〉收於《中華文化復興論叢》第十四集，中華文化復興運動委員會，一九八二年版。

侯家駒《先秦儒家自由經濟思想》。臺北，聯經出版公司，一九八三年版。

梁漱溟《中國文化要義》。臺北，五南圖書公司，一九八八年臺初版。

韋政通《儒家與現代化》。臺北，水牛出版社，一九八九年版。

《儒家與現代中國》。臺北，東大圖書公司，一九八四年版。

黃光國《儒家思想與東亞現代化》。臺北，巨流圖書公司，一九八八年初版。

唐君毅《中國哲學原論》。臺北，學生書局，一九七九年臺三版。

陸象山《象山全集》。臺北，臺灣中華書局，一九七九年版。
傅偉勳《「文化中國」與中國文化》。臺北，東大圖書公司，一九八八年版。
馮友蘭《中國哲學史》。香港，太平洋圖書公司，一九七二年版。
郭紹虞《中國文學批評史》。臺北，明倫書局，一九七四年版。
勞思光《中國哲學史》四册。香港，香港中文大學崇基學院，一九八〇年三版。
段海光《中國文化的展望》。香港，文藝書屋，一九八〇年版。
梅可望〈大學教育與國家建設〉收於《中國文化論文集》第四册，東海大學，一九八二年版。
張德勝《儒家倫理與秩序情結》。臺北，巨流圖書公司，一九八九年版。
鄭志明《中國社會與宗教》。臺北，學生書局，一九八六年版。
劉青峰《讓科學的光芒照亮自己》。臺灣新店，谷風出版社，一九八八年臺一版。
劉君燦《科技史與文化》。臺北，華世出版社，一九八三年版。
蔡仁厚《孔孟荀哲學》。臺北，學生書局，一九八四年版。
《新儒家的精神方向》。臺北，學生書局，一九八二年版。
《王陽明哲學》。臺北，三民書局，一九七四年版。
〈心的性質及其實現〉收於《鵝湖月刊》第九十四期。
〈從前瞻性的觀點看儒家哲學的價值與貢獻〉收於《中華民國哲學年刊》第三期。
〈中國哲學的現代化與世界化〉收於《中華民國哲學年刊》第二期。

鄭竹園《臺灣模式與大陸現代化》。臺北，聯經出版事業公司，一九八六年初版。
藪內清著，梁策、趙煒宏譯《中國·科學·文明》。臺北，淑馨出版社，一九八九年版。
蕭公權《中國政治思想史》。臺北，聯經出版公司，一九八二年版。
蘇新鋈〈孟子的經濟思想〉收於《中華民國哲學年刊》第三期。
龔樂群〈孔子的教學方法與態度〉收於《孔孟月刊》第十四卷第十期。

丙、英文參考書

Aristotle. *Nicomachean Ethics*. Reprinted in *Approaches to Ethics*, 3rd edition pp. 47-74. Edited by W.T. Jones, Frederick Sontag, Morton Beckner, and Rober Fogelin. New York: McGraw Hill, 1977.

Aristotle. *History of Animals*. Translated by D'Arcy Wentworth Thompson. In *The Great Books of the Western World* Vol. 9, edited by Robert Maynard Hutchins. Chicago: Encyclopedia Britannica, Inc., 1971.

Armstrong, D. M. *A Materialist Theory of Mind*. London: Routledge and Kegan Paul, 1968.

Bentham, Jeremy. *An Introduction to the Principle of Morals and Legislation*. Reprinted in W.T. Jones, Frederick Sontag, and Other, edited. *Approaches to Ethics*, 3rd edition. New York: McGraw-Hill, 1977.

Blackstone, William T. "Freedom and Women." In *Moral Issus*, pp. 325-331. Edited by Jan Narveson. Toronto: Oxford University Press, 1983.

Brubacher, John S. and Rudy, Willis. *Higher Education in Transition*. Revised Edition. New York: Harper and Row, 1968.

Chan, Wing-tsit. "Neo-Confucianism and Chinese Scientific Thought." *Philosophy East and West* Vol. 6 No. 4 (January 1975): 309-32. Reprinted in the author's *Neo-Confucianism etc.: Essays*, pp. 186-226. Hong Kong: Oriental Society, 1969.

Chan, Wing-tsit. *A Source Book in Chinese Philosophy*. Princeton: The University Press, 1963.

Chan, Wing-tsit. *Neo-Confucianism, Etc.: Essays*. Hong Kong: Oriental Society, 1969.

Ch'ao, Ts'o. "Memorial on the Encouragement of Agriculture" in *Han Shu*, 24A: 9B-13a. Reprinted in *Sources of Chinese* Tradition, pp. 229-31. Edited by W.T. de Bary, Wing-tsit Chan, and Burton Watson. New York: Columbia University Press, 1960.

Chappell, V.C., ed. *The Philosophy of Mind*. Englewood Cliffs, N.J.: 1962.

Cramer, J. Francis, and Browne, G. Stephenson. *Contemporary Education*. New York: Harcourt, Brace and Co., 1956.

Dawson, Raymond, ed. *The Legacy of China*. Oxford, 1964.

Fang, Thome H. *The Chinese View of Life*. Taipei: Linking Publishing Co., Ltd., 1980.

Fang, Thome H. *Creativty in Man and Nature*. Taipei: Linking Publishing Co., 1980.

Flew, Anthony, ed. *Body, Mind, and Death*. Toronto: Collier-Macmillan Ltd., Canada, 1969.

Fuller, B.A.G. *A History of Philosophy*. 3rd Edition. New York: Holt, Rinehart and Winston, 1955.

Fung, Hu-Hsiang. *Essays on Chinese Philosophy and Its Modern Significance*. Taipei: National Chengchi University Press, 1984.

Fung, Yu-lan. *A History of Chinese Philosophy*. 2 Volumes. Translated by Derk Bodde. Shanghai: Shen Chou Publishing Co., in Chinese, 1931: reprinted edition in English, Peiping: Henri Vetch, 1937; 2nd English edition, Princeton: The University Press, 1952; seventh printing, 1973.

Frye, Marilyn. "Male Chauvinism: A Conceptual Analysis." in *Moral Issues*, pp. 332-344. Edited by Jan Narveson. Toronto: Oxford University Press, 1983.

Hook, Sidney, ed. *Dimensions of Mind*. New York: New York University Press, 1960; New York: Macmillan Company, Collier Edition, Third Printing, 1966.

Hospers, John. *Human Conduct*. 2nd edition. New York: Harcourt Brace Jovanovich, Inc., 1982.

Hume, David. *Essays, Moral, Political and Literary*. Edited by T.H. Green and T.H. Grose, Volume I, "Of the Standard of Taste." Reprinted in Frank Tillman and Steven Cahn, *Philosophy of Art and Aesthetics*. New York: Harper and Row, 1969.

Jones, W. T. *A History of Western Philosophy*. 2nd Edition. New York: Harcourt, Brace and World, Inc., 1969.

Kant, Immanuel. *The Philosophy of Law*. Translated by W. Hastie. Edingburgh: T. &. T. Clarke, 1887. Quoted in John Hospers, *Human Conduct*, 2nd edition, p. 339. New York: Harcourt Brace Jovanovich, Inc., 1982.

Kant, Immanuel. *The Metaphysical Elements of Justice*. Translated by John Ladd. Indianapolis, 1965. Referred to by Robert S. Gerstein, "Capital Punishment-'Cruel and Unusual'?: A Retributivist Response." In *Moral Issues*, pp. 134-9. Edited by Jan Narveson. Toronto: Oxford University Press, 1983.

Kant, Immanuel. *Groundwork of the Metaphysic of Morals*. Translated by H.J. Paton. New York: Harper & Row, Harper Torchbooks edition, 1964.

Kant, Immanuel. *Religion Within the Limits of Reason Alone*. Translated by T.M. Greene & H.H. Hudson. New York: Harper & Row, Harper Torchbooks edition, 1960.

Kant, Immanuel. *Lectures on Ethics*. Translated by Louis Infield. New York: Harper & Row, Harper Torchbooks edition, 1963.

Kant, Immanuel. *Critique of Practical Reason*. Translated by Lewis White Beck. New York: Bobbs-Merrill, The Library of Liberal Arts edition, 1958.

Kant, Immanuel. *The Doctrine of Virtue*. (Part II of *The Metaphysics of Morals*) Translated by Mary J. Gregor. Philadelphia: The University of Pennsylvania Press, 1964.

Kant, Immanuel. *Education*. Ann Arbor, Michigan: The University of Michigan Press, 4th Printing. 1971.

Kant, Immanuel. *Critique of Pure Reason*. Translated by N.K. Smith. London: Macmillan & Co. Ltd., First edition 1929; Second impression 1933; Reprinted 1970.

Kant, Immanuel. *Critique of Judgment*. Translated by J. C. Meredith. Oxford: The Clarendon Press, Reprinted 1978; First published by the Oxford University Press, 1952.

Kierkegaard, Soren. *The Journals of Kierkegaard*. Translated and edited by A. Dru. London: Collins, 1958.

Kierkegaard, Soren. *Concluding Unscientific Postscript*. Translated by D.F. Swenson. Princeton: Princeton University Press, 1941.

Kilpatrick, William Heard. *Source Book in the Philosophy of Education*. New York: The Macmillan Co., 1925.

Kneller, George F. *Introduction to the Philosophy of Education*. Second Edition. New York: John Wiley & Sons, Inc., 1971.

Kuhn, Thomas S. *The Structure of Scientific Revolution*, Chicago: University of Chicago Press, 2nd Edition, 1970.

Levenson, Joseph R. *Confucian China and Its Modern Fate*. Los Angeles, California: University of California Press, 1965; Combined edition, 1972.

Liu, James, J. Y. *Chinese Theories of Litereture*. Chicago: University of Chicago Press, 1975.

Marx, Karl. *A Contribution to the Critique of Political Economy*. Translated by N.I. Stone. Chicago: Charles H. Kerr & Co., 1904. Reprinted in part in *Approaches to Ethics*, 3rd edition, pp. 313–4. Edited by W.T. Jones, Frederick Sontag, Norton Beckner, and Robert Fogelin. New York: McGraw Hill, 1977.

Marx, Karl. *Private Property and Communism*. In *Karl Marx: Early Writings*. Translated and edited by T.B. Bottomore. London: C.A. Watts & Co. Ltd., 1963. Reprinted in part in *Approaches to Ethics*, 3rd edition, pp. 320–2. Edited by W.T. Jones, etc. New York: McGraw Hill, 1977.

Marx, Karl. *Socialism: Utopian and Scientific*. Translated by E. Aveling. New York: Scribner's Son and Co., 1982. Quoted in W.T. Jones. *A History of Western Philosophy: Kant to Wittgenstein and Satre*, 2nd edition, p. 182. New York: Harcourt, Brace and World, 1969.

Mei, Y. P. "The Basis of Social, Ethical, and Spiritual Values in Chinese Philosophy." In *The Chinese Mind*, pp. 149-66. Edited by Charles Moore. Honolulu: The University of Hawaii Press, 1967.

Meszaros, Istvan. *Marx's Theory of Alienation*. Fourth Edition. London: Merlin Press, 1975.

Moore, Charles, ed. *The Chinese Mind*. Honolulu: University of Hawaii Press, 1967.

Moore, G. E. *Philosophical Studies*. London: Routledge & Kegan Paul, Ltd., 1922.

Needham, Joseph. *Science and Civilization in China*. 8 Volumes. Cambridge: Cambridge University Press, 1970.

Needham, Joseph. *Science in Traditional China: A Comparative Perspective*. Taipei:Linking Publishing Co., Ltd., 1st printing, 1982; 2nd printing, 1985.

Northrop, F.S.C. *The Meeting of East and West*. New York: Macmillan, 1946; Collier Books Edition, 1966.

Pepper, Stephen C. *Aesthetic Quality: A Contextualistic Theory of Beauty*. New York: Charles Scribner's Son, 1937.

Place, U. T. "Is Consciousness a Brain Process?" *British Journal of Psychology* XLVII (1956): 44-50.

Plato. *The Republic*. Reprinted in *Plato: The Collected Diologues*. Edited by Edith Hamilton and Hungtington Cairns. Princeton: The University Press; Bollingen Series LXXI; Seventh Printing, 1973.

Price, Kingsley. *Education and Philosophical Thought*. Boston: Allyn & Bacon, Inc., 1962.

Rawls, John. *A Theory of Justice*. Cambridge, Mass.: Harvard University Press, 1971.

Ryle, Gilbert. *The Concept of Mind*. New York: Barnes & Nobles, Inc., 1949.

Santayana, George. *The Life of Reason Volume IV: Reason in Art*, "Justification in Art." Reprinted in Eliseo Vivas and Murray Krieger, edited, *The Problems of Aesthetics*. New York: Holt, Rinehart & Winston, 1953.

Shaffer, Jerome A. *Philosophy of Mind*. Englewood Cliffs, N.J.: Prentice-Hall, 1968.

Smart, J.J.C. "Sensations and Brain Process." *Philosophical Review* LXVIII (1959): 141-56.

Thiroux, Jacques P. *Ethics: Theory and Practice*. 2nd Edition. Encino, Calif.: Glencoe Publishing Co., Inc., 1980.

Tierney, Brian, & Painter, Sidney. *Western Europe in the Middle Ages 300-1475*. 3rd Edition. New York: Adfred A. Knopf, 1978.

Tolstoy, Leo. *What Is Art?* in Frank Tillman and Steven Cahn, edited, *Philosophy of Art and Aesthetics*. New York: Harper & Row, 1969.

Tung, Chung-shu. "Memorial on Land Reform." In *Sources of Chinese Tradition*, pp. 232-33. Edited by W.T. DeBary, Wing-tsit Chan, and Burton Watson. New York: Columbia University Press, 1960.

Velasquez, Manuel, ed. *Ethics: Theory and Practice*. Englewood Cliffs, N.J. Prentice-Hall, 1985.

Wawrytko, Sandra. *The Undercurrent of Feminine Philosophy in Eastern and Western Thought*. Washington, D.C.: University Press of America, 1976; second printing, 1981.

Weber, Max. *The Religion of China*. Tran. & ed. by Hans H. Gerth; Intro. by C.K. Yang New York: The Free Press, 1951.

Wilds, Elmer Harrison. *The Foundations of Modern Education*. Enlarged Edition. New York: Farrar & Rinehart, 1942.

Wu, John C.H. "Chinese Legal and Political Philosophy." In *The Chinese Mind*, pp. 213-37. Edited by Charles Moore. Honolulu: University of Hawaii Press, 1967.

Yoav, Ariel. "A World With No Punishment." *Bulletin of the Chinese Philosophical Association* Vol. 3 (1985): 734-54.

國立中央圖書館出版品預行編目資料

儒學與現代世界 / 謝仲明著. -- 增修再版. --
臺北市：臺灣學生，民80
面；　公分. --（文化哲學叢刊；2）
參考書目：面
ISBN 957-15-0309-6（精裝）. -- ISBN 957-15-0310-X（平裝）

1. 儒家

121.2　　80004245

增修再版 儒學與現代世界（全一册）

著作者：謝仲明
出版者：臺灣學生書局
本書局登記證字號：行政院新聞局局版臺業字第一一〇〇號
發行人：丁文治
發行所：臺灣學生書局
台北市和平東路一段一九八號
郵政劃撥帳號〇〇〇二四六六一八號
電話：三六三〇九七・三六三四一五六・三六三三四六七
FAX：三六三六三三四
香港總經銷：藝文圖書公司
地址：九龍偉業街九十九號連順大厦五字樓及七字樓
電話：七九五九五九五

定價 精裝新臺幣二六〇元
　　 平裝新臺幣二〇〇元

中華民國七十五年二月初版
中華民國八十年十一月增修再版

12021

ISBN 957-15-0309-6（精裝）
ISBN 957-15-0310-x（平裝）

臺灣學生書局出版

文化哲學叢刊